現代精神史

— 現代精神과 倫理意識 —

現代精神史

— 現代精神과 倫理意識 —

金基錫 著

한국학술정보(주)

復 刊 辞

　『現代精神史』는 西隱 金基錫 교수의 代表的인 著作이다. 1956
년 50대 초반에 펴낸 著書이다.

　그는 "낡은 歐羅巴를 물리치고 새로운 東洋이 자기를 歐羅巴에
바꿀 者로 宣言할 때가 돌아왔다"고 하였다. 西洋의 勢力은 기울
어지고 東洋의 勢力, 특히 韓國의 勢力이 世界歷史를 主導할 때가
돌아왔다고 보았다. 즉, 大西洋에서 太平洋으로 또 韓國으로 歷史
의 領軸이 옮겨오고 있다는 것을 豫言하였다. 지금부터 꼭 半世紀
前의 일이었다.

　이 西隱 思想의 眞液을 새롭게 吟味해야할 時期가 到來한 것을
實感하여 誕辰 100周年을 맞아『現代精神史』를 復刊하기로 하였
다. 多幸히 한국학술정보(주) 채종준 대표이사님의 配慮로 復刊하
게 되어 다시금 感謝의 念을 표한다.

2005. 7.

東方精神文化研究所

代表 金善陽

서울大師範大學長 時節의 著者 金基錫 敎授

序

　東洋이 자기를 現代라고 일컬을 때가 돌아왔다. 歐羅巴는 분명히 어제를 이끈 歐羅巴요 오늘을 이끄는 歐羅巴가 되지 못할 것이다.

　現代속에는 歐羅巴인 者의 現代와 歐羅巴아닌 者의 現代가 함께 있다. 낡은 歐羅巴를 물리치고 새로운 東洋이 자기를 歐羅巴에 바꾸일 者로 宣言할 때가 돌아온 것이다.

　歐羅巴精神은 功利主義와 唯物論과 自然科學과 産業主義文明으로 대표되거니와 이것을 가지고는 오늘의 歐羅巴와 袂別하려고 하는 現代史의 理性과 그 情熱을 마침내 이끌지 못할 것이리라. 現代精神史가 단순히 歐羅巴精神의 狀況과 그 功績을 敍述하는데 그쳐서는 안 되는 것이기 때문이다.

　現代는 새로운 東洋과 새로운 歷史와 새로운 義로 대표될 것이다. 따라서 現代精神史도 歐羅巴精神에 대한 어설픈 解說이 아니고 歐羅巴에 바꾸일 者의 精神에 대한 대담한 그러나 現實의 論理에 따라가는 謙虛한 敍述이 되어야 할 것이다. 舊時代의 遺物인 侵略主義, 强權主義로부터 자기를 解放시키는 現代精神의 벅찬 呼吸과 壯한 脈搏이 다름 아닌 現代精神史일 것이다.

　1880年代 以後의 東洋史는 새로운 東洋의 創世紀라고 할 수 있다. 苦難의 땅 韓土, 오랫동안의 隱深性을 벗어버리고 이제 일어나 歷史를 바로 響導할 때가 돌아온 것이다.

　이 책 속에는 일어나는 東洋과 그 義에 關聯되는 論文 몇 篇을 모아 보았다. 다행히 이 변변치 못한 論集이 歐羅巴아닌 者의 立場에서 쓰는 새로운 現代精神史의 序章이 되는 날이 오기를 바란다.

1956年 3月

著　者

目　次

現代精神의 特徵

1

東洋은 東洋으로서의 過去와 現在가 있고 西洋은 西洋으로서의 過去와 現在가 있거니와 東洋의 「오늘」은 어느 意味에 있어서 東洋의 「오늘」이 아니고 도리어 西洋의 「오늘」로서의 빛과 모습과 情調를 가진다.

우리들의 生活과 생각 속에 어떻게 심하게 西洋的인 것이 들어와 있는가를 보라. 우리들의 옷차림이나 인사하는 법 그 예사로운 말 한 마디 그 表出하는 感情에 이르기까지 진실로 놀랄만한 程度로 西洋的인 것이 壓倒的인 形勢를 보이고 있다. 남자들의 옷에서는 韓服이 차츰 사라지고 애나 어른이나 만나기만 하면 손을 잡고 흔들거니와 이 겉에 나타난 면보다도 나타나지 않은 면에 있어서 西洋의 思想과 文學과 藝術이 作用하고 있는 것은 東洋이 일찍 經驗 해본 일이 없는 한 개 偉大한 變貌라고도 할 수 있다.

크게는 國家의 組織體制로부터 작게는 여인의 祈禱하는 방식에 이르기까지 얼마나 東洋的인 것이 模倣 浸透 遍滿되고 있음을 보라.

우리들은 눌리이는 東洋的인 것을 슬퍼하려는 것도, 내어 뻗는 西洋的인 것을 謳歌하려는 것도 아니고 오직 世界史가 바로 進展되기를 바라고 또 힘쓸 따름이다.

그런데 이 東洋 또는 西洋이란 본래 어떻게 되어서 서로 구별되는 것일까. 東洋이나 西洋은 얼른 보아 地域의 名稱인 것 같으면서 기실 어떤 일정한 地域을 表示하는 것은 아니다. 亞細亞나 歐羅巴같은 名稱은 어떤 일정한 大陸 또 그 일부를 指稱한다고 할 수 있거니와 東洋이나 西洋은 이 같은 地理上의 區劃이 아니고 처음부터 歷史의 場所로서의 뜻을 가진다.

東洋이나 西洋은 그렇기 때문에 부단히 넓어지고 좁아지고 하는 東洋史 또는 西洋史의 理念의 「마당」이라고 할 수 있다.

現代精神은 자세히는 西洋의 現代精神으로 規定될 것으로서 이 西洋의 現代가 지금 그대로 現代로 되어 있고 現代의 일절의 思想과 文化는 이 現代의 歷史的인 狀況 또 거기에 制約된 現代精神의 여러 모양의 表現에 지나지 않는다.

그런데 歷史의 場所로서의 西洋이란 어떤 것일까. 西洋의 古代 中世 및 近世를 그대로 西洋의 「그제」, 「어제」 및 「오늘」 이라고 부르면 이 西洋의 「그제」, 「어제」 및 「오늘」 이 자기를 展開시키는 地域이 없어서는 안 된다.

이 地域을 西洋精神史의 開展된 자취를 더듬어 들어보면 古代희랍과 中世로마와 近世歐羅巴가 그것이리라. 따라서 西洋에는 3가지 西洋을 區別할 수 있으니 西洋의 「그제」인 희랍과 그 「어제」인 로마와 그리고 그 「오늘」인 歐羅巴다.

우리들이 앞에서 말한 壓倒的인 西洋은 기실 西洋의 「오늘」 또는 「오늘」의 西洋인 歐羅巴로서 이 歐羅巴의 思想과 文化가 오늘의 東洋과 西洋을 아울러 휩쓸고 있다. 그렇기 때문에 이 歐羅巴 및 歐羅巴的인 것의 解明이 그대로 「오늘」의 西洋의 解明이 되고 나아가 西洋의 現代精神─자기를 現代精神이라고 僭稱하게까지 된 西洋의 現代精神의 解明이 되기도 한다.

歐羅巴라고 부르는 땅 조각이 있는 것은 다른 大陸과 마찬가지고 또 거기에 아득한 옛날부터 사람들이 산 것과 人類의 原始文明의 싹이 그들 속에 있었다는 것은 더 말할 것 없거니와 紀元 1世紀 前後

의 그들의 生活狀態와 習俗은 이미 타키투스(Tacitus)의 記錄에 보이기까지 했다.

그러나 그들이 오랫동안의 民族移動을 通하여 로마의 境內에 들어왔고 마침내 崩壞되는 로마의 뒤를 이어받아 西洋史의 새로운 主體가 되기에 이른 것은 近世의 일로서 文藝復興 말하자면 그들이 첫번으로 參加한 精神史的인 運動이라고 할 수 있다.

이 歐羅巴精神이 이른바 現代精神의 根幹이요 現代의 모든 思想과 文化는 이 歐羅巴的인 것의 表現에 지나지 않는다. 歐羅巴사람들이 거기에 가고 歐羅巴的인 것이 開展되는 것은 모두 歐羅巴니 이런 의미에서는 歐羅巴나 아메리카나 近東을 한가지로 歐羅巴라고 할 수 있다.

그런데 이 近世西洋으로서의 歐羅巴는 古代西洋 및 中世西洋에 의하지 않고는 이해되지 못한다. 더욱이 西洋近世精神史는 西洋古代精神史와의 관련에 있어서 바로 把握되기에 이른다.

희랍精神과 基督教, ─이것이 歐羅巴精神에 따라서 歐羅巴의 思想과 文化의 源泉이요 支柱다. 물론, 近世의 歐羅巴사람들은 어디까지든지 古代의 희랍사람 및 中世의 로마사람들과 구별되는, 그 자신의 性格·氣質·傾向·態度 또 그들의 風土와 傳統을 가진다.

그러나 그들을 기르고 이끈 것이 中世로마사람들이기 때문에 희랍精神과 基督教는 그들에게 있어서 外來的인 요소가 아니고 도리어 그들의 고유한 習俗이나 信仰을 外來的인 것 같이 느낄 정도로 그들의 살이 되고 피가 된 것이었다.

그런데 이 희랍精神이나 基督教가 歐羅巴사람들을 희랍화 또는 基督教化한데 반하여 歐羅巴사람들에게 의하여 희랍精神이나 基督教가 거꾸로 歐羅巴化한 것을 잊어서는 안 된다. 文藝復興期 이후의 西洋의 哲學이나 自然科學은 희랍精神의 歐羅巴的 再現, 宗教改革 이후의 西洋의 基督教는 基督教의 歐羅巴的 開展이라고 할 수 있을 것이다.

2

희랍精神과 基督敎가 歐羅巴精神의 根幹이거니와 그렇다고 하더라도 이것은 어디까지든 歐羅巴사람들에 의하여 이해되고 把握되고 再現된 희랍精神이나 基督敎로서, 이것을 根幹으로 하는 歐羅巴精神이 그 자신의 어머니라고 할 수 있는 古代의 희랍精神 및 中世의 基督敎에 대하여 자기를 구별하기에 이르는 것은 이 때문이다.

世界를 神과 人間과 自然으로 생각한다고 하면 희랍精神의 입장은 人間中心主義, 基督敎의 입장은 神中心主義, 歐羅巴精神의 입장은 自然中心主義라고 할 수 있으리라. 이리하여 西洋精神史는 희랍精神, 基督敎 및 歐羅巴精神에 있어서 각각 人間, 神, 自然을 중심으로 하고 展開된 것이라고 할 수 있다.

희랍사람들은 人間에 있어서만 人間을 본 것이 아니고 神이나 自然에 있어서도 人間的인 것을 읽으려고 했다. 그리고 그들의 人間은 극히 즐겁고 愉快한 人間으로서 人間자신의 한계에 대한 省察을 외면한, 따라서 아직 神을 모르는 人間이었다.

이리하여 그들의 휴머니즘은 現世主義・自由主義・理性主義・文化主義 내지 樂天主義에 마쳤다.

基督敎는 이와 반대로 人間자신의 沈痛한 現實에 대한 苦惱와 自覺에서 출발하여 人間을 넘어서는 絶對者에 돌아가기를 권하고 人間이 自然과 함께 神에 의하여 創造된 것이면서 도리어 神의 聖意를 거슬려 그 때문에 罪와 惡에 떨어졌다고 한다.

基督敎는 人間의 最大 究竟의 使命이 이 神을 사랑하고 神을 두려워하고 神에게 돌아가는데 있어 神의 聖意를 받드는, 神에 대한 사랑과 이웃에 대한 사랑이 誡命의 根本精神이라고 가르친다.

歐羅巴精神의 開展은 西洋中世를 통하여 오랫동안 눌려온 人間과 自然을 奪還, 恢復하는 運動이었다. 近世歐羅巴사람들은 말하자면 神에 눌리고 神에 지쳐 그 고달픈 가슴을 안고 自然에로 自然에로 달렸다.

文藝復興期는 그들이 오랫동안 떠나있던 自然에 돌아와 씩씩하고 반가운 自然의 품에 안기면서 몸과 마음이 통째로 이 즐거운 自然에 醉하는 時期였다.

그들은 人間마저 한 개 自然으로 보았고 神조차 이것을 自然 속에서 읽으려고 했다. 그들의 人本主義는 오래지 않아 人間機械論에 나아갔고 그들의 汎神論은 마침내 無神論과 바뀌었다.

功利主義·實證主義·幸福說·自然主義·歸納法·唯物論·自然科學의 勃興·産業革命·機械主義文明·唯物史觀·自由競爭·資本主義의 發達·近代都市의 形成·進化論·社會發達史·唯物辨證法·探險과 航海·美大陸의 發見·佛蘭西革命·社會主義·勞動運動—이 모든 것은 다 희랍精神의 및 희랍적 生活態度의 再現, 復興에 지나지 않는다.

희랍사람들은 人間에 기울어져 神을 몰랐고 基督教는 神을 가르치면서 自然을 소홀히 했고 西洋近世는 自然에 달리는 나머지 人間과 神을 잃어 버렸다.

첫 번 것은 人間에 붙잡혔고 다음 것은 神에 붙잡혔고 나중 것은 自然에 붙잡혔다. 西洋精神史는 이 人間과 神과 自然을 각각 찾고 또 잃어버린 歷史였다. 희랍哲學과 基督教와 自然科學이 西洋精神의 귀중한 遺産이면서 그것이 각각 그 자신의 辨證法을 갖는 것이 이 때문일 것이다.

파울젠(Paulsen)教授는 西洋倫理史의 開展에 관하여 아래와 같이 말했다.

"西洋倫理史의 開展은 커다란 세 갈래에 갈린다. 첫째 것은 基督教에 改宗되기까지의 古代世界의 開展, 둘째 것은 그 자신 다시 原始基督教와 中世의 基督教로 갈리는 基督教的 開展, 그리고 셋째 것은 아직도 終結되지 않은 近世의 開展이 그것이다.

古代 世界의 人生觀은 原始自然的으로서 빼어난 文化에 있어서의 人間의 自然的 本質의 完成이 最高의 目標였다. 基督教的 人生觀은 超自然的으로서 文化로부터 돌아서서 한 개 새로운 精神的인 人間이 일어나기 위하여 自然的 人間 및 그 衝動이 完全히 死滅되기를 要求한다.

그런데 西洋近世의 人生觀은 앞의 것처럼 純一하지가 못하다. 그것은 前 二者의 상반되는 경향의 影響 밑에 있다. 優勢한 것은 自然主義的 傾向으로서 西洋近世의 開展은 文藝復興이라고 부르는 희랍精神에로의 復歸에 의하여 시작되었다. 이 같은 近世의 人生觀속에는 基督教的인 人生觀이 한 개의 本質的 要素로 그 속에 섞이어 있다.

물론 이것이 때로는 밑바닥을 흐르고 때로는 平行되어 나타나고 하는 경향이기는 하지마는 西洋的 人生觀의 여러 모양의 形態는 그 形式과 內容에 있어서 서로 같지 않은 倫理史의 體系의 이 3가지 類型에 照應된다.

그런데 희랍적인 世界肯定(Weltbejahung)과 基督教的인 世界否定(Weltüberwindung), 文化와 救拯, 이것이 人間의 두 根本行路인 것이다. 이 두 根本行路는 오늘에 이르기까지 西洋사람들이 걸어 나온 길이고 또 사람은 누구나 걸을 수 있는 길이다.

15世紀 末葉에 들어서면서 西洋사람들의 生活속에는 한 개 새로운 部面이 나타나기 시작했다. 즉 中世가 끝나면서 近世가 열렸다. 西洋近世史의 開展은 文藝復興과 宗敎改革이라고 부르는 두 强力한 精神的 運動에 의하여 시작되었는데 그 뒤 새로운 生活態度와 새로운 世界觀이 거기로부터 形成되어 나오기에 이르렀다."(Paulsen: System der Ethik)

희랍정신은 「여럿」이 「하나」로 어리인 調和의 精神이였다. 그들이 世界를 한 개 아름다운 코스모스(Kosmos)로 把握했고 美와 善을 같은 것으로 보았고 數學과 天文學을 尊重했고 均衡의 德을 最高의 德으로 본 것이 모두 이 調和의 精神의 發現으로서 그들의 政治와 哲

學과 藝術을 통한 根本原理가 다름 아닌 이 調和의 原理였다.

희랍精神은 말하자면 西洋精神의 「봄」으로서 아름다운 일백 꽃이 피어 얽히인 것이 古代희랍이였다. 基督敎는 「하나」가 「여럿」을 넘어서는 超絶의 精神이다.

희랍精神과 西洋近世精神이 連續의 精神임에 反하여 基督敎는 非連續의 精神이다. 神과 人間 및 自然과의 사이에는 絶對의 深淵 無窮한 距離가 있다. 이 深淵 이 距離는 人間 및 自然의 힘에 의해서는 도저히 메워지지 못한다.

神이 世界를 救援하는 것은 神 자신의 意志에서요 결코 人間의 善行의 所以가 아니다. 最高 最大, 至深 至遠한 오직 「하나」인 絶對者 神이 있을 따름이다. 이 神에 마주서는 「여럿」은 본래 「하나」인 神에서 온 것이고 만들어진 것이고 또 거기에 돌아가야 할 것이다. 만들어진 「여럿」이 본래 것이 아니고 만드는 「하나」가 根本이요 生命이다.

이리하여 「하나」인 神과 「하나」인 그리스도와 「하나」인 敎會가 있을 따름이다. 흩어지는 「여럿」, 부서지는 「여럿」은 모두 이 永遠한 「하나」, 絶對的인 「하나」에 돌아오지 않아서는 안 된다. 西洋의 中世는 이리하여 말하자면 西洋精神史의 「겨울」로서 하-얀 聖스러운 눈빛 하나로 하늘과 땅을 온통 덮은 것이 中世의 基督敎였다.

西洋近世精神은 「여럿」이 하나에 대하여 싸우는 또 그러다가 「여럿」이 서로 물고 찢는 分裂의 精神이다. 國家의 敎會로부터의 分離, 學術의 敎理로부터의 解放, 個性의 尊重과 個人主義……

오랫동안 눈 아래 눌리이고 덮여 있던 싹과 뿌리와 물줄기와 버러지들이 새로운 봄을 맞아 제각기 이 무거운 잠에서 깨어 일어나는 英勇한 鬪爭을 시작하는 것이 西洋近世精神의 開展이였다. 西洋近世의 아름다운 시초인 文藝復興期가 희랍精神의 저 華麗한 봄 동산을 彷彿케 하는 것은 진실로 까닭 없음이 아니리라. 文藝復興은 어느 의미에서 제2희랍이라고 할 수 있다.

「하나」로부터 「여럿」이 터져 나오는 저 씩씩한 눈물겨운 광경, ㅡ
누르는 「하나」로부터 눌리인 「여럿」을 解放시키기 위해서는 이 分裂
의 原理는 진실로 必要한 또 生産的인 原理였다. 西洋近世精神은 다
름 아닌 이 分裂의 精神으로서 자기를 分裂로 自覺 또 遂行하는 것
이 西洋近世의 當然한 進路요, 運命이었다.

그런데 이 西洋近世精神의 自己分裂은 이미 자기를 길러준 保姆에
의하여 준비되었으니 이 保姆가 하나가 아니고 둘인데 西洋近世精神
의 分裂의 悲劇이 숨어 있다. 희랍精神과 基督教는 그 性格과 입장과
또 그 精神史的 使命이 서로 같지 않은 것이었다.

희랍哲學의 理性과 基督教의 信仰을 한데 붙잡아 매어 보려고 한
것이 中世哲學 특히 스코라哲學의 課題였거니와 이 努力은 많은 試
驗을 거쳐 마침내 그것이 無謀한 일이었음을 暴露하는데 미처 中世
精神史 자체의 崩壞를 가져왔다.

西洋近世의 開展으로서의 文藝復興과 宗教改革이 가톨릭教會에 反
抗하는데 있어서 말하자면 共同戰線을 폈다고 하더라도, 「하나」에 대
하여 「하나」의 反抗이 아니고 「하나」에 대한 「둘」의 反抗인데 近世
精神의 分裂의 原理를 읽을 수 있다. 파울젠(Paulsen)은 西洋近世精神
을 不調和 不安定의, 動亂의 精神이라고 했거니와 이 動亂은 「西洋近
世的」을 흐르고 있는 「희랍적」과 「基督教的」의 대립 反撥에서 오는
것일 것이다.

다시 이 「희랍적」이 많은 「近世희랍적」으로, 「基督教的」이 많은
「近世基督教的」으로 分裂 再分裂되는데 미처 西洋現代의 精神은 그
자신 原理와 主流와 입장을 외면한 混亂, 騷音, 喧噪, 雜踏의 장터로
化하고 만 것이다

3

現代의 精神은 어디까지든지 分裂 對立의 精神으로서 分裂의 分裂, 對立의 對立이 그 極에 達하여 마침내 오늘과 같은 原理의 過剩, 原理의 貧困을 일으키기에 이르렀다.

이 現代精神의 動亂性은 그것이 現代的 現實 자체의 動亂性에서 오거니와 現代精神의 動亂이 現代的 現實의 動亂을 한층 더 자아치고 부채질하기도 한다.

자기를 그대로 現代精神이라고 僭稱하는 西洋現代精神의 徵表를, 「거친 희랍적」「頑冥한 基督敎的」의 跋扈 橫暴라고 보아서 어떨까. 西洋의 現代는 그것이 歐羅巴的인데서 여전히 西洋의 近世거니와 오늘의 歐羅巴는 어느 의미에서 저무는 歐羅巴라고 할 수 있다.

西洋近世史의 主體로서의 歐羅巴는 文藝復興期가 그 「아침」이요, 18世紀가 그 「낮」이요, 19世紀가 그 「저녁」이다. 저무는 近世西洋, 저무는 歐羅巴. ―어떻게 생각하면 이 近世西洋, 이 歐羅巴는 이미 近世史에 있어서 자기 할 일을 해 마쳤는지도 모른다.

西洋의 沒落이니 「世紀의 末」이니를 西洋사람들 자신이 부르짖거니와 近世西洋, 따라서 西洋近世精神史는 이미 그 歷史에 있어서의 責任을 마치고 歷史로부터의 그 자신의 功罪에 관한 審判을 기다리는 段階에 있는 것이 아닐까. 西洋現代의 일절의 思想 및 文化는 이 저무는 歐羅巴精神의 表現으로서 저 多辯과 技巧와 粉飾은 기실 쓸어져 넘어가는 것의 自己辯明, 自己嘲笑, 自己欺瞞, 自己毁廢에 지나지 않는다. 現代의 西洋의 學問과 制度가 어떻게 심하게 機械主義에 흐르고 現代의 西洋의 道德과 信仰이 어떻게 심하게 形式主義에 떨어졌음을 보라.

現代의 政治・經濟・文化의 體制, 또 그 主張 傾向 및 態度가 하나도 歐羅巴아님이 없으니 얼른 보아 서로 否定하는 것 같은 民主主義

와 獨裁主義, 唯物論과 唯心論, 個人主義와 社會主義, 自由主義와 全體主義, 資本主義와 共産主義, 主知主義와 生의 哲學같은 것은 한가지로 「歐羅巴的인 것」의 表現으로서 말하자면 한 나무에 내어뻗은 양쪽 가지에 지나지 않는다. 現代는 분명히 歐羅巴사람들에게 있어서는 失望의 世紀다.

그들의 生活과 思想과 文化가 한가지로 危機에 빠져 심한 不安과 動亂이 그들을 에워싸기 때문이다. 그들의 哲學의 어느 구석, 그들의 藝術의 어느 구석, 그리고 그들의 倫理와 宗敎의 어느 구석에 저 文藝復興期의 씩씩한 氣魄과 18世紀의 雄健한 精神이 있는가.

歐羅巴의 現代는 어디까지든지 歐羅巴의 近世의 延長 또는 그 終末로서 西洋現代의 精神은 그대로 西洋近世精神의 呻吟하는 모습이라고 할 수 있다.

니체(Nietzsche)의 저 病的인 思想과 態度가 19世紀를 닫히는 掉尾의 빛이라고도 하거니와 이것은 그대로 「歐羅巴的인 것」의 輓歌이기도 하다. 歐羅巴精神의 開展은 이미 19世紀로서 마친 것이고 지금은 「歐羅巴的 아닌 것」의 世紀가 아닐까.

西洋精神史의 歷史的 開展에 있어서 희랍精神을 그 「그제」, 中世精神을 그 「어제」, 近世精神을 그 「오늘」이라고 하고 다시 이것을 각각 「아침」과 「낮」과 「저녁」으로 가른다고 하면, 西洋精神史의 「오늘」인 近世歐羅巴는 지금 그 저무는 「저녁」에 들어선 것이 아닐까.

희랍의 일어나던 때와 로마의 일어나던 때를 想起하라. 그리고 희랍의 쓰러지던 때와 로마의 쓰러지던 때를 想起하라. 그리고 다시 近世歐羅巴의 일어나던 때인 文藝復興期와 오늘의 그들의 저 低調·沈滯·浚巡·騷亂을 想起하라. 第1次 世界大戰이나 第2次 世界大戰은 이 저무는 「歐羅巴的인 것」이 자기를 그 게으른 잠에서 불러일으키기 위한, 또는 그 심한 病과 傷處에서 回復하기 위한, 「歐羅巴的인 것」의 全運命을 내어 걸은 싸움이라고도 볼 수 있다. 그런데 그들은 이 두 차례의 싸움을 통하여 과연 쓸어져가는 「歐羅巴的인 것」에 새로운 生命을 부어 넣은 것일까.

우리들은 재빠른 또 경솔한 判斷을 피하려고 하거니와 구렁텅이에 빠져 거기에서 빠져 나오려고 애쓰면 쓸수록 몸이 전체로 깊이 빠져 들어가는 것이 그들의 運命이 되지 않기를 바랄 따름이다.

西洋의 現代는 그대로 西洋의 近世이기도 하다. 오늘의 西洋사람들은 그들 자신의 現代를 이미 가졌거나 그렇지 않으면 아직 가지지 못하고 있다.

現代가 近世歐羅巴 사람들의 現代가 아니라, 도리어 文藝復興期와 18世紀가 그들의 現代가 아니었을까. 이 저무는 時期인 現代는 그들의 「새벽」이나 「아침」이 아니고 도리어 그들의 「저녁」이니, 이 「저녁」을 통하여 이 「저녁」속에서 「歐羅巴的아닌 것」의 새로운 歷史的 開展이 그리고 그것을 맞는 새로운 主体의 아침이 마련되면서 있는 것이다. 나는 이 「歐羅巴的인 것」의 「저녁」으로서의 現代를 저들의 現代라고 부르고 새로운 主体의 「아침」으로서의 現代를 우리들의 現代라고 부르려고 한다.

現代속에서는 저들의 現代와 우리들의 現代가 겹놓여있고, 現代精神 속에는 저무는 現代精神과 일어나는 現代精神이 아울러 흐르고 있다.

世界史의 새로운 開展―이것을 맞을 地域과 民族은 어떤 것이고 또 理念과 課題와 方向은 어떤 것일까. 새로운 東洋, 이것이 새로운 世界史 開展의 中心地域이고, 새로운 東洋의 民族, 이것이 새로운 世界史 開展의 主体가 되는 것이 아닐까. 그리고 새로운 世界史의 理念課題 및 方向은 지금까지의 東洋史 및 西洋史 開展에 있어서의 理念課題 및 方向을 넘어서면서 또 그것을 살리는 것이 아닐까.

西洋의 近世는 西洋中世에 대한 反抗이었다. 그런데 西洋中世는 西洋古代로부터의 轉廻였으니, 近世를 누르던 中世는 기실 古代에 눌리었고 또 거기로부터의 解放이었던 것이다. 西洋의 古代로부터 그 中

世가, 希臘情神으로부터 基督教가 어떻게 자기를 씩씩하게 엮어져있는가를 보라. 이 남에게 눌리이던 者, 다시 남을 누르기에 이른 것이니, 여기에서 우리들은 歷史에 있어서의 辨證法을 읽지 않아서는 안된다. 어떤 한 時期가 일어나고 자라나고 쓰러지고, 그 뒤를 받아 또 어떤 한 時期가 일어나고 자라나고 쓰러지고, 歷史에 있어서는 辨證法은 기실 歷史에 있어서의 審判이라고도 할 수 있거니와 西洋의 近世는 이제 그 자리를 남에게 비끼고 世界史의 場面에서 사라질 時期에 만난 것이 아닐까. 現代는 어느 面으로 보거나 近世의 延長, 近世의 저녁으로서의 現代요 새로운 現代가 아닌 것이니, 이것은 現代의 社會史 思想史가 그대로 近世社會史 近世思想史의 末期에 屬하기 때문일 것이다. 近世의 源流인 아름다운 文藝復興期와 近世의 主峯인 雄建한 18世紀를 想起하라. 얼마나 새로운 理念, 얼마나 벅찬 가슴 일어나 씩씩한 「氣魄」, 얼마나 뜨거운 情熱, 그리고 얼마나 우렁찬 生命의 奔流가 있던 것일까. 現代는 분명히 일어나는 時期가 아니고 저무는 時期로서 理想의 缺亡이 다름아닌 現代의 特徵인 것이니 生命없는 그리고 그 자신의 나아갈 方向을 잃은 現代가 無確信, 不安, 焦燥, 動亂에 떨어져 부질없는 辨明 註釋 多辯解說을 일삼는 것은 이 때문이다. 現代의 政治 및 制度는 심한 機械主義에 붙잡혔고 現代의 信仰 및 思想은 놀라운 形式主義에 떨어졌고, 이렇게 하여 뒤에 文藝復興期와 18世紀를 가진 오늘의 늙어빠진 現代는 게으르고 輕薄한 情神이 이것을 완전히 支配하기에 이른 것이다.

소크라테스는 일찍 자기 祖國 아테네—無確信 虛榮 外飾에 사로잡혀 썩을대로 썩은 아테네를 가리켜 한 마리 게을러진 소라고 했거니와 오늘의 頹廢, 無氣力 그리고 이탈만하는 저 歐羅巴 및 그 同伴者는 게으르고 또 輕薄한 한 마리 소가 아닐까. 아테네는 엎드려 있는 채 일어나기를 잊어버린 게으른 소였거니와 오늘의 歐羅巴는 엎드렸다 일어났다하면서도 자기 몸이 결단나는 것조차 모르고 있는 병신

소라고 할 수 있다. 現代는 驚異도 懷疑도 없는, 깊은 思慮 날카로운 批判도 없는, 그리고 反省 自覺 回心 體驗은 찾아볼래야 찾아 볼 수 없는 한낱 輕率한 도그마(Dogma)의 時代인 것이다.

어떻게 심하게 粗雜한 思辨이 어떻게 심하게 模倣, 擁護되고 있음을 보라. 그리고 얼마나 거친 知慧, 얼마나 시끄러운 소리가 자기를 새로운 理論, 새로운 學說, 새로운 立場, 새로운 敎義로 主張하고 있는 것일까.

現代는 福音의 貧困이 아니고 福音 汎濫의 時代라고 할 수 있다. 現代의 代表的 도그마인 進化論, 辨證法, 唯物史觀, 社會發展史 같은 것이 理論的 省察, 現實과의 對決없이 無批判하게 받아들여지고 또 그것이 거칠게 理解, 宣傳, 模倣, 適用되는 것이 이 때문이다.

現代一切의 文化와 體制와 思想의 밑바닥을 흐르고 있는 根本立場이 있으니 그것이 다름 아닌 發展觀과 鬪爭說이다.

헤겔(Hegel)의 辨證法은 發展觀의 맑스(Marx)의 이른바 科學的 社會主義는 鬪爭說의 거친 組織에 지나지 않는다. 發展이란 究竟 무엇이냐? 鬪爭은 어느 程度까지 사실인 것이냐? 이 같은 물음은 헤겔(Hegel)이나, 맑스(Marx)의 根本 前提를 넘어선 것이라고 할 수 있다. 「여기가 로도스(Rodos)다, 뛰어보아라」라는 말이 있거니와 헤겔(Hegel)과 맑스(Marx) 역시 歐羅巴的인 것의 時代的 制約속에서 생각했고 그것도 그들 자신의 思辨的 恣意的인 獨斷에 붙잡혀 現實속에 깊이 깃들여 있는 根源的인 사실을 놓쳐버리고 말았던 것이다.

歐羅巴的 思惟의 밑바닥을 흐르는 發展觀과 鬪爭說, 다시 그 밑바닥을 흐르는 태도가 있으니 그것이 다름 아닌 功利主義다. 最大多數의 最大幸福을 標榜하는 功利主義는 義務가 아니고 幸福을, 義가 아니고 利를 究竟目標로 삼는데서 자연히 利己主義요 個人主義요 享樂主義인 것이니 現代의 저 許多한 主義, 이를테면 自由主義, 個人主義, 社會主義, 資本主義, 共産主義, 民族主義, 全體主義같은 것은 모두 이

歐羅巴的 功利主義의 表現形態에 지나지 않는다. 이 無廉恥한 功利主義가 그 자신의 道德이라고 하여 幸福說이란 것을 내여 세운다.

歷史란 그것을 擔當하는 主體의 品格을 反映시키는 것이고 歷史의 主體로서의 民族의 品格은 그 氣風 그 倫理에서 볼 수 있는 것이니, 오늘의 歐羅巴사람들의 이른바 幸福說은 거짓 없는, 그들의 모습을 보이는 것이고 또 새로운 歷史를 擔當하고 못하는 그들의 資格을 審査하는 標徵이 되는 것이다.

4

功利主義는 하기는 西洋近世의 自然스러운, 또 어떻게 할 수 없는 方向이었던 것이다. 西洋中世의 두려운 敎權과 메마른 儀式밑에 눌릴 대로 눌리인 人間性이 文藝復興期에 만나 그 상처받은 感性을 回復하기 위하여 感情, 本能, 情緒, 意欲, 衝動, 感覺, 快樂의 面으로 말을 바꾸면 간지러운 氣分의 面으로 달린 나머지 幸福主義, 功利主義에 있어서 그 자신의 새로운 倫理를 발견한 것은 당연한 일이기도 하다.

現代는 功利主義에 나아가고 功利主義에 붙잡힘으로 해서 도리어 人間性 缺亡의 時代에 떨어지고 말았다. 近世歐羅巴 사람들의 心情속에 깊이 깃들여 있고 또 그들의 구미에 맞는 것이 이 功利主義였다.

功利主義가 그들의 自然科學을 일으켰고, 功利主義가 그들의 機械文明을 가져왔고, 功利主義가 그들의 近代都市의 形成, 資本主義體制, 歐洲의 海外發展, 國際勞動運動 그리하여 第1·2次大戰을 이끌어왔던 것이다.

現代歐羅巴 사람들의 生活과 體制와 思想을 일관하는 것이 이 功利主義다. 저들의 이른바 個人主義, 社會主義, 民主主義, 共産主義, 自由主義, 全體主義가 한 가지로 功利主義인 것이니, 저들이 個人의 生

活이나 國家의 政策이나 宗敎의 宣敎, 敎育, 科學의 振興 같은 것을
모두 수판으로 따지려는 것이 이 때문인 것이다.

오늘의 歐羅巴 사람들은 오랜 옛날 로마의 境內에 들어간 게르만
(German) 사람들의 後孫이었다.

그들은 衰殘해가는 로마사람들의 生活과 社會와 文明에 꿋꿋한 雄
健한 生命을 부어넣은 者의 後孫이었다.

그들은 中世 農民戰爭, 近世의 十字軍을 일으킨 이들의 後孫이었
다. 그들은 文藝復興, 宗敎改革의 大業을 完遂했고, 아메리카의 獨立,
佛蘭西·獨逸의 理想主義를 樹立, 指導한 이들의 後孫이었다.

그런데 그들은 다름 아닌 이 功利主義의 亢進때문에 그 當初의 씩
씩한 氣象, 기운찬 態勢를 잃어버리고 자기들 자신이 만들어낸 두개
의 機械에 사로잡히고 말았다.

現代의 歐羅巴 그 同伴者를 삼키는 두개의 機械, 하나는 그들의 自
然科學이 낳아놓은 機械이고, 하나는 그들의 國際社會運動이 가져온
黨 組織이다.

機械와 黨 組織은 본래 近代的 理性의 産物이거니와 이제 이것이
거꾸로 자기를 만든 主人인 사람을 삼키기에 이른 것이니 삼키되 이
만저만하게 삼켜내는 정도가 아니고 전체를 누르고 전체를 결단 내
는 무서운 입을 벌리고 있다.

아-現代를 이 두려운 壞滅의 구렁에서 救援할 者 누구냐? 兩大
陣營이 싸우는 이번 싸움에 이겨야 한다고 하고, 새로운 指導理念이
樹立되어야 한다고 하고, 民族과 民族, 國家와 國家사이의 상호의 이
해가 깊어져야 한다고 하고, 侵略者를 물리치는 集團安全保障 體制가
강화되어야 한다고 하고, 敎育이 보급 振興되어야 한다고 하고, 대다
수의 人民을 괴롭히는 經濟的 貧窮이 없어져야 한다고 하고, 道德과
良心이 再建·再生되어야 한다고 하고, 이렇게 함으로써 이 병든 現
代는 한때 또 한구석이 지금보다 조금은 나아질지는 모를 것이다.

그러나 문제는 어디까지나 主體인 것이니, 主體의 品位, 主體의 態度, 主體의 風習이 그대로 있고 現代의 病弊가 根本的으로 가실 수는 없다.

幸福으로부터 義務, 功利로부터 道義에로 現代자체의, 態度의 全面的인 轉換이 있어야 할 것이다. 저들의 民族主義, 民主主義, 共産主義를 한가지로 「利의 思想」으로 定罪할 수 있는 새로운 高次의 立場이 自覺 또는 形成되어야 할 것이다.

1950年 6月 25日 새벽 韓國戰亂을 일으킨 砲聲은 그것이 이 歐羅巴的인 利의 體制, 利의 思想을 葬送하는 歷史的인 序曲이었다. 바울은 고린도敎會에 보내는 書翰 속에서 「그리스도안에 있는 者는 새로 創造된 者」라고 했거니와 義의 안에 있는 者는 진실로 이 새로 만들어진 者가 되어야 할 것이다. 歐羅巴에 바꾸일 새로운 東洋은 이제 義를 자기 속에 배고 있는 새로운 雄健한 民族을 기다리고 있는 것이다.

現代의 思想史的 狀況

1

第2次世界大戰 終戰의 해인 1945年은 우리에게 많은 希望을 가져왔다. 새로운 내 나라를 세우고 남에게 그 制度와 文物을 배워오고 안으로 民族의 빛나는 傳統을 찾아 일으키고 밖으로 世界史의 우렁찬 進展에 參加하고, 그런데 이 希望의 해인 1945年은 美蘇의 分斷占領과 함께 어두운 그림자를 던지기 시작하다가 그해 12月에 이르러 마침내 幕府三相會議 決定이란 것이 전해지면서 우리의 希望은 不安·焦燥·恐怖·反抗으로 바뀌어 그 이듬해 1946年 初頭에 들어서자 우리에 대한 信託統治를 한사코 反對하는, 民族의 굳은 決意가 내외에 表明되면서 한편 美蘇共委에 대한 國論의 統一을 보지 못한 채 1946年 1947年이 지나가고 말았다.

이러는 동안에 한편은 시베리아와 滿洲를 通하고 한편은 太平洋의 바다와 하늘을 건너 西洋現代의 制度·文化 生活方式이 그것을 담고 있는 그릇이라고 할 수 있는 사람을 통하여 우리나라에 휩쓸려 들어오기 시작했다.

外國의 軍隊 政治家 文化人이 들어오고 또 海外에 오래 있던 指導者들이 還國하는데 미쳐 우리나라는 東洋의 한 개 隱深한 地域 또는 외롭게 떨어져 있는 半島가 아니고 눈부시게 뛰어올라 第2次大戰 後의 世界의 가장 繁華 또 混亂한 政治 外交 및 思想의 交錯地 中心地

가 되었다.

수많은 汽車와 艦艇이 우리나라로 향하여 달리고 金浦空港에 西北航路의 飛行機가 發着되면서 서울과 平壤은 宛然한 國際都市의 性格을 띠게 되었고 거리의 茶房과 시골의 사랑방에서는 政治와 思想을 論하는 젊은 사람들의 목소리가 높아갔다.

1948年 國聯의 監視아래 가능한 地域 內의 總選擧가 斷行되어 民族의 至上命令인 統一을 目標로 하는 自主政府가 樹立되어 나라의 形勢 저윽히 順路 安定에 들어서는 것 같았는데 저 悽慘한 6·25事變이 勃發되면서 우리나라의 情形 및 國際政局은 深刻 또 沈痛한 苦難속에 빠져들어 가고 말았다.

1950年에서 1951年에 걸쳐 韓國事變은 이제 단순한 韓國事變이 아니고 侵略者 및 그 主義를 물리치는 國際防衛戰爭으로 發展되어 韓國을 戰鬪地域으로 하는 世界大戰의 性格을 드러내고 있거니와 第2次大戰 後의 現代의 生活體制 및 그 指導理念의 總決算 總對決이라고 볼 수 있는, 우리나라에 있어서의 이번 動亂은 아직도 그 前途에 많은 迂廻曲折이 있을 것으로 보여 진다.

歷史위에 나타난 許多한 戰爭이 모두 어느 의미의 思想의 戰爭 아님이 없으니 戰爭을 하고 있는 당사자인 民族 및 國家가 그것을 알고 모르고 간에 싸우는 두 편 사이에는 서로서로의 意見의 對立 拮抗이 있는 법이다.

波斯戰爭이 그랬고 알렉산더의 遠征이 그랬고 포에니戰役이 그랬고 30年戰爭이 그랬고 第1次 및 第2次 世界大戰 역시 그랬고. ―그런데 이 싸우는 두 편의 意見이란 것이 다름 아닌 그 「보는 態度」고 이것은 곧 그들의 世界觀에서 빚어 나오는 또 그것을 構成하는 중요한 요소이기도 하다.

이렇게 보아오면 지금까지의 모든 戰爭은 한가지로 그것이 이 世界觀의 戰爭이라고 할 수 있다. 世界觀과 世界觀의 對決이 武力的인

行使에까지 나아갈 때 거기에 戰爭이 벌어지는 것이다.

戰爭에 있어서 두 편에서 제각기 戰爭目的이란 것을 내세우고 이 目的에 향하여 자기의 軍隊 또 백성을 이끌어 나가려고 하는 것이 이 때문이다.

그런데 戰爭에 있어서조차 그 輕視하지 못할 배경 또는 요소가 되는 思想이란 도대체 어떤 것일까. 아마 第2次大戰에 있어서처럼 그리고 그것을 겪는 오늘에 있어서처럼 思想이란 것이 우리들의 生活, 자세히는 우리들의 政治 經濟 및 文化를 속속들이 흔드는 일이란 없을 것이리라.

순연한 思想을 위한 戰爭 또는 理念을 위한 戰爭이라고 부를 수 있는 것이 다름 아닌 韓國動亂으로서 좋고 언짢고 간에 思想의 힘이란 것을 뼈에 사무치게 느끼게 한 것이 이번 動亂의 經驗이요 敎訓인 것이다.

思想은 물론 現實은 아니다. 現實의 뒤에 오는, 現實에 대한 解釋이요, 反省이요, 批判이다. 思想과 現實사이에는 어떤 距離가 있어야 한다.

現實은 본래 움직이는 現實인데 반하여 思想은 그 자신 바라보는 性格을 가지는 것이니 現實을 바라보는데 思想의 약점이 있는 게 아니라, 그것을 바로 바라보고 잘못 바라보는데 따라 思想의 品位 그 眞理가 작정되는 것이다.

희랍에 있어서 「바라본다」의 뜻을 가진 「테오리아(theoria)」란 말이 理論을 의미하게 된 것은 이유 없음이 아니다.

헤겔이 哲學을 가리켜 「黃昏에 나와 떠돌기 시작하는 올빼미」라고 한 것은 유명한 말이거니와 哲學은 따라서 思想은 분명히 現實의 뒤에 나타나 이것을 따라 오면서 그 뒷모습 또는 그림자를 붙잡으려는 性格을 가진다.

그런데 思想은 때로는 現實에 앞서서 이것을 豫告하고 嚮導하기도 한다. 이때 思想은 現實의 뒤에 따라가는 절름발이가 아니고 도리어 그 앞을 비추는 횃불이라고 할 수 있다.

思想은 자기에 앞선 現實의 뒤에 따라가면서 또 따라가기 때문에 자기의 뒤에 올 現實을 앞서 느끼기에 이른다.

思想은 現實에 대하여 말하자면 二重의 責務를 가진다. 思想이 現實의 뒤를 따라 갈 때 思想은 움직이는 現實의 갈피를 충실히 붙잡아야 하고, 思想이 現實에 앞서서 이것을 이끌 때 思想은 내어 닫는 現實의 방향을 聰明하게 비치어야 하고, 그런데 오늘에 있어서처럼 思想이 現實에서 떠나고 또 現實을 잘못 이끄는 일이란 없을 것이다.

오늘에 이르러 思想이 어떻게 제멋대로 미쳐 날뛰고 그러면서도 자기를 眞理로 僭稱하여 歷史的 必然이니, 新時代의 喊聲이니 라는 이름 아래 虛僞와 困苦와 殺伐과 悲慘을 우리들에게 强要하고 있음을 보라.

現代는 어느 의미에 있어서 思想의 世紀라고도 부를 수 있어 진실로 허다한 主義와 思想이 우리들을 에워싸고 흐르고 있다.

우리들 하나하나는 이 아득한 그리고 성난 「思想의 바다」위에 떠 있는 조그만 거품 같은 것으로서 밀려들고 자어치는 思想의 물줄기는 그 속에 두 개 커다란 소용돌이를 가지고 이 陰沈한 소용돌이가 우리들을 자기 속에 삼키려고 대어든다.

西洋의 中世에 信仰告白이란 것이 있었다고 하면 오늘의 우리들에게는 思想告白이란 것이 있으니 내가 살아가기 위하여는 좋고 언짢고 또 나 스스로 거기에 속하고 안하고 간에 思想告白이란 것을 하지 않을 수 없는 때조차 있다. 思想의 힘이란 것이 오늘의 우리에게 있어서처럼 무시무시한 威力을 휘두른 時代가 있었을까. 자기 스스로 思想을 告白하지 않는다고 해도 남으로부터 左翼 또는 中間으로 指稱되기만 하면 그 자리에서 財産・地位・自由・境遇에 따라서는 生命까지 빼앗기는 일이 결코 드문 것이 아닌 것이다.

우리들이 西洋現代의 思想과 文化에 접하게 된 두 개의 커다란 時

期가 있으니 1919年과 1945年의 두 紀念할 만한 해가 그것이다. 말을
바꾸면 第1次大戰 및 第2次大戰이 우리들에게 오늘의 이른바 思想이
란 것을 가져왔다.

하기는 基督敎가 傳來된 것이 이미 仁祖朝의 일이요 韓末의 開化派
의 運動에 의하여 泰西의 制度와 文物이 우리들에게 전해지기도 했다.

그러나 新思想 新文明의 大潮流에 접하여 그 澎湃한 氣運 속에 싸이
고 그 多彩한 내용을 받아들인 것은 3·1宣言의 해인 1919年이었으니,
1919年은 어느 의미에 있어서 우리나라의 르네상스라고 할 수 있다.

1919年은 우리들에게 많은 새로운 思想을 가져왔다. 3·1運動이 敵
의 武力彈壓아래 들어가자 政治運動은 한때 文化運動으로 그 형식을
바꾸어 수많은 學校가 일어나고 新聞과 雜誌가 發刊되고 국외로 나
가는 留學生의 수가 늘고 講演會 講習會 討論會가 수없이 열리고 이
리하여 배우고 가르치고 서로 이끌어 民族의 實力을 기르려는 運動
이 廣汎 또 熾烈히 展開되었으니 여기에 外國宣敎師의 活動과 국내
외를 連絡하는 指導者 留學生들의 힘에 의하여 배워야 할 思想 알아
야 할 主義는 모조리 우리나라에 들어오게 되었다.

그런데 이 같은 思想 主義의 硏究 傳播가 究竟民族의 獨立을 戰取
하려는 根本決意에서 나온 것이고 또 그런 줄을 敵이 알게 되자 우
리의 자라나는 實力을 꺾어 문지르기 위하여 敵은 마침내 한편 經濟
的인 理由도 있어 自力更生이니 農工併進이니 하는 이름 밑에 愚民
政策을 쓰게 되었다.

그 뒤 敵은 大陸侵略을 計劃하여 滿洲事變 中日戰爭을 일으키면서
日本精神이란 것을 내어세워 일체의 새로운 思想을 抑壓하는데 미쳐
思想에 있어서의 한 개 暗黑時期를 現出시켰던 것이다.

日帝가 敗亡하던 1945年은 이 苛酷한 思想封鎖의 쇠사슬마저 끊어
지는 해였다. 聯合軍이 進駐하기 전부터 오랫동안 막혔고 눌리었던
思想·見解·言論이 鬱然히 일어나 政黨이 結成되고 靑年會 婦人會

가 생기고 새로운 大學과 많은 學校가 創設되고 그밖에 수많은 團體
가 별과 같이 일어나 解放된지 한 달도 못되어 우리나라는 그대로
한 개 새로운 思想과 文化와 運動의 繁華한 都城이 되고 말았다.

民主主義 民族主義 共産主義에 대한 談論이 생각 있는 남녀들의
입에서 흘러나오고 世界의 가장 새로운 哲學과 文藝의 傾向이 靑年
들의 사이에 論議되는 것이었다.

수많은 新聞과 雜誌가 刊行되고 그리웠던 우리말로 씌어진 책이
쏟아져 나오고 遣外使節團 留學生이 派遣되고 英語 露語 講習會가
열리고, 1945年 8月 以後의 形勢는 1919年 3月 以後의 形勢와 같았으
니 1919年은 日帝의 총칼이 헛되이 우리의 힘을 꺾으려고 했고 1945
年은 美蘇의 分斷占領이 우리에게 不安과 混亂을 가져왔던 것이다.

1919年과 1945年을 통하여 우리들은 現代思想의 이를테면 洗禮를
두 번이나 받은 셈이다. 그런데 이 두 차례를 통하여 우리들은 과연
어느 정도로 現代思想의 根本態度 또 그 代表的인 것의 하나하나를
정당히 理解한 것일까.

政治나 經濟에 있어서의 變革改新에 비하여 思想革命이란 것이 오
랜 시일이 걸린다는 事實을 想起한다고 하면 思想의 攝取 批判 超克
그 새로운 創造가 결코 용이한 일이 아님을 알 수 있을 것이다.

2

1919年과 1945年은 단순히 우리들의 現代의 새로운 思想文化에 접
한 時期였다. 이것을 제대로 받아들여 또 우리의 설 자리에서 우리
자신의 現實에 맞추어 受容 消化하여 우리의 가꾼바 思想으로서 世
界의 思潮에 貢獻 寄與하기에는 앞으로 많은 시일과 努力이 요구된
다고 보여 진다.

現代의 思想은 자세히는 西洋現代의 思想으로서 여기에는 西洋現代의 성격이 뚜렷이 비치어 있다.

現代思想이란 그렇기 때문에 西洋의 現代의 한 개 自己表現인 것이다. 西洋의 現代는 다름 아닌 西洋近世의 延長으로서 西洋近世의 運命이 그대로 西洋 現代의 運命이니 이 西洋近世의 運命은 西洋의 近世가 西洋의 中世에 對抗하여 새로운 자기를 세우던 때 이미 決定된 것이라고 할 수 있다.

西洋의 中世란 하나인 權威 하나인 原理밑에 많은 부분들이 整然한 階序를 이루어 거기에 服屬해 있던 時代였다. 로마 가톨릭敎會가 그랬고 封建制度가 그랬고 스콜라哲學이 그랬고, 그런데 이 하나인 權威가 反抗하는 부분들에 의하여 흔들리기 시작했다.

로마의 敎會와 그 帝國의 관도로부터 많은 國民敎會와 國民國家가 일어나고 스콜라學으로부터 많은 개별적인 學이 갈려 나가고. ―이리하여 새로운 生命의 우렁찬 또 多彩로운 躍動을 告하는 씩씩한 르네상스期는 어머니인 中世의 품으로부터 英勇한 近世를 힘차게 열어제낀 것이었다.

르네상스를 흔히 「人間의 發見」이라고들 하거니와 西洋近世의 開幕으로서의 르네상스는 「새로운 生命의 發見」으로서 전체에 눌리었던 부분, 「하나」에 붙잡혔던 「여럿」의 發見이요 解放이요 奮進인 것이다.

기운차게 내어뻗는 부분의 世界 우렁차게 달리는 「여럿」의 발굽소리, 이것이 다름 아닌 西洋近世의 모습이다. 놓여난 부분, 풀리인 「여럿」의 기쁨과 感激을 想起하라. 큰 하나 아래 모이는 것이 아니고 한없이 제대로 달리는 이 위대한 分裂의 精神이 다름 아닌 西洋近世의 原理니 個體 또는 特殊의 尊重 重視 守護가 처음부터 그 根本方向이 아닐 수 없다.

西洋近世의, 따라서 現代의, 生活 制度 및 思想의 모든 領野를 통하여 自由・平等・人格・解放이 原理 또는 指標가 되는 것은 이 때

문이다.

그런데 부분은 본래 全體의 부분이고 「여럿」은 언제나 「하나」의 「여럿」 이것만이 自明한 根本事實에 눈이 어두운 西洋의 近世가 지나치게 부분 및 「여럿」에 달린 나머지 마침내 全體에서 떠난 병신된 부분, 「하나」에서 헤어진 흩어진 「여럿」이 되고 말았다. 個人主義 自由主義 그리고 資本主義에 대한 前世紀 以來의 批難 排擊은 다름 아닌 驕慢한 부분의 跋扈, 橫暴를 匡正하려는 近世자신의 覺醒으로서 西洋의 近世가 어지간히 늙어 빠졌다는 유력한 證左이기도 하다.

全體에 대한 憧憬, 「하나」에 돌아가려는 情熱 ― 이것이 오늘까지 아직 그 정당한 발표를 보지 못하고 자칫하면 强權者의 支配慾 侵略慾을 북돋우어 도리어 全體와 부분, 「하나」와 「여럿」을 아울러 죽이는 그릇된 全體主義 獨裁主義에 이용되기에 이르거니와 진정한 全體, 고마운 「하나」는 어디까지든지 회복되지 않아서는 안 된다.

共産主義의 體制와 그 思想이 허다한 理論的 缺陷과 社會的 虛僞를 包藏한 것이면서도 일부의 사람들에게 있어서 특히 오늘의 個人主義의 弊害를 經驗한 이들에게 있어서 한 개 새로운 敎義로 받아들여지고 있는 緣由는 다름 아닌 이 全體에 향하는 心情때문이리라.

近世的인 「部分의 原理」에 대하여 새로운 「全體의 原理」가 세워져야 한다. 分裂의 精神 대신 새로운 統一의 精神이 나타나야 한다. 그러나 그렇다고 해서 現代가 다시 中世에 돌아갈 것이 아니니 새로운 全體 새로운 統一은 어디까지든지 部分 및 分裂을 넘어서서 또 그것을 살리는 것이 되어야 할 것이다.

第2次 世界大戰의 煙氣가 世界를 뒤덮은 1942年 벌써 戰後의 國際平和機構가 構想되었고 1941年 저 유명한 大西洋憲章이 起草되었거니와 倫敦에서 國際聯合의 創立 總會가 열린 1946年이야말로 現代의 精神史에 있어서 가장 重大한 歷史的 意義를 가지는 해라고 할 수 있다.

國聯의 방향 ― 우리나라는 國聯의 精神아래 建立된 최초의 民主國

家거니와-이 國聯의 방향 따라서 韓國의 방향은 그렇기 때문에 現代史 및 現代思想史의 한 개 커다란 새로운 방향인 것이다.

民主主義 民族主義 共産主義가 좋고 언짢고 간에 각각 그 자신의 歷史的 背景 또는 그 經路를 가지고 제각기 그 支持者를 끌어 붙이기에 힘쓰고 있거니와 새로운 思想史의 방향이 國聯 및 韓國의 나아가는 길에 있어서 결정된 오늘, 歷史의 審判에 견딜 思想은 全體와 部分, 「하나」와 「여럿」을 아울러 살리는 思想이 될 것이다.

民主主義 個人各個의 人格을 尊重하는 「部分의 原理」위에 섰다고 하면 民族主義는 民族을 위하여 個人을 바치는 「全體의 原理」에 依據한다고 할 수 있다.

그런데 共産主義는 밖으로 階級의 利益 人民의 解放을 내어 세우면서 안으로 黨 또는 個人의 繁盛을 도모하는 것이니 이것은 部分을 살리는 것도 全體를 살리는 것도 아닌 심한 「나=思想」인 것이다.

「나=思想」, 나만이 살겠다는 思想, 이것은 내가 살기 위하여 남을 삼키는, 그리고 나중에는 남을 삼키기 위하여 남을 삼키는 무서운 侵略主義에 나아가고 만다.

「나=思想」, 나만이 살겠다는 思想, 侵略主義. -이 심히 그릇된 자살적인 思想은 東西의 歷史위에서 이미 敗亡된지 오래다. 그러나 그러면서도 이 그릇된 思想이 그 이름을 바꾸어 가면서 그 자신의 새로운 發表者를 얻어 거듭 歷史의 위에 오르는 것은 이른바 「歷史에 있어서의 理性의 狡計」로서 그릇된 「내」가 打破되고 바른 「우리」가 建立되기 위한 한 개 施設이기도 하다.

西洋近世의 방향이 部分에로의 방향, 「여럿」에로의 방향임을 보았거니와 그렇기 때문에 西洋 近世思想의, 따라서 現代思想의 嫡流는 바른 의미의 個人主義다.

現代의 生活 및 思想은 모두 이 個人을 높이고 個人을 주로 하고 個人을 돕고 지키는 것을 그 究竟目標로 한다. 흔히 個人主義와 社會

主義, 資本主義와 共産主義의 對立 拮抗을 말하거니와 결국 個人 福利를 위하자는 最終目的에 이르러서는 가릴 바 없는 것이다.

그렇기 때문에 現代에 있어서의 서로 相反되는 허다한 思想이니 主義니는 한가지로 같은 나무의 한 줄기에서 내어뻗는 여러 방향 여러 모양의 가지에 지나지 않는다.

그런데 이 같은 많은 색채의 思想이 그 根本本色을 감춘 채 1945年 8月부터 우리나라에 들어오기 시작하여 이것이 우리들 사이에 여러 모양의 反響, 作用을 불러일으키면서 드디어 오늘에 이른 것이다.

3

1900年代에서 1940年代에 이르는 現世紀의 前半은 어느 의미에 있어서 前世紀인 19世紀의 延長이라고 할 수 있다.

政治에 있어서 그렇고 經濟에 있어서 그렇고 社會에 있어서 그렇고 思想에 있어서 역시 그렇고, 西洋近世精神이 말을 바꾸면 歐羅巴 精神이 가장 기운차게 내어뻗은 것은 아마 18世紀리라.

偉大한 18世紀란 말이 있거니와 18世紀는 여러 면에 있어서 특히 思想의 면에 있어서 歐羅巴精神의 加冠者요 完成者라고 할 수 있다.

文藝復興期에서 그 찬란한 꽃을 피운 近世精神이 17世紀를 거쳐 안으로 雄健한 꿈을 품고 겉으로 질박한 모습을 지닌 채 흘러내리다가 18世紀에 들어서면서 그 넘치는 힘이 커다란 줄기를 내어뿜어 마침내 雄健 또 壯麗한 背景을 꾸미었으니 啓蒙思潮 理想主義 浪漫主義 現實主義는 모두 제각기 堅固한 體系를 이루어 18世紀 뒤에 오는 思想의 源流를 짓기에 이르렀다.

18世紀는 哲學과 文藝에 있어서 진실로 不朽의 功績을 남겼거니와 自然科學에 있어서의 그 貢獻은 人間의 精神이 도달할 수 있는 거의

最高絶頂에까지 올라 古代의 희랍哲學, 中世의 基督教와 아울러 近世가 人類의 精神史에 바치는 不滅의 탑을 쌓아 올렸다.

19世紀는 이 18世紀의 偉高한 主峰을 받아 내리는 副峰같은 것으로 文藝復興期를 18世紀의 序曲이라고 하면 19世紀는 어느 의미에 있어서 18世紀의 終章이라고도 할 수 있다.

19世紀의 思想과 文化가 18世紀에 가까울수록 雄健하고 거기에서 멀어질수록 低調를 보이는 것은 이 때문이다.

19世紀의 前半은 18世紀의 後半과 아울러 雄偉 强勁한 精神을 보이거니와 19世紀의 後半은 분명히 多辯 懷疑 註釋 扮裝에 옮아가 歐羅巴精神 衰嬰의 徵候를 보이고 있다.

니체(Nietzsche)를 가리켜 19世紀의 思想史를 닫아버리는 末尾 또는 殘光이라고 하거니와 그리고 니체의 文章은 病的에 가까운 自己嘲笑의 표현으로 거의 일관되어 있거니와 이 奇偉한 19世紀의 思想家는 그대로 歐羅巴精神 最終의 像이라고 할 수 있다.

20世紀 前半은 19世紀 後半의 말하자면 附錄이다. 18世紀로서 보면 附錄의 附錄이 된다. 偉大한 18世紀란 말에 대하여 19世紀의 憂鬱이란 말이 있거니와 이 19世紀의 憂鬱은 20世紀의 40年代까지 가시지 않고 계속 되었다.

前世紀의 憂鬱이 現世紀를 넘어왔을 뿐만 아니라, 넘어 오는데 따라 憂鬱이 不安, 不安이 絶望, 絶望이 恐怖, 恐怖가 다시 焦燥·唐慌·輕率·投機·壞礫·動亂, 이리하여 마침내 극도의 混亂에 빠졌으니 이것을 收拾 乃至 匡正해보려던 것이 第1次 및 第2次 世界大戰이었던 것이다.

第1·2次世界大戰은 어느 의미에 있어서 失神한 歐羅巴精神의 自己手術이라고 할 수 있다. 그런데 이 고통스러운 腹部手術은 과연 歐羅巴的인 것의 全身에 새로운 피와 生命을 가져온 것일까.

나는 바로 앞에서 19世紀 後半 이후가 18世紀의 附錄이 된다고 했거니와 그렇다고 하더라도 前世紀後半 이후로 오늘까지의 사이에 思想史로 보아 새로운 運動이 전연 없었던 바 아니다.

19世紀의 憂鬱은 기실 近世初期의 사람들의 自然科學에 대하여 그것이 人類의 生活에 가져올 福利에 대한 지나친 꿈과 希望이 깨어지던 때로부터 시작된 것이니 自然科學의 勃興이 産業革命을 가져오고 産業革命이 近代都市의 發達을 가져오고 近代都市의 發達이 資本主義體制를 가져오고 資本主義 體制가 資本階級의 腐敗와 無産階級의 貧窮 悲慘을 가져오고 이리하여 눈앞에 가물거리던 天國이 地獄 煉獄으로 변하게 되자 사람들은 이 죄를 社會制度의 不義 不合理에 돌려 19世紀 中葉에 들어서면서부터 現社會의 制度를 根本的으로 뜯어고치려는 革命思想 및 그 運動이 鬱然히 일어나게 되었다.

1864年 國際勞動者協會의 創立, 1848年 「共産黨宣言」의 發表, 1848年 歐洲革命, 1889年 第2인터내슈낼의 創立, 1917年 露西亞의 10月革命. ―이 一聯의 歷史的 事件은 모두 19世紀後半 以後에 속하는 일이다.

여러 모양의 社會思想 및 그 運動이 前世紀後半 이후 오늘에 이르는 近世思想史의 현저한 새로운 主流라고 할 수 있다. 社會主義 社會民主主義 共産主義 無政府主義 산디칼리즘 후기훼페비안(Febian)協會 Ⅰ. W. W·運動, 모든 思想과 運動이 그것을 推進시키는 國際勞動者協會 獨逸社會民主黨 英國勞動黨 佛蘭西社會黨 第2國際 國際共産黨 코민포름 같은 機關과의 聯繫아래 執拗 또 堅決하게 展開되었으니 19世紀後半 이후는 어느 의미에 있어서 社會革命의 世紀라고 할 수 있다.

第1次大戰 後의 國際聯盟, 第2次大戰 後의 國際聯合 역시 이 같은 社會改造運動의 國際的 表現에 지나지 않는다.

自然科學에 대한 어린애다운 소박한 꿈이 깨어지자 사람들은 最後 最大의 希望을 社會制度의 改革 顚覆에 붙였으니 오늘에 이르러 思想이라고 하면 곧 社會思想을 의미하다시피 社會에 대한 見解·主

張·立場·主義가 社會科學이란 광범 또 曖昧한 이름아래, 위로는 國會議長 大學教授로부터 아래로는 國民學校의 어린애들에게 이르기까지 宣傳·解釋·傳播·强要·歪曲·論議되고 있는 것이다.

社會主義와 그 運動, 이것은 분명히 19世紀後半 이후 西洋思想史의 한 개 積極的인 主潮다. 그런데 이 같은 社會思想 革命運動마저 歐羅巴精神 退嬰의 兆朕을 띄었으니 오늘의 社會思想 全般을 통하여 그 指導理念의 缺乏, 그 理論構成의 粗雜 그리고 거의 狂信에 가까운 新教義에 대한 信奉은 이 思想, 이 運動이 얼른 보기에 創造的 建設的인 것 같으면서 기실 退頹的 崩壞的 本色을 드러내는 證左인 것이다.

現代의 社會思想과 그 運動 역시 19世紀의 憂鬱의 思想的 表現에 지나지 않는다. 19世紀의 憂鬱, 너는 어디로부터 쫓아왔고 또 오늘의 우리들에게 무엇을 가져다 주려고 하는고. ―歐羅巴사람 아닌 歐羅巴사람인 오늘의 東洋의 아들들은 歐羅巴精神의 雄健한「대목」을 經驗하지 못하고 애오라지 그 退頹의「구비」에 빠져들어 남의 運命을 내運命인양 치르고 있는 것이다.

우리들은 歐羅巴的인 것 속에 있으면서 꾸준히 새로운 東洋的인 것을 세움으로써 西洋的인 것과 東洋的인 것을 아울러 살리는 歷史的인 責務를 다해야 할 것이다.

人類의 5000年史 7000年史를 한 개 장구한 人類教育의 階序史로 보자는 이들이 있거니와 그렇게 본다고 하면 歷史의 위에 나타난 좋고 언짢고, 개이고 험궂은 하고 많은 事件은 한가지로 우리 人類를 깨우치기 위한 施設이요 方便이 되는 것이리라.

오른편으로 흐르려다가 왼편으로 돌고 높은데로 오르려고 하다가 깊이 떨어져 흐르는 人類의 歷史의, 자세히는 人類의 運命의 迂廻·曲折·秘義를 헤아려 맞힐 者 누구랴.

西洋의 古代史도 통 모를 것이요, 西洋의 中世史마저 헤아리기 어렵거니와 西洋의 近世史처럼 우리들의 豫斷과 期待를 어기고 그것을 비웃어가면서 저대로 흐른 것이란 없을 것이리라.

西洋의 近世史는 진실로 씩씩한 氣象 시원스러운 가슴 또 우렁찬 態勢로 출발했다. 낡고 어두운 陰沈스러운 방안에 갇히어 있다가 자기 스스로의 힘으로 닫힌 문을 박차고 淸爽한 大氣속에 나와 蒼空과 太陽과 大地의 고마움을 體驗한 者만이 西洋近世의 출발을 짐작할 수 있을 것이다.

오랫동안 위로부터의 權威아래 조그맣게 웅크리고 앉아 알지 못할 儀式과 命令에 服從하기를 일삼던 이들이 자기들을 둘러싸 가둔 울타리가 넘어가자 그들의 새로운 環境인 自然이 그들 자신의 눌리었던 性情·本能·感情·情緖를 간지럽게 또 우악스럽게 불러일으킬 때 이 解放된 人間性은 안(內)에로 위(上)에로가 아니고 밖(外)에로 아래(下)로 한없이 달리게 되었다.

人間性의 안에로 위에로의 방향을 理性에로의 방향이라고 하면 밖에로 아래로의 방향은 感性에로의 방향이라고 할 수 있으리라.

西洋 近世思想史의 根本 방향은 다름 아닌 이 感性에로의 방향이다. 西洋近世思想의 얕보지 못할 主潮를 이루는 自然主義 唯物論 功利主義 實證主義는 이같은 感性에로의 방향의 自己表現에 지나지 않는다.

理性이 「理」요 「法則」임에 반하여 感性은 「情」이요 「氣分」이다. 前者를 로고스(Logos)의 系列이라고 하면 後者는 파토스(Pathos)의 系譜다.

西洋 近世精神의 基幹이 依然히 自然科學이요, 自然科學이 學인 限 그 硏究가 「理」에 속하거니와 近世 自然科學의 勃興의 뒤에는 그것을 硏究하고 支持하는 近世 사람들의 가슴속에 自然科學의 成果 및 그 功德에 대한 어린애다운 氣分 樂觀的 氣分이 숨어있음을 잊어서는 안 된다.

自然科學에 대한 그들의 樂觀的인 信賴 그들의 自然科學 萬能主義는 그들의 自然에 대하는 態度에서 온 것이었다. 自然에 대한 그들의

態度는 베이콘(Bacon)의 저 유명한 말 「scientia est potentia」란 말에서 엿볼 수 있는 대로 처음부터 이것을 利用 征服하는 態度였다.

그들에게 있어서 自然科學은 自然을 이용하여 人間의 生活을 豊盛케 하는 道具였다. 自然의 神秘와 理法을 캐어 밝히려는 그들의 관심은 조그만 機械 하나를 만들어 사람의 고된 수고를 더는 便利 便益에 대한 흥미로 바뀌었다. 그들은 自然과학의 發達에 의하여 사람의 健康과 목숨이 增進 增長되고 그 힘든 肉體의 勞動이 아주 除去될 것으로 알았다.

自然科學은 그들에게 진실로 地上으로부터의 福音이었다. 自然科學의 硏究와 그 응용이 자꾸만 前進하기만 하면 人類는 얼마든지 幸福스럽게 살 수 있을 것으로 굳게 믿었다. 그들은 自然科學을 한번 휘두르면 무엇이고 나오는 摩姑할머니의 지팡이로 알았으나 鍊金術에서 化學이 나오고 寶物섬을 찾는다는 것이 많은 地理上의 發見을 가져오게 한 것이었다.

데칼트(Descartes)같은 科學者까지도 科學의 發達에 의한 人類社會의 幸福相을 構想·設計한 것을 보면 近世初期에 있어서의 自然科學에 대한 信賴·希望·樂觀이 어느 정도이었던 것을 익히 짐작할 수 있다.

敬虔 또 謙虛한 科學者들의 心血을 바친 연구에 의하여 自然과학이 發達하기는 했다. 그리고 그 응용에 의하여 많은 器具 機械가 발명되었고 많은 地域, 資源, 새로운 事實이 發見되기는 했다.

그런데 이 고유한 人間努力의 結果가 우리에게 가져온 것은 人間을 마소 이상으로 酷使하지 않으면 더할나위 없는 게으름뱅이로 만들어 버리는 近代都市라고 부르는 거대한 機械를 가져왔을 따름이다.

自然科學의 勃興이 機械의 發明, 機械의 發明이 産業革命, 産業革命이 資本主義 體制를 가져왔음을 보았을 때 機械文明의 惠澤에서 쫓겨남을 받은 수많은 불우한 사람들은 하나는 자기편의 失望과 하

나는 남에 대한 嫉妬로 自然과학 그리고 거기에 따르는 機械文明을
咀呪하기 시작했다.

　그런데 이 몸에 누더기를 두른 福地에서 쫓겨난 「이스라엘 백성」
들의 앞에 몇 사람의 先知者가 나타났다. 그들은 이 쫓겨난 무리들의
不幸과 苦難이 自然科學의 탓이 아니고 그 功德을 소수의 사람들에
게 독점시키는 現 社會制度의 탓이라고 가르쳤다. 이리하여 그들은
自然科學에 대한 꿈을 社會科學에 대한 꿈으로 옮겨가게 했다. 꿈을
기다리고 꿈을 찾고 즐겨 꿈속에 안기려고 하는데서 우리들은 歐羅
巴精神의 感性的 유머的 파토스的 경향을 읽을 수 있다.

　自然科學에 쏠린 것이 自然界의 眞理를 사랑해서 보다는 自然科學
이 가져오는 實盆때문이었던 것과 마찬가지로 社會思想에 기우려지
는 것은 歷史進展의 理法을 위해서가 아니라, 社會革命이 약속하는
福利때문이었다. 歐羅巴사람들의 심정은 어디까지든지 「利」에 몰리는
심정이다. 西洋近世는 「利」의 開展史, 그 思想史는 「利思想」의 開展
史라고 할 수 있다.

　自然에서 利를 찾으려다가 실패한 그들은 다시 나아가 이번은 社
會에서 利를 찾으려고 했다. 그들은 여러 모양으로 利를 가져올 상
싶은 새로운 社會, 理想社會를 그려보았다. 실지로 設計도 하고 그
實現을 시험해 보기도 했다. 모아(More)의 理想鄕(Utopia), 카베(Cabet)
의 이스카베리아(Iscaberia), 오웬(Owen), 쌍・시몽(Saint Simon), 푸리
엘(Fnurier)의 運動은 모두 이 利를 가져오는 理想社會의 構想이요
實踐이었던 것이다.

　맑스와 엥겔스는 자기들의 생각을 이른바 科學的 社會主義라고 하
고 남의 것을 空想的 社會主義라고 하여 내리쳤거니와, 그리고 그들
이 그 당시의 資本主義를 분석하는데 있어서 치밀한 現實主義者로
나타나기도 했거니와 이 두 이상스러운 루터의 同國人은 依然히 어
느 의미의 理想主義的인 일면 또 거기에 따르는 그들 스스로의 確

信·預言·希望·幻想을 그들의 言說 속에 군데군데 감추고 있다.

西洋近世史의 開展에 있어서 人間은 결국 두 번 자기에게 속은 것이다. 機械文明이 幸福을 가져올 줄 알았다가 도리어 機械에게 사로잡혀 그 종이 되었고 社會革命이 解放을 가져올 줄 믿었다가 그 자신 革命에서 삼킴을 받아 통째로 人間을 잃어버리는 運命에 떨어졌다.

機械가 좋기는 좋고 革命이 시원스럽기는 하지마는 이 機械를 사용하고 革命을 일으키는 사람 그 자신이 지극히 편벽되고 첩경 변하기 쉬워 機械로 하여금 사람을 삼키게 하고 革命을 팔아 자기 뱃속을 불리는데 人間으로서의 우리들의 久遠한 苦悶이 있는 것이다. ─西洋 近世精神은 自然을 알려고 힘썼고 社會를 뜯어 고치려고 헤매었으나 究竟 자기 스스로인 人間 자신에 어두웠다고 아니 할 수 없다.

現代思想의 밑바닥을 흐르는 人生觀은 「利」의 人生觀이요 그 人間學은 「利」의 人間學으로서 人間을 단순히 「利」의 면에서만 붙잡은데 그 根本限界 또 그 根本病弊가 있는 것이다.

우리들의 自然에 대한 態度는 利用이 아니고 生命의 共感이 되어야 하고 社會에 대한 決意는 功利가 아니고 歷史에 있어서의 義를 위한 것이 되어야 할 것이다.

오늘의 民主主義 民族主義 社會主義 共産主義가 한가지로 個人 民族 階級 또는 黨派의 利益을 目標로 하는 한 이것은 고기 덩어리를 물고 찢는 교묘한 術策 方略은 될지언정 歷史를 이끌어 나가는 指導原理는 되지 못한다.

西洋 近世思想史는 利의 思想史다. 우리들은 이 利의 思想에 대하여 새로운 義의 思想을 세워야 한다.

前世紀 後半에서 現世紀 前半에 이르는 사이는 말하자면 歐羅巴의 利의 思想史의 終章이라고 할 수 있다. 現世紀 50年代의 思想史는 낡은 利의 思想史에 대신하는 새로운 義의 思想史로 자기를 열어 젖혀야 할 것이다.

4

第1次世界大戰은 「利」의 開展史로서의 歐羅巴의 당연한 歸結이었다.

18世紀 이후로 膨脹 隆盛을 이룬 歐洲의 國民國家들은 歐羅巴를 本家로 하고 널리 아프리카 아메리카 東洋에까지 그 세력을 펴 서로 先頭를 다투고 빼앗는 爭覇史를 거듭하다가 그들 자신의 심각한 利害의 衝突이 마침내 모든 숙제를 대규모의 戰爭에 呼訴케 했으니 이 것이 1914年에서 1918年에 걸친 第1次世界大戰이었던 것이다.

第1次世界大戰은 獨·墺·伊의 同盟國 側에 대한 英·佛·露를 중심으로 하는 聯合國陣營의 決戰으로서 戰爭은 이 聯合國陣營의 勝利로 끝나면서 그 때문에 露西亞와 獨逸의 帝政이 顚覆되고 말았다.

第1次世界大戰은 갈려서 싸우는 두 陣營이 서로 자기들의 「利」를 위하여 싸운 것으로서 攻擊과 守勢, 侵略과 防衛의 區別은 있을지언정 利를 위하여 싸우는데 이르러서는 同盟國 側이나 서로 다를 바 없었다.

그들은 남에게 의하여 侵害 當하는 또 그렇게 될 우려가 있는 자기의 王家 또는 民族의 利益을 끝까지 보장하기 위하여 많은 물자와 사람을 없애어가면서 싸웠다.

이 戰爭을 치르고 나서 다시는 이 같은 人類의 大慘變을 되풀이 하지 않기 위하여 만든 것이 國際聯盟이었다. 國際聯盟은 그 精神的인 系譜를 人類가 戰爭을 經驗할 때마다 통절히 想起하는 「恒久한 平和의 理念」에 가졌거니와 칸트(Kant)의 人類의 永遠한 平和에 대한 思想도 여기에 影響한 바 적지 않았다고 한다.

國際聯盟은 戰後 國際關係의 調整과 國家 間의 協助에 힘써 왔으나 終戰 20年이 넘기 전에 日本의 大陸侵略, 伊太利의 에티오피아 征服, 獨逸의 墺地利合倂 波蘭侵襲에 의하여 손쉽게 깨어지고 말았다.

第2次世界大戰은 어느 의미에 있어서 第1次大戰의 계속이라고 할 수 있다. 問題를 뒤로 밀었을 따름이오 그 완전한 해결을 보지 못한

第1次大戰의 終局이 이미 第2次大戰의 싹을 품고 있었다.

第2次大戰은 第1次大戰의 연장이기는 하지마는 앞선 것에서 보지 못하던 한 개 뚜렷한 表徵을 띄웠으니 理念戰 思想戰으로서의 性格, 자세히는 世界觀을 위한 戰爭인 性格이 곧 그것이다.

第2次大戰은 널리 알려진대로 全體主義國家群에 대한 民主主義 陣營의 싸움이었다. 全體主義와 民主主義, 이것이 두 陣營의 根本的인 대립이고 다시 그 世界觀을 기초로 하는 政治・經濟・社會・文化 및 思想에 있어서 서로 抗爭하는 體制와 運營과 방식이 兩者의 優劣을 決하는 審判을 종당 戰爭에 呼訴하게 했던 것이다.

第1次大戰에 있어서 直接的인 利害가 戰爭의 主要素이었다고 하면 第2次大戰에 있어서는 世界觀의 대립이 그 嚮導的인 적어도 表面에 있어서 만 이라도 嚮導的인 요소였다고 할 수 있다.

第1次大戰이 자체의 利害를 위하여 싸웠다고 해도 거기에는 世界觀의 차이가 있었고 第2次大戰이 世界觀을 위하여 싸웠다고 하더라도 그 뒤에는 利害가 움직이고 있었으니 第1次大戰은 한가지로 歐羅巴精神의 利의 葛藤 衝突인데 다를 바 없는 것이다.

그러나 戰爭의 目的으로서 하나가 利害를 내어 세우고 하나가 世界觀을 내세우는데 第1次大戰에서 第2次大戰에 옮아오는 역사의 제약을 읽을 수 있으니 이것은 歐羅巴精神이 그 자신의 입장인 「利」에 대하여 反省・懷疑・批判・超克의 눈이 어렴풋하게라도 뜨이고 있다는 것을 보이는 중대한 사실인 것이다.

歐羅巴精神과 利, ―이것은 도저히 갈라놓을 수 없는 엉킨 하나가 아닐까. 歐羅巴精神이 그 자신의 오랜 鄕土인 「利」를 버리고 이제 英勇히 일어나 새로운 生命이요 原理인 「義」의 품에 돌아오기를 우리들은 바라고 기다린다.

그러나 원체 뼛속까지 「利」에 물들었고 또 두 번씩이나 커다란 戰爭에 피가 마르고 기운이 지친 負傷者 歐羅巴가 義의 世界史 義의

思想史를 擔當할 힘이 있을까.

第2次大戰은 진실로 歐羅巴精神의 沈痛 또 哀絶한 葬送曲이라고 할 수 있다. 中國이 여기에 加擔했고 日本이 잘못 들어 덤비었거니와 이것은 다 東洋的인 자기를 잊어버리고 歐羅巴的인 남에게 合勢 轉身한 헤매는 東洋의 當然한 運命인 것이다.

오늘의 東洋은 歐羅巴의 「利」를 따라갈 것이 아니고 東洋 本來의 「義」를 드러내야 할 것이다. 自然科學 社會主義가 生活에 있어서의 利를 가져온다고 해서 좋다고 할 것이 아니라, 그것이 歷史에 있어서의 義를 헐고 짓밟을 때 우리들은 함께 일어나 이것을 批判하고 이것을 是正하고 이것을 斷罪하고 이것과 싸워 물리쳐야 할 것이다.

第2次大戰이 全體主義와 民主主義의 싸움으로 그 終結이 民主主義의 勝利에 돌아간 것은 歷史를 위하여 진실로 다행한 일이었다.

만일 이와 반대로 全體主義가 이겼다고 하면 强權과 威壓과 侵略과 征服이, 말을 바꾸면 惡의 勢力이 여러 모양의 美名과 粉裝 아래 자기를 伸張시켰을 것이요 이렇게 되면서 歐羅巴의 終末은 놀라운 悲慘과 罪惡을 人類의 歷史에 가져왔을 것이다.

그런데 다행히 敗亡되어야 할 것이 敗亡되고 保存되어야 할 것이 保存되었다. 民主主義는 古代희랍 이래로 특히 佛蘭西革命 이래로 허다한 苦難과 試鍊을 치러 오늘에 이르렀거니와 그 最大의 受難 試鍊이 다름아닌 第2次大戰으로 이것을 통하여 最强의 敵인 全體主義와 싸우면서 용하게 그 傳統과 자랑을 붙들어 내려왔다.

그런데 이 全體主義와 싸우는 民主主義속에는 한 개 특수한 또 警戒할 만한 區域이 있었으니 이것이 民主主義의 친구면서 도둑같고 도둑이면서 친구같은 共産主義였다.

第2次大戰 당시의 思想의 現勢로 보면 共産主義는 民主主義 편에 또 그 그늘아래들 것이 아니고 全體主義와 民主主義와 共産主義가 思想을 三分하여 鼎立될 形勢에 있었다. 그랬던것이 全體主義와 民主

主義 사이의 싸움이 일어나자 共産主義는 실상 이 싸움에 超然할 수
없었고 또 民主主義에 대한 義理로 보거나 자기 스스로의 保身으로
보거나 世界史의 進展에 대한 信念과 情熱로 보거나 共産主義는 마
침내 民主主義편에 서지 않을 수 없었다.

全體主義 國家의 무서운 像인 히틀러와 무소리니가 서있는 한 民主主
義 陣營의 두 人物 루스벨트와 스탈린은 친구가 될 수 있었다. 그들은
民主主義 陣營의 최후의 勝利를 위하여 여러 번 만나기도 했고 또 戰爭
의 遂行 및 그 收拾에 대해서 가슴을 헤치고 서로 協議하기도 했다.

그런데 世界觀을 위한 戰爭으로서의 第2次大戰은 全體主義 民主主
義 및 共産主義의 思想에 있어서의 三分野에 의하여 진실로 微妙 複
雜한 樣相 또 運命을 보였으니 만일 全體主義와 共産主義가 連結하
여 民主主義에 대어 들었다고 하면 民主主義가 이기기 어려웠을 것
이고 그와 반대로 全體主義가 힘을 합하여 共産主義를 쳐부쉈다고
하면 共産主義는 아마 完全히 敗했을 것이다.

그런데 실지는 그렇지 않아 우리가 본대로 民主主義와 共産主義가
聯合陣營을 構成하여 全體主義에 對抗했고 또 이 合作의 힘을 가지
고도 聯合陣營의 形勢가 결코 樂觀할 수 있는 것이 되지 못했다.

그랬는데 많은 惡戰苦鬪 밑에 聯合陣營이 마침내 이기기는 했다.
1945年初 먼저 伊太利가 거꾸러지고 뒤미처 獨逸과 日本이 넘어가면
서 現代의 世界史를 威脅하던 全體主義는 쓰러지고 말았다.

全體主義와 民主主義의 싸움이 民主陣營의 勝利에 돌아가자 본래
의 民主主義와 임시로 그 속에 들어있던 特殊區域으로서의 共産主義
는 누가 시킨 것도 또 서로 약속한 것도 아니건만 재빨리 서로 소매
를 나누지 아니할 수 없게 되었다.

民主主義와 共産主義의 對立, ―이것은 全體主義와 民主主義의 對
立과 아울러 또 그 이상으로 歐羅巴史의 한 개 宿命的인 事態다. 19
世紀 이후의 狀勢 특히 第1次大戰 이후의 情況에서 보면 이 民主主

義와 共産主義와의 對立이 피할 수 없는 가장 根本的인 對立이요 全
體主義와 民主主義의 對立은 全體主義 그 자체가 第1次大戰의 終結
이 낳아놓은 한 개 병적인 나뭇가지였던 모양으로 말하자면 變狀的
인 對立이었던 것이다.

　이 變狀的인 全體主義와 民主主義와의 對立이 정상적인 對立으로서
의 民主主義와 共産主義와의 對立을 한때 延期시켰다고도 할 수 있다.

　第2次大戰이 끝나자마자 실상은 끝나기 전부터 民主主義와 共産主
義의 對立이 갈수록 날카롭게 드러나 오늘 보는 것과 같은 深刻 또
悽慘한 對立에 나윈 것은 現代의 歐羅巴史로서는 어떻게 할 수 없는
거의 運命的인 事態로서 여기에는 歐羅巴史인 것의 開展의 論理가
깊이 숨어 있다고 보여 진다.

　民主主義는 西洋近世의 自己開展의 原理 또는 態度다. 西洋近世의
政治史 制度史 思想史는 그대로 民主政治史 民主制度史 民主思想史
이니 西洋의 近世는 이 일관한 理念인 民主主義에 의하여 이끌려왔
고 또 이끌리고 있다고 할 수 있다.

　西洋의 近世는 본래 全體에 대한 部分의 反抗, 「하나」로부터의 「여
럿」의 解放에 의하여 자기를 열어 젖혔거니와 民族國家의 成立, 國民
敎會의 興隆, 近代國家의 發達은 모두 로마敎會로부터의 民族 또는
國家의 獨立 離脫을 의미하는 것이었다.

　그런데 이 解放된 國家가 오래지 않아 敎會에 대신하여 다시 個人
을 抑壓하고 人權을 侵害할때 個人들은 일어나 國家를 때려 부수는
運動을 일으켰으니 美國의 獨立 佛蘭西革命은 이 같은 抑壓하는 國
家 또는 階級에 대한 人民의 堅決한 反抗이었던 것이다.

　民主主義는 部分과 「여럿」이 가지는 깊은 意義와 또 그 絶對의 平
等을 主張하는 個體主義 또는 平等主義라고 할 수 있다. 佛蘭西革命
의 標語인 自由와 平等과 友愛는 이 자기를 解放시키는 個體의 態勢
와 그 品位와 그리고 個體와 個體사이의 새로운 또 마땅한 聯關을

가르친 것에 지나지 않는다.

1000年이나 넘는 오랜 동안을 끔찍끔찍한 威壓과 窒息속에서 하마트면 자기를 통채로 잃어버릴 뻔 했던 西洋精神은 七百年 八百年이 經過하도록 權威와 强壓을 물리치고 눌리는 者를 救援해내기에 힘써 왔으나 오늘에 이르러서도 依然히 이 個體顯彰의 우렁찬 進軍을 쉬려고 하지 않는다.

남을 누르려는 態勢와 制度와 思想은 언제나 民主主義의 敵이니 그것이 敎會거나 國家거나 階級이거나 黨이거나를 莫論하고 民主主義는 여기에 대하여 蹴然히 일어나고 決然히 싸워 마침내 强權 威壓 專制 橫暴에 의한 일체의 不義와 暗黑을 打破 消散하기에 힘써 왔다.

近代民主主義의 根源으로서의 佛蘭西革命에서 보는 自由 平等 解放 個性 人格같은 많은 近代生活의 原理 또는 徵表는 모두 이 싸우는 民主主義의 精神 態勢 및 그 標識에 지나지 않는 것이다.

5

그런데 近世初期에 있어서는 어린 民族 또는 國家가 敎權에 대하여 싸웠다고 할 수 있다.

近代의 國家가 힘과 權威를 敎會로부터 자기 손에 옮겨 거두어 이것을 專斷하는 王室 또는 貴族이 庶民을 누르고 짓밟을 때 그들은 일어나 特權階級을 넘어뜨리고 나라를 다스리는 힘 자체를 人民의 손에 거두고 말았다.

佛蘭西革命 以前을 어린 民族의 民主主義라고 하면 革命 이후는 눌리는 庶民 또는 平民의 民主主義라고 할 수 있다. 그런데 이 庶民 또는 平民 속에는 貴族 아닌 市民－職匠 學者 賈商 農民 그밖에 많은 部類의 사람들이 包含되어 佛蘭西革命 以後 燎原의 불같이 各國

에 일어난 民主主義 思想 및 그 運動도 이 같은 廣範한 庶民위에 그 民衆的 地盤을 가지고 있었다.

佛蘭西革命을 흔히 부르주아革命이라고 할 때 이때의 부르주아는 오늘의 大企業家나 工場主같은 資本家를 의미하는 것이 아니고 아직 오늘에 있어서 보는 것 같은 資本家와 勞動者의 階級的 對立이 形成되기 전인, 貴族階級에 대한 庶民 또는 平民의 義로서 오늘의 資本家는 오늘의 勞動者와 함께 진실로 이 庶民에서 分化된 것에 지나지 않는다.

近代國家가 로마敎會로부터 갈리어 나올 때 로마敎會와 國家와의 사이에는 넘기 어려운 깊은 溝渠가 있었다. 그랬는데 國家的인 權力에 대한 人民의 反抗인 佛蘭西革命은 로마敎會와 國家와의 사이를 어느 정도로 주렸다고 할 수 있다.

로마敎會로부터 國家가 分離된 뒤 國家의 權力이 王室과 貴族階級의 손에 專斷되었던 모양으로 近代 民主主義 革命에 의하여 政治의 主導力이 平民의 손에 돌아오면서 平民에 속했던 一部의 사람들이 그 가진 地位와 金力에 의하여 새로운 特權階級을 形成하기에 이르렀다.

近代의 社會主義 및 그 運動은 처음에는 이 새로 생긴 階級的 對立과 經濟的 不平等과 또 거기에서 오는 허다한 不合理와 病弊와 罪惡을 匡正하려는 社會的 自覺에서 出發한 것이었다.

民主主義史에 있어서의 佛蘭西革命과 같은 意義를 가지는 것이 社會主義史에 있어서의 國際勞動者協會의 創立이라고 할 수 있다.

佛蘭西革命과 國際勞動者協會의 創立, 하나는 近代 民主主義의 根源을 이루었고 하나는 國際 社會主義運動의 첫 페이지를 꾸몄다.

社會主義는 본래 오랜 歷史를 가지는 것으로서 플라톤(Platon)의 國家篇에서 이미 그 思想的 表現을 보였고 中世의 農民戰爭과 近世 理想家 社會主義運動이 그 꿋꿋한 傳統으로서 近代 資本主義 體制가 날카로운 階級的 對立을 가져오는데 미쳐 이 새로운 現實을 土臺로 하고 거기에 旺盛한 불꽃을 피게 하였다.

　　오늘의 共産主義는 이 國際勞動者協會의 주장을 넘기어 받아 고타 (Gotha)綱領에 에어프르트(Erfurt)綱領의 精神에서 배우면서 1848年 歐洲革命에서 파리콤뮨, 獨逸社會民主黨의 結成, 第2인터의 創立, 社會民主主義와 共産主義와의 分離, 露西亞의 10月革命, 第3인터의 創立, 反動時代, 第2次世界大戰에 이르는 激動動亂의 사이를 스쳐 오늘에 이른 것이다. 그런데 共産主義는 그것이 階級의 不平等을 打破하고 萬人이 자유로운 새로운 理想社會의 建設을 志向하는 한 그 根本精神에 있어서 自由와 平等을 理念으로 하는 民主主義와 다를 바 없는 것이다.

　　그러나 오늘의 共産主義는 國際勞動者協會 創立이래 자기를 主宰해 온 세 사람에 의하여 民主主義와 對立되는 결정적인 방향에로 나위고 말았으니 세 사람이란 맑스(Marx)와 레닌(Lenin)과 스탈린(Stalin)이다.

　　共産主義는 맑스에게서 唯物論과 階級鬪爭說, 레닌에게서 푸로레타리아 獨裁, 그리고 스탈린에게서 케·페·우 組織을 받아가져 이 세 사람의 性格 思想 및 權力慾에 의하여 共産主義는 무서운 用意周到한 全體主義가 되어 버렸다.

　　이 民主主義의 背敎者인 共産主義는 人民의 無知와 貧窮을 溫床으로 하고 그 자신의 敎義를 내어 흔들면서 어둡고 약한 民族을 자기의 주위에 묶어 세워 西洋近世의 指導精神인 民主主義에 대한 새로운 威脅이 되기에 이르렀다.

　　우리들은 近代民主主義의 現象學을 歷史에 卽하여 이것을 敍述할 수 있다. 民主主義는 佛蘭西革命 이후 반드시 發展만을 보였다고는 할 수 없다.

　　오늘의 民主主義는 民主主義 本來의 精神에서 멀리 떠난 허다한 缺陷을 가지고 있고 또 이것이 民主主義의 장래의 發展에 어떤 어두운 그림자를 던지기도 한다.

　　그러나 넓은 의미로 社會主義 및 그 運動의 한 流派로서의 共産主

義처럼 階級의 不平等을 撤廢하고 자유로운 理想社會를 세우려는 社會主義의 精神, 그리고 自由와 人格과 平等을 그 根本義로 하는 民主主義의 精神에서 멀리 떠난 者 없을 것이다.

　오늘의 共産主義는 民主主義 體制 및 그 思想에 있어서의 自由를 放縱 乃至 罪惡이라고 하여 비난하고 이 같은 自由의 濫用에 의하여 民主主義는 마침내 歷史 위에서 쓰러질 運命에 있다고 宣言하여 소리를 높여 民主主義에 대한 斷罪를 웨치고 있다.

　오늘의 民主主義는 어느 의미에 있어서 늙기도 했다. 그리고 民主主義가 共産主義의 指摘하는 病弊를 가지고 있는 것이 사실이기도 하리라. 아닌 게 아니라, 民主主義는 오늘에 이르러 그 자신의 심각한 危機에 처했다고 할 수 있다.

　民主主義를 쓰러트리는 者가 있다고 하면 그것은 民主主義에 대어드는 바깥 勢力이 아니요 民主主義의 내부에서 이것을 좀먹고 있는 안의 形勢일 것이다.

　오늘의 民主主義는 눌리는 部分을 解放시키는 民主主義가 아니고 도리어 지나치게 部分에 붙잡혀 이 驕慢한 部分이 자칫하면 자기를 全體로 僭稱하여 그 자신 도리어 民主主義의 根本精神에서 떠나려는 경향이 전연 없다고도 할 수 없다.

　오늘의 民主主義는 歐羅巴精神 그 자체가 그런 모양으로 그 터져 흐르던 開展當初의 씩씩한 氣勢를 잃어버리고 지치고 시달리고 바람에 마르고 티끌에 묻혀 그 본래의 모습이 심히 이지러지기에 이르렀다.

　그러나 그렇다고 해서 歐羅巴精神이 이제 와서 平等의 原理로서의 民主主義를 버리고 그대로 「하나」와 全體에 服從하는 中世精神에 돌아갈 수는 없는 것이다.

　獨逸의 全體主義가 한때 民主陣營을 現狀을 維持하려는 낡은 勢力, 자기 자신은 이것이 現狀을 打破하는 새로운 勢力이 된다고 하여 자기를 歷史에 있어서의 새로운 主體 또 그 방향으로 固執한 적이 있었다.

오늘의 共産主義 역시 자기를 民主主義에 대신할 現代의 새로운 指導理念이라고 하여 歷史의 進展이 자기를 돕고 새 時代의 喊聲이 자기를 支援한다고 일컫고 있다.

그런데 共産主義가 社會革命의 雄大한 꿈을 품고 西洋近世史에 登場하여 그 첫 번 파트론인 맑스를 만나 이른바 科學的 社會主義의 理論을 배웠을 때 이미 오늘에 있어서의 獨斷 狂信 메카니즘의 방향으로 꺾여 돌려지고 말았으니 이것이 다시 우라지밀란 本名을 가진 레닌에게서 푸로레타리아 獨裁의 主張을 받아 드리는데 미쳐 결정적으로 全體主義 專斷 主義에 轉身 顚落 되었다고 할 수 있다.

共産主義는 獨逸의 社會民主主義에서 길리면서 理想主義哲學과 헤어져 機械論이 되었고 露西亞의 볼쉐비즘에 옮겨가는데 미쳐 議會主義에 抗하여 獨裁의 理論을 세웠다.

그런데 이 全體主義가 되어 버린 共産主義에 최후의 一擊을 가하여 마침내 國際共産黨의 秘密警察組織을 완성한 것이 스탈린이다.

오늘의 共産主義는 자기를 民主主義 따라서 資本主義에 代替될 새로운 原理 또는 理念이 된다고 하여 隱然히 자기 스스로의 勝利를 기대하고 있거니와 共産主義는 본래 個人主義와 한가지로 個人의 福利를 最後究竟의 목표로 하여 그 主張하는 社會制度의 變革은 말하자면 여기에 이르는 過程 또는 方便으로서 利를 찾고 利를 따르고 利를 崇尙하는데 이르러서는 個人主義 資本主義와 다른바 없는 것이다.

個人主義와 社會主義, 資本主義와 共産主義는 얼른 보기에 하나가 낡고 하나가 새로운 것 같이 보이면서 둘은 한가지로 「利의 思想」이라고 부르는 낡은 나무에서 내어뻗은 두 방향의 가지에 지나지 않는다.

利의 世界는 새롭다고 해도 이것이 낡은 것이요 義의 世界는 낡으면서도 그 자신 새로운 것이다. 오늘의 個人主義 資本主義에 바꾸일 것이 오늘의 共産主義가 아니고 個人主義 資本主義 및 共産主義로 表現 露出되는 낡은 「利의 思想」에 바꾸일 者는 오직 이 셋을 한가

지로 定罪하는 새로운 「義의 思想」이니 이것이 現代의 歐羅巴가 第2
次大戰 이후 經驗하고 있는 새로운 世界史 새로운 思想史의 論理요
情熱인 것이다.

6

現代 歐羅巴의 「利의 思想」에 바뀌일 새로운 「義의 思想」은 그 자
신의 오랜 傳統을 가지고 있다.

舊約 時代에 있어서의 이스라엘의 豫言者의 活動, 原始基督教의
씩씩하고 우렁찬 모습, 中世의 農民戰爭, 그리고 近世의 허다한 革命
運動. —이것은 모두 歷史의 위에 나타난 不義의 事實에 대한 義의
精神의 堅決한 싸움이라고 할 수 있다. 그런데 이 義의 思想 그 傳統
은 가장 심하게 現代의 不義에게 눌린 民族에 있어서 繼承 顯彰되었
으니 우리의 1919年의 3·1革命, 1945年의 民族의 解放, 1948年의 國
權의 回復—이 一聯의 歷史的인 事件은 義의 歷史로서의 새로운 世
界史의 우리나라에 있어서의 開展의 豫告·兆朕·序章인 것이다.

1945年 日帝가 敗亡하고 聯合軍이 우리나라에 進駐될 때 이 聯合
軍과 함께 허다한 現代思想이 몰려 들어왔으니 解放 後의 우리나라
는 진실로 世界思想의 總集結總集成이라고할 수 있다.

재빠른 共産主義는 우리나라에 있어서도 먼저 民衆을 獲得하기에
그 가진 手法과 努力을 다했는데 解放되자마자 共産主義는 오래 準
備했던 計劃書와 그 眩惑스러운 理論과 口號에 의하여 우리나라의
文化人 學生 그리고 廣汎한 勞動者 農民의 層을 손쉽게 자기편에 이
끌어 들이고 말았다.

國際共産主義는 이리하여 우리나라에 있어서 難攻不落의 要塞를 構
築한 것 같이 보였다. 우리나라에 있어서의 이 共産主義의 前進에 대

하여 그 하는 모양을 監視하면서 한편으로 國聯의 結束을 튼튼히 하고 日本과 獨逸의 民主化에 힘쓰면서 民主主義에 대한 새로운 威脅인 共産主義에 對備하기를 게을리 하지 않는 것이 美英의 政策이었다.

國際共産黨의 本家인 蘇聯과 世界民主主義의 城塞인 美國과의 사이는 점점 멀어가기 시작했다. 蘇聯은 北朝鮮臨時人民委員會로 하여금 많은 「民主的」인 政綱을 發表하게 했고 民族主義의 勢力마저 자기에게 이끌어 붙이기 위하여 民主主義 民族戰線이란 것을 결성시키면서 美國에 가까운 또 美國에 오래있는 우리나라의 指導者들을 욕하기 시작하다가 나중에는 그 本色을 드러내어 직접 美國의, 우리나라에 있어서의 政策을 攻擊 歪曲 非難 반대하여 마치 自己만이 우리나라의 獨立을 위하고 또 이렇게 함으로서만 韓蘇 親善과 그 共存이 保障된다고 말과 글과 傳單과 프랑카트와 門外裝飾으로 그리고 黨의 强力한 組織과 民衆의 示威運動으로 이것을 宣傳·解說·强要·確認시키기에 있는 힘을 다했다.

우리나라에 있어서의 共産主義의 이 같은 宣傳은 진실로 狂信者의 病態라고 할 만큼 그 자신 있는 힘과 手法을 기울였는데 이 지나친 宣傳 煽動은 도리어 逆效果를 거둔 면이 적지 않았다.

우리들은 이 狂態를 보면서 언제나 링컨(Lincoln)의 저 有名한 말 "You can't fool all of the people all of the time"이란 句節을 想起하지 않을 수 없었다. 民主主義와 共産主義는 우리나라에 있어서 그 對立이 一路 激化 激成되어 우리나라가 世界現實의 縮圖 世界思想의 模型을 이루어 이 妥協하지 못할 두 精神이 美蘇共委를 빌어 그 相擊 衝突의 時期를 遷延시켜오다가 1950年 6月 마침내 韓國動亂이란 名稱 아래 內亂 아닌 內亂, 戰爭인 이상한 戰亂으로 發展되어 여기에 國聯이 參加하고 中共이 介入되면서 한층 더 複雜 多岐한 樣相을 드러내어 오늘에 이른 것이다.

해방이후 우리나라의 思想界는 民主主義와 共産主義와 民族主義에

三分되었다. 思想界만이 그런게 아니고 우리나라의 政治・經濟・文化 및 敎育이 모두 이 세 가지 潮流 또는 立場에 갈려 처음에는 民族主義가 右翼, 共産主義가 左翼으로 指稱되다가 그 뒤 社會主義를 志向하는 民族主義者와 民主主義를 志向하는 社會主義者가 합하여 中間派란 것을 構成하고 民主主義와 民族主義가 右翼陣營, 共産主義 左翼陣營을 形成하여 有名 無名의 많은 人士가 이 右翼 左翼 및 中間派에 속했는데 다시 그 뒤 國際情形이 民主主義와 共産主義의 尖銳한 대립을 가져오는데 미쳐 中間派凋落의 바람이 불고 지금은 右翼 아니면 左翼, 左翼 아니면 右翼으로 截然히 나뉘어 때로는 漢江을 사이에 두고 때로는 大同江을 사이에 두고 그 爭霸를 決하기에 이르렀다.

東洋에 있어서의 어린 民主國家인 우리나라의 방향은 앞에서 보아온대로 國際聯合의 방향이었다. 그런데 國聯의 憲章은 民族과 民族 사이의 自由와 平等과 信賴를 提高하는 새로운 民主精神의 雄渾한 表現이라고 할 수 있다.

國聯憲章은 그 會員國인 民族 및 國家가 서로서로의 獨立과 品位를 尊重하고 또 자기에게 賦課된 歷史的 使命을 다함으로 해서 하나하나의 民族 또는 國家가 함께 더불어 世界史의 顯彰에 나윌 것을 가르친다.

國聯은 진실로 이 世界史의 새로운 進展에 이바지 하려는 國際的인 民主主義機構에 지나지 않는다. 國聯의 精神은 部分이 全體를 살리고 全體가 部分을 일으키는 精神이다. 오늘의 民主主義가 部分에 붙잡혀 소중한 全體를 헐고 오늘의 共産主義가 全體를 위하노라고 하면서 애꿎게 部分을 犧牲시킨다고 하면 오늘의 國聯의 精神은 이것을 단순히 民主主義 또는 共産主義로 부를 것이 못되리라.

部分이 부분에 기우러지는 것도 아니고 全體에 붙잡히는 것도 아니고, 部分이 部分 및 全體를 위하여 말을 바꾸면 진정한 자기를 위하여 英勇히 일어서고 果敢히 싸운 것이, 우리의 1919年 3・1革命이었다.

3·1革命은 단순히 우리 民族의 日本에 대한 抗爭에 그치는 것이 아니었다. 3·1革命은 우리나라와 日本과 中國을 아울러 살리는 길이요 또 東洋平和를 그 重要한 一翼으로 하는 世界平和를 쌓아 올리는 高貴한 努力이었다.

그런데 이 聖스러운 義의 精神은 우리의 敵에 의하여 그리고 世界의 많은 民族 및 國家에 의하여 충분히 理解 容納되지 못하고 말았다.

우리의 3·1革命이 있은 지 30年이 가까워 오면서 비로소 世界史에 있어서의 全體와 部分의 義를 顯彰하는 國聯이 허다한 苦難 無量한 代價를 치르고 第2次世界大戰 終戰 이듬해인 1946年 倫敦에서 그 創立總會를 열었으니 1946年 國聯의 創立은 1919年 3·1精神의 國際史的 表現이요, 1948年 우리 政府의 樹立은 이 國聯精神의 東洋에 있어서의 開展이라고 할 수 있다.

우리나라와 國聯이 힘을 합하고 어깨를 겨누어 西洋近世의 最後最惡의 全體主義인 共産主義에 抗하여 싸우고 있는것은 결코 우연한 일이 아닌 것이다.

1950年 6月25日의 韓國動亂으로 그 幕을 열어젖힌 20世紀의 後半期는 그 첫해인 1951年을 사나운 비바람 속에서 맞아 人類의 運命이 통째로 決定될 중대한 단계에 한걸음 한걸음 나아가고 있다.

사람들은 이 韓國動亂을 第2次大戰의 序幕이라고도 하고 또 어떤 이들은 보는 바를 달리하여 이것이 第2次大戰의 치다꺼리에 지나지 않는다고도 하거니와 우리들은 韓國動亂이 단순히 歐羅巴史의 連續이 아니요 어느 의미에 있어서 歐羅巴를 넘어서는 것의 開展으로서 그 精神的인 系譜는 1919年의 3·1革命에 속하여 새로운 「義의 思想」이 오랜 「利의 思想」을 헤치고 그 燦然한 光芒을 發하기 위한 한때의 混亂이요 暗黑이요 試鍊이라고 보아야 할 것이다.

世界史는 20世紀의 後半期에 들어서면서 커다랗게 轉廻하기 시작한다. 지금까지의 西洋史는 地中海中心時代에 옮아갔다. 새로운 世界

史는 이 大西洋中心時代에서 다시 太平洋中心時代에 옮아오고 있는 것이다.

世界史 開展의 터전과 함께 그것을 擔當하는 主體도 바뀌는 법이니 古代희랍사람들에게서 첫 번째 로마사람들이 世界史의 방망이를 받아가졌고 다시 中世로마사람들에게서 두 번째 그것을 歐羅巴사람들이 받아가진 모양으로 이제 오늘의 歐羅巴사람들에게서 세 번째 그것을 받아가질 새로운 民族이 나서야 할 게 아닐까.

世界史 開展의 터전, 그 主體가 달라질 때 이것을 이끌어 나가는 理念마저 새로워지지 않을 수 없으니 지금까지의 世界史를 利의 世界史로 보내고 새로운 義의 世界史를 展開시키는, 歷史에 있어서의 義가 다름 아닌 그 指導理念이 될 것이리라.

오늘 우리들 앞에서 그 存亡을 對決하려는 民主主義와 共産主義는 그중의 하나가 義의 精神에 돌아오는 한 남아 있을 것이고 둘이 한 가지로 利에 몰리는 한 그것들은 世界史의 審判에 마침내 견디지 못할 것이리라.

1950年代는 이 義의 世界史, 義의 思想史를 英勇히 열어젖히는 多樣한 年代가 되어야 할 것이다. 그런데 民主主義와 共産主義의 世界的 對立은 한해나 이태에 결코 가실 것이 아니니 이 爭覇를 다투는 최후의 「利의 思想」이 심각한 자기 자신에 대한 反省・批判・超克에 나아가 다시 破邪에서 顯正에 나아가기에는 아직도 그들에게 낡은 것을 固執하는 餘裕와 餘力이 남아있는 것 같이 보인다.

民主主義 陣營과 共産主義 陣營의 전면적인 衝突이 1년 후에 일어날 것인지 2년 후에 일어날 것인지 모르거니와 그리고 그 爆發點도 極東이 될 것인지 西歐 또는 近東이 될 것인지 모르거니와 이 거의 運命的인 衝突은 이미 그 當事者들의 힘만 가지고는 回避하지 못할 어려운 고비에 들어섰고 또 이것이 國際關係에 어떤 變調가 나타나지 않는 한 10年이나 20年을 끌 것도 못될 것이리라.

그런데 現在의 國際情形을 깨뜨릴 새로운 兆朕이 있다고 하면 그
것은 共産主義와 民主主義를 아울러 威脅하는 民族主義의 擡頭다. 그
런데 오늘의 民族主義는 獨逸 伊太利의 前鑑에 비추어 民族膨脹主義
에로가 아니고 民族自存主義에로 나아가 民族의 正權을 보유하고 그
歷史的 使命을 다하기에 힘쓰는 것이니 이 같은 새로운 또 바른 民
族主義의 방향은 다름 아닌 民主主義의 방향인 것이다.

오늘의 民主主義와 民族主義가 서로 連結하여 共産主義에 抗하는
것은 거의 世界史開展의 당연한 論理로서 民主主義와 共産主義의 激
化·對立·抗爭·決戰을 遷延 또 宥和시킬 아무런 현실적인 根據도
없다.

싸울 것은 종당 싸워야 하고 넘어질 者는 결국 넘어지는 법이니
우리들은 오래지 않아 世界를 휩쓸 大戰亂 大悲劇에 대비하여 民族
으로서의 態勢를 바로잡고 民族의 世界觀을 堅固히 세워 民主主義와
共産主義를 아울러 批判하고 앞으로 올 「義의 思想」의 開展을 擔當
하는 歷史的인 責務를 깨달아야 할 것이다.

1945年에서 1950年에 이르는 동안은 우리들에게 있어서 思想史로
보아 남의 해였다.

남의 思想에 살고 남의 思想에 편들고 남의 思想에 붙잡히고, 이리
하여 上下가 混濁한 「利의 思想」에 뛰어들어 우리들의 生活과 思想
이 한가지로 낡은 것에 얽매여 있었다.

1950年代는 우리들에게 希望과 決斷과 새로운 時代의 우렁찬 音信
을 가져올 年代로서 비록 우리들이 이 年代를 맞아 한층 더 사나운
砲彈과 煙雨 속에서 한층 더 심한 世界史의 검은 煙氣 속에 휩싸이
는 일이 있다고 하더라도 우리들은 이 義의 世界史, 義의 思想史 開
展에 대한 굳은 信念을 가지고 世界의 先頭에 나서서 최후까지 英勇
히 싸워야 할 것이다.

20世紀의 50年代는 마땅히 새로운 世界史 開展의 紀念할만한 時期

가 될 것이다. 現代의 多岐 錯亂한 一切의 西洋思想이 死滅되고 전연 새로운 思想이 오래지 않아 동녘 하늘에 솟아오를 것이니 이 새로운 思想의 방향이 다름아닌 우리의 3·1精神이요 그것을 世界史的인 規模에 있어서 宛然히 展開시키고 雄渾하게 組織시키는 時期가 우리들의 世紀의 첫째 年代인 1950年代가 될 것이다.

1950年代로 하여금 世界史에 있어서의 우리들의 첫째 年代가 되게 하라. 그리고 1960年代로 하여금 그 둘째 年代가 되게 하라.

東洋의 한편 구석에 오랫동안 웅크리고 앉아 東洋史 및 西洋史의 많은 轉變을 구경만 하고있던 우리들이 이제 그 낡은 자리를 차고 일어나 世界史의 새로운 進展을 擔當할 多樣 또 困難한 1950年代가 우리들에게 맡겨지고 있는 것이다.

1919年의 理念

1

　近世歐羅巴는 로마教會로부터 歷史의 主導權을 빼앗아가지고 自然科學과 唯物論과 産業主義文明에 있어서 재빨리 자기를 建造하기 시작했다. 그랬는데 歐羅巴사람들의 功利主義的인 心情과 野性的인 性格이 歐洲가 자기들의 터전으로 좁은 관계도 있고 하여 그들을 멀리 歐羅巴밖으로 내어 몰았다. 많은 商船과 探險船이 商人을 겸한 探險者와 食糧과 武器와 그리고 몇 사람의 宣教師를 싣고 東으로 떠나 나오기 시작했다.

　英蘭이 印度에 東印度會社를 設立한 것이 1600年의 일이었음을 보면 西力東漸, 자세히는 西洋功利主義의 東漸은 실상 近世歐羅巴의 末期가 아니고 그 初期의 일이었던 것이다.

　西力東漸은 西力의 自己完成 後의 일이 아니고 그대로 西力의 自己組織의 하나의 象面 또는 形態였다고 할 수 있다. 어쨌으나 17世紀 이후로 西力은 꾸준히 東에 밀고 東에 내어 벋고 東을 누르기 시작했다.

　1840年의 阿片戰爭은 東洋의 세 나라의 게으른 잠을 되게 흔들어 깨이게 했다.

　이 戰爭의 結果로 香港을 떼어주고 上海, 寧波, 福洲, 廈門, 廣州의 다섯 港이 開港되자 英·美·佛·德·伊·露 여러 나라의 商船과 軍艦들이 자기나라의 사람과 商品과 文物制度를 실어 나르기에 눈코

뜰 사이 없이 서둘러대었다.

이렇게 하여 東洋의 上典인 老大國 中國은 하루아침에 歐羅巴 여러 나라의 떠들고 다투는 市場이 되고 만 것이었다.

이미 印度를 눌렀고 中國을 장거리로 만든 歐羅巴의 勢力이 隱者의 나라 韓國과 東洋의 孤島 日本을 그대로 둘 수는 없었다.

1863年 日本 鹿兒島에 英艦이 왔고 1863年 大同江 河口 美國 셔먼號가 왔다. 1876年 韓國이 韓日修好條約을 맺고 나서 1882年 韓美·韓英·韓獨·韓佛·韓白·韓露·韓墺·修好條約을 發表하는데 미쳐 東洋의 세 나라는 開國이라는 名目아래 西洋勢力 아래 完全히 눌리는 態勢에 들어갔다.

1800年代 이후는 東洋史의 하나의 가쁜 時期였다. 東洋의 오랜 專制政治 體制를 벗어 버려야 하고 새로운 西洋의 制度文物을 받아들여 舊習, 舊俗을 一新해야 하고. 近代的인 機械文明을 輸入하고 近代的인 商工業을 일으키고 近代的인 敎育制度를 採擇하고 近代的인 交通機關 近代的인 産業都市, 近代的인 陸海軍을 創設하고. —이밖에도 허다한 西歐化(westernization)가 그들을 기다리고 있었기 때문이다.

1800年代 이후의 東洋은 어떻게 보면 十字軍 이후의 歐羅巴와 비슷한 歷史的인 위치에 놓여 있었다고 할 수 있다. 그런데 東洋의 西歐化(westernization)는 歐羅巴의 現代化(modernization)와 같지 않아 남에게 눌리우고 남에게 몰리이고 남의 힘을 빌어야 하는 것이었다.

近世 東洋史에 있어서의 他律性. — 이것이 現代의 東洋의 不幸과 不振을 가져온 最大의 原因일 것이다.

1840年 阿片戰爭 이후 中國의 近世史는 허다한 外侵, 騷擾, 變法, 動亂의 歷史로서 東洋의 老大國 中國이 西力東漸의 비바람 속에서 일어서고 쓰러지고 찢기고 물리치고 한 受難 勞苦의 歷史였다.

韓國의 경우에 있어서는 1866年 丙寅洋擾, 1871年 辛未洋擾가 西力韓漸에 대한 衝突이었거니와 이 싸움에 佛艦, 美艦이 敗하여 달아난

것이 大院君으로 하여금 그 鎖國政策을 한층 더 頑强하게 하여 마침
내 심상치 않은 事態를 뒤에 남기게 만들었던 것이다.

　東海의 蕞爾한 小島 日本은 이미 1543年 葡萄牙 사람이 여기에 왔
고 1571년 이 最初의 歐洲人에게 長崎를 開港한 이후 葡萄牙와 和蘭
을 통하여 西歐의 文物이 여기에 천천히 흘러들어오기 시작했다.

　1853년 美艦이 日本에 왔고 1854年 美露와의 修好條約이 締結되는
데 미쳐 西力日漸의 물결은 비교적 잔잔한 물결로 시작되게 되었다.

　東洋의 세 나라 韓國과 中國과 日本이 한가지로 西力東漸의 비바
람 아래 있으면서 저들에게서 배워 저들을 물리쳐야 할 歷史的 狀態
속에서 韓國과 中國은 자꾸만 失敗와 蹉跌을 거듭했고 日本만이
1868年 明治維新의 成功에 의하여 舊態를 박차고 庶政을 一新하여
東洋에 있어서의 西歐化(westernization)의 先頭를 달린 것은 어떻게
보면 東洋史에 있어서 별로 한 일 없는 日本을 이제 새로운 터전에
있어서 緊重히 써보려고 한 歷史의 攝理였는지도 모른다.

　어쨌거나 日本은 말썽부리지 않은 부드러운 開國에 의하여 저들과
어느 정도 순순히 섞일 수 있었고 재빨리 저들의 文物制度를 받아들
여 立憲體制를 세우고 教育을 獎勵하고, 産業을 일으키고, 陸海軍을
造建하는데 미쳐 歐洲에서 가장 뒤떨어진 露西亞와 거의 전후하여
그 자신의 西歐化(westernization)를 마쳤던 것이다.

　東洋 西歐化(westernization)의 第 一環으로 日本의 西歐化(westerni-
zation)이 비교적 순조로운 속에서 마친 것은 비단 日本만을 위해서
慶賀할 일은 아니었다. 이것은 진실로 東洋의 前進을 의미하는 것이
었고 자세히는 東洋을 위한 前進을 의미하는 것이었다.

　韓國과 中國이 西力의 壓迫아래서 일어서지 못하고 있는 동안 日
本은 용히 일어섰거니와 日本의 이 일어섬은 歐羅巴의 앞잡이가 되
기 위해서가 아니고 東洋의 使者가 되기 위해서의 일어섬이었던 것
이다.

그런데 明治維新 이후의 日本은 東洋의 使者로서의 방향이 아니고 歐羅巴의 走狗로서의 방향에 굴러 떨어지고 말았다. 德川幕府에 바꾸인 東京政府는 儒敎의 政治思想을 버리고 歐羅巴의 功利主義 政策을 採擇 模倣하기 시작했다.

新式訓練을 받는 軍隊 수효가 늘어가고 商船이나 艦艇 한隻이 建造될 때마다 功利主義 日本은 驕慢해지기 시작했다.

日本은 자기를 大日本帝國이라고 呼稱했다. 그리고 자기를 東洋의 大英帝國이라고 부르고 太平洋을 日本의 地中海를 만들어야 한다고 했다.

1875年 이후 한정에 대한 壓迫, 1879年 琉球의 倂呑, 1894年의 淸日戰爭, 1900年 北淸事變에 있어서의 行悖는 모두 日本의 그릇된 功利主義政策의 一貫한 表現이었던 것이다.

日本은 日本 자신의 西歐化(westernization)이 무엇 때문의 것인지를 몰랐다. 日本의 西歐化는 東洋의 西歐化의 起點으로서의 第 一環이었고 이것이 그 第 二環, 第 三環을 이룰 韓國의 西歐化 中國의 西歐化를 嚮導하여 東洋의 西歐化를 成就케 하는 데뿐 意義가 있었다. 東洋의 西歐化(westernization)의 根本目的은 무엇이냐. 그것은 歐羅巴의 文明을 그 文明에 있어서 繼承하고 그 魂에 있어서 定罪하는 새로운 東洋史, 太平洋時代를 이끌어오기 위해서인 것이다. 그랬는데 日本은 마침내 歐羅巴의 文明을 배우면서 그 魂을 물리칠 줄을 몰랐다.

明治維新 이후의 新日本은 그 制度 文物에 있어서 歐羅巴의 새로운 文明을 배웠거니와 그 魂에 있어서 낡고 병든 歐羅巴의 侵略主義, 强權主義를 그대로 뒤집어썼다.

歷史의 攝理가 近世日本을 東洋의 西歐化(westernization)의 嚮導者로 擇한 것은 분명히 잘못 選定했거나 그렇지 않으면 다시 어떤 깊고 먼 뜻이 있다고 할 것이다. 어쨌거나 日本은 새로운 東洋의 우렁찬 子息이 되지 못했고 얼굴에 획 박을 뒤집어쓰고 나선 한 마리 까부는 원숭이 새끼에 지나지 않았다.

　1902年 英日同盟, 1905年 韓國奪取條約, 1910年 韓日合併條約의 發表에 의하여 日本은 마침내 民族으로서의 功利主義, 貪慾, 侵略政策, 矮小한 現實主義에 사로잡힌바 되어 그 近代化한 陸海軍과 物質力을 써야할 本來의 면에 쓰지 못하고 사나운 이리떼 사이에서 괴로워하는 韓廷을 弄絡하고, 威脅하고, 목을 졸라매는데 사용했던 것이다.

　아— 한 나라의 國力이 이렇게 심한 犯罪에 使用된 일이 있느냐. 日本은 英國의 印度經營의 故知를 배워 東印度會社를 본뜬 東拓會社를 設置했다. 그리고 英國이 印度에 있어서 和蘭이나 佛蘭西의 勢力을 물리친 양으로 日本은 韓國에 있어서 淸과 露西亞의 勢力을 물리쳤다. 日本은 東洋政策에 있어서 東洋을 위한 東洋政策을 세우지 못했고 英國의 東洋 政策을 模倣, 追從하는데 의하여 마침내 東洋絞殺政策에 나아갔고 이렇게 하여 스스로 자기의 墓穴을 파는데 굴러 떨어졌다.

　東洋의 한 조그만 枝葉이요 또 그 자신 東洋의 恩義 속에서 자라난 日本이 東洋의 使者로서의 길에 오르려고 하다가 東洋史의 「가룟유다」로 떨어진 데는 여러 가지 緣由가 있었을 것이다.

　「유다」를 축인 祭司祭長이 있었고 유다를 威壓한 로마 警兵이 있었고 그 손에 쥐어진 銀 30兩이 있었고, 이 祭司祭長이 혹은 英國, 이 로마 警兵이 혹은 露西亞, 그 쥐어진 銀 30兩이 혹은 南滿洲의 利權이었을지 모른다.

　어쨌거나 日本은 英國의 장사길이 부럽고 그 東洋艦隊가 부럽고 그 功利主義가 부럽고 그 現實主義政策이 부럽고 그 利害에 밝은 巧知가 부럽고 그 合縱連衡이 부럽고 그 遠交 近攻의 外交가 부럽고 하여 東洋精神의 信義와 謙遜을 헌신짝같이 버리고 韓半島를 橋梁으로 하고 大陸을 料理하려는 그릇된 東洋政策을 세우기 시작했다.

　그런데 이같은 日本의 大陸征服政策은 당시 歐羅巴列强의 東洋占據慾에 의하여 刺戟, 振盪되기는 했으나 日本의 이 전통적인 政權은

豊臣秀吉의 韓國 侵寇로부터 田中義一의 시베리아 出兵에 이르기까지 그들의 버릴 수 없는 꿈이요 野慾이었던 것이다.

日本은 그 國土를 이루는 島嶼의 位置가 東洋의 本土인 大陸에서 약간 떠난 곳에 그것도 어떻게 보면 조그만 섬들은 大陸을 향했고 本州니 九州니 四國이니 하는 섬들은 大陸을 비웃거나 등진 것 같은 모양을 하고 있거니와 이 國土의 位置와 形狀부터가 東洋에 대한 永遠한 反逆者 그렇지 않으면 그 浮浪兒로 남아 있을 運命을 보이는 것인지도 모른다. 東洋 5000年 史를 통하여 日本이 印度를 도운 일이 있는가. 東洋 5000年 史를 통하여 日本이 中國을 도운 일이 있는가. 東洋 5000年 史를 통하여 日本이 韓國을 도운 일이 있는가. 日本은 도리어 자기에게 恩惠를 베푼 韓國이나 中國에 대하여 빈번히 이것을 侵略하는 擧措에 나왔다. 그랬는데 日本의 武力과 物質力이 韓中 두 나라가 거기에 따라가기 어렵게 되기가 무섭게 日本은 東洋 아닌 者의 편에 서고 축임을 받고 또 그 힘을 빌려 韓中 두 나라의 가슴에 비수를 겨누고 이것을 잡아두기 시작했다.

日本이 1868年 維新에 成功하여 그 西歐化에 지나친 自信을 얻어 日本자신의 倭小한 知性과 歐羅巴의 侵略慾에 사로잡힌바 되어 韓中 兩國에 대하여 저지른 가지가지의 罪惡은 스스로 자기 자신을 東洋의 품으로부터 永遠히 追放하는 頑冥한 反逆이었던 것이다.

2

1860年代 이후의 韓國은 몹시 설레었다. 1863年 여름에 美艦이 왔고 1866年 大院君의 天主敎徒 禁壓과 丙寅洋擾가 있었고 1871年 辛未洋擾가 있었고 1875年 江華島事件이 있었고 1876年 釜山, 元山, 仁川의 開港이 있었고 1882年 韓美通商條約을 위시하여 列國과의 通商

條約이 있었고. ─이렇게 하여 당시 激烈히 角逐하는 列强의 資本主義, 帝國主義의 경쟁 속에 들어있는 韓國은 마치 사나운 이리 속에선 한 마리 어린양이었다.

東亞의 물결이 이렇게 설레고 危殆로웠건만 韓廷의 守舊派들은 여전히 바깥 形勢에 눈이 어두웠고 權勢다툼과 財物 모으기와 백성의 땅 빼앗기에만 급급하여 나라의 運命이 頃刻 사이에 있었다.

이것을 바로잡기 위하여 開化黨의 젊은 幹部들이 쿠데타를 일으켜 守舊派의 人物들을 죽이고 政權을 잡은 일이 있었는데 이것이 유명한 甲申政變이다.

韓國 近世史에 있어서의 甲申政變은 그 根本企圖에 있어서 日本의 明治維新 中國의 戊戌政變이 각각 그 近世史에 있어서 차지하는 地位를 차지한다고 할 수 있다. 그랬는데 앞선 日本의 境遇가 成功했고 뒤에 일어난 韓國과 中國의 境遇가 失敗한데는 運動의 方法, 主導力의 構成, 民衆의 覺醒, 時期와 動機, 外力의 制約이 각각 같지 않은 탓도 있으려니와 全體로 세 나라의 國情이 서로 같지 않은데 緣由한 것일 것이다.

改革運動으로서의 甲申政變의 失敗와 함께 政變이후의 韓國은 갈수록 한층 더 어려운 고비에 들어섰다.

淸日이 서로 겼고, 東學黨의 亂이 일어나고, 淸日이 開戰하고, 朝廷에는 親淸・親日・親露派가 서로 틀고 돌아가고, 나라를 누르는 外勢는 더욱 險惡해가고, 各地에 人民의 暴動이 일어나고, 民心은 극도로 動搖되고. ─이렇게 하여 1890年代의 韓國은 歐羅巴의 利害와 東洋의 錯亂이 한데 뒤섞여 어지러운 亂想曲 속에서 사나운 비바람을 부르고 있었다.

甲申政變으로부터 12年 뒤인 1896年 徐戴弼이 美國에서 돌아와 改革派의 靑年들을 모아 獨立協會를 세웠다. 이 獨立協會가 近世韓國史, 특히 改革運動史에서 가지는 뜻은 진실로 無量한바가 있다. 1919

年 上海에서 조직된 上海革命政府의 閣員 여덟 사람 중에 여섯 사람이 이 獨立協會員인 것을 보아도 알 수 있거니와 獨立協會의 改革運動은 美國獨立이나 佛蘭西革命이 그 나라에 끼친 것에서 못지않은 雄深한 영향을 깊이 또 넓게 民衆 속에 끼쳤던 것이다.

甲申政變이 獨立協會와 함께 일어났거나 獨立協會가 다른 하나의 甲申政變을 가져왔거나 했으면 韓國의 改革運動이 成功했을지도 모를 일이다.

그런데 韓國近世史는 이 용하게 일어선 獨立協會도 자기 스스로의 손으로 이것을 헐어버리는 방향을 취했다.

韓國 4000年史를 통하여 혁혁한 발자취를 남긴 獨立協會는 守舊派가 만든 暴力團의 襲擊을 받았고 靑年 李承晩을 위시하여 그 幹部 17名이 漢城監獄에 갇혔다.

1919年의 3·1運動은 실상 이 獨立協會의 精神과 運動을 繼承한 것이라고 할 수 있다. 獨立協會運動은 우리 겨레의 새로운 政治運動이요 새로운 産業運動이요 새로운 文化運動이요 새로운 敎育運動이었다.

그랬는데 이 運動은 保守勢力과 썩은 官僚와 無知한 民衆과 뒤에서 축이는 外勢와의 合作에 의하여 그만 꺾이고 말았다.

獨立協會는 3·1運動이 되지 못하고 그쳤거니와 民族의 偉大한 革命인 3·1運動을 위하여 고귀한 씨를 뿌린 것이었다.

1860年代의 韓廷에는 주로 3개의 커다란 外力이 서로 겯고, 틀고 있었다. 淸과 日과 露가 韓廷을 움직이고 있었다. 이때의 韓廷은 韓廷의 韓廷이 아니고 韓廷아닌 者의 韓廷이었다고 할 수 있다. 그랬는데 1894年 淸日戰爭에 日本이 淸을 물리치자 露와 日이 서로 겯게 되어 1904年 露日의 開戰을 보았는데 이에 앞서 日本은 1902年 英日同盟을 맺어 그 虎威를 빌고 1904年 봄 韓日議定書를 억지로 締結하여 韓國 倂呑의 基盤을 닦았다.

1905年 露日戰에 이기자 日本은 豫定했던 코스대로 韓廷을 强壓하

여 韓國을 奪取하는 乙巳亡國條約을 억지로 뒤집어씌우고 그 올가미
를 세차게 잡아 훑었다.

이 亡國의 報 傳하자 閔泳煥卿의 自殺에 뒤이어 수많은 殉國義擧
연달아 일어났고 全國이 물 끓듯 聳動하여 號哭하는 소리가 삼천리
에 닿았다.

日本의 倭小 또 巧惡한 知性은 東洋 最大의 不義를 東洋 平和라고
거짓 일컬어 이것을 世上에 내어놓았는데 東洋情勢에 어둡고 또 남
의 일이라고 하여 義를 위하여 나서기를 꺼리는 당시의 列强은 살기
에게 물리어가는 피 흘리는 병아리를 아는척 하려고 하지 않았다.

그들은 자기들의 물고 있는 고기 덩어리에 직접 시피지 않는 한
남의 일에 참견하려고 하지 않았고 또 자기들 자신이 약한 자를 누
르고 收奪하는 자리에 있기도 하여 스스로의 양심을 어루만지기 위
해서는 日本의 소행을 마땅하다고는 할지언정 이것을 告發聲討하기
를 원치 않았다.

이렇게 하여 日本은 결과로 보아 말하자면 列强의 承認 적어도 默
認을 받아 韓國을 자기 손아귀에 거두어 넣은 것이었다. 淸日戰爭에
서 부르터 올랐고 露日戰爭에서 驕慢해졌고 英日同盟에서 虎威를 뒤
집어 쓴 功利主義, 日本은 韓國奪取에 있어서 그만 그 輕薄, 短狹한
知性이 미치기 시작했다.

日本은 韓廷을 누르던 두 거센 外勢인 淸과 露西亞를 물리치고 나
서 진심으로 韓國을 도울 時期를 만난 것이었다.

淸과 露를 물리친 힘으로 韓國을 도와 韓國의 革新勢力을 支援했
거나 적어도 甲申政變과 獨立 協會를 經驗한 韓國의 生長하는 自主
力量을 妨害, 分裂, 粉碎하는데 狂奔하지 않았다고 하면 淸과 露와
日의 妨害를 받지 않는 韓國은 넉넉히 國基, 國權을 바로 잡았을 수
있었을 것이다.

이렇게 하여 1905年에서 15年 後인 1919年에는 東洋에 있어서의

새로운 近代國家, 獨立韓國이 그 자신의 憲法과 國會와 自主的인 政府와 陸海軍을 가지고 平等한 자리에서 締結되는 韓日協約에 의하여 새로운 東洋의 第1次 中心을 構成하고 歐羅巴文明을 匡正, 止揚하는 東洋史 本來의 任務를 遂行할 수 있었을 것이다.

그런데 그렇지가 못했다. 1905年의 日本은 韓國을 도둑질할 정도로 巧惡했고, 1905年의 韓國은 異民族에게 목을 졸릴 정도로 힘이 약했고, 1905年의 英國은 日本을 잠시 이용할 정도로 賢明했고 1905年의 淸이나 露는 日本의 하는 일을 건너다만 보고 있을 정도로 안이 바빴고 1905年의 美國은 韓國이 提案한 韓美攻守同盟을 拒否할 정도로 신중했고, 그밖에 1905年의 佛·獨·伊·白·墺 여러 나라들은 다른 나라들의 눈치만 보고 서울로부터 公館을 거두려고 할 정도로 散漫했다.

이렇게 하여 1905年의 日本의 對韓侵略은 提訴될 國際聯合도 없었고 提訴할 國際聯合도 없이 말하자면 列强의 暗暗里의 滿場一致 또는 滿場棄權으로 侵略이 도리어 東洋平和에 대한 貢獻으로 假裝, 詐稱되어 1910年의 한층 더 罪惡的인 悖逆을 거쳐 1919年에 이르렀던 것이다.

1905年 韓民族의 목에 올가미를 뒤집어씌우고 이것을 잡아 훑은 日本의 異民族 絞殺行爲는 歷史에 나타난 侵略欺瞞의 極兇, 極惡한 形態로서 狡惡한 이리에게 물려가는 東洋의 길 잃은 어린양의 목에서 흐르는 피는 이 永遠히 씻을 수 없는 東洋史의 悖惡을 소리 질러 定罪하고 있었다.

1905年 伊藤博文이 德壽宮에서 굴러 떨어뜨린 乙巳保護條約이란 奸惡, 驕慢한, 醜한 돌 하나는 그것이 굴고 굴어 마침내 1931年 滿洲侵略, 1937年 中日戰爭을 거쳐 1941年 멀리 眞珠灣에 굴러들어갔고, 다시 그 돌이 1945年 東京灣 미조리艦上의 光景으로까지 나타나고야 말았던 것이다.

3

1884年 甲申政變 이후 韓土, 韓廷에는 宛然한 두 줄기 물이 서로 자어 치면서 흐르기 시작했으니 하나는 事大派의 勢力이요, 하나는 開化黨의 思想이었다.

外勢를 利用, 또 거기에 阿諂하여 자기들의 낡은 命脈을 維持해보려고 한 것이 事大派였고 새로운 體制에 의하여 國政을 刷新하고 民力을 길러 東洋의 우렁찬 進發을 꾀하려고 한 것이 開化黨이었다.

그런데 李朝 末의 歷史는 이 事大派가 外勢와 合하여 나라를 팔아먹고 開化黨이 이것을 막으려다가 마침내 막지 못하고 꺾이어 넘어가는 방향으로 줄달음질쳤다.

獨立協會에 의하여 대표되는 韓土의 革新勢力은 乙巳亡國條約의 勒成을 마침내 막지 못했다.

韓國의 東學黨의 亂이 淸日戰爭을 불러왔고 淸日戰爭이 다시 露日戰爭을 불러왔거니와 이 두 戰爭을 치르고 난 日本은 英日同盟의 虎威를 뒤집어쓰는데 미쳐 東洋의 길 잃은 양의 목에 칼을 겨누는 자리에 올라앉았다.

이 칼을 들고 손에 피를 묻힌 者가 伊藤博文이었고 그것을 붙들어 준 것이 李完用이었고, 그 場所가 德壽宮이었고, 그 핑계가 東洋平和였던 것이다.

乙巳亡國條約의 올가미가 하루하루 가까워 오는 것을 알고 여기에 바꾸일 새로운 방향을 開拓하려고 한 것이 우리의 革新勢力에 의하여 提案된 韓美共守同盟이었다. 그랬는데 우리에게는 와야 할 것이 오지 않았고, 오지 않았어야 할 것이 오고 말았다.

겨레의 4000年 命脈을 끊어버리는, 이 東洋의 不義에 대하여 안에서 죽음으로 抗拒한 것이 閔泳煥卿이었고 밖에 나가 피를 뿌려 抗爭한 것이 李儁密使였던 것이다.

乙巳亡國條約 以後의 韓土의 歷史는 日本의 侵略과强權에 대한, 눌리는 者의 偉大한 또 줄기찬 反抗의 歷史로 展開되었다.

1908年 10月 哈爾濱驛頭에서 伊藤博文이 安重根의 손에 쓰러졌다. 겨레의 목을 뗀 下手者가 쓰러지는 때가 온 것이었다. 여기에 대하여 日本이 대답할 길이 두 가지가 있었다.

첫째 길은 일이 여기에 이른 東洋의 事態를 深謀遠慮하여 勇明果敢으로써 舊誤를 廓正하기 위한 大膽한 轉廻인 것이니 韓廷에 뒤집어씌인 乙巳保護條約을 廢棄하고 韓國의 革新勢力과 連繫하여 장차 닥칠 東洋의 患難에 對備하는 길이었다.

둘째 길은 武斷과 抑壓으로써, 갇힌 물웅덩이에서 뛰어나려는 어린 패라미를 아주 갈고리에 꿰어 자기 망태 속에 넣어버리는 길이었다.

功利主義 日本, 그리고 이 그릇된 日本의 倭小한 知性은 마침내 後者를 擇했다.

1910年 7月 明治政府가 寺內正毅를 總監으로 하고 明石元二郎을 副監으로 하여 韓國에 내보내는데 미처 日本의 韓土奪取의 醜한 演劇은 그 마지막 幕에 향하여 달음질치고 있었다.

日本의 倭小한 知性이 짓고 쓰고 裝置하고 演出하고 하는 이 마지막 幕은 앞에 幕에 비하여 한층 더 세심한 솜씨를 보이려고 했으니 寺內가 서울에 나오면서 우리의 民間指導者들과 만나 그들을 舞臺 위에 올려보려고 한 것이 그것이었다.

그런데 寺內의 이 計劃은 깨어지고 말았다. 닭의 목을 떼는 者는 좋거나 싫어하거나 자기 스스로의 손으로 손과 얼굴에 피를 묻혀가면서 목을 떼어야 하는 것이고 발아래 눌린 닭의 볏이나 날개쪽지로 하여금 울대를 끊는 칼이 되게 할 수 없기 때문이었다.

1910年 7月 서울 苑洞에 있는 李甲의 집에서는 나라의 마지막 運命에 對處하는 指導者들의 悲壯한 會合이 열렸다.

이 꺼꾸러져 넘어가는, 사랑하는 祖國과 불쌍한 백성을 어떻게 할

것이냐에 대한 謹嚴한 論議가 밤이 새도록 繼續되었다. 동이 틀 무렵
에 마침내 衆議가 歸一되었으니 侵略者의 얼림에 넘어가는 것을 물
리치고 이미 쓰러진 祖國의 光復을 위하여 指導者들이 나라 밖으로
나가 안과 밖에서 우리자신의 힘을 길러 捲土重來의 榮光을 回復하
자는 것이었다. 이렇게 하여 獨立協會의 위대한 傳統을 繼承한 겨레
의 指導者들은 피고 이는 가슴을 안고 마침내 祖國光復의 일터를 海
外인 中國 近東 美洲에 求하게 되었다.

이 일을 알자 明治政府는 1910年 8月 29日 韓日合倂을 發表하고
豫定했던대로 韓土를 자기들의 주머니 속에 거두어버렸다.

1910年 日本은 東洋最大의 不義를 東洋平和로 扮裝시켜 이것을 세
상에 내어 놓았다.

1910年의 韓日合倂, 이것은 누가 이기고 누가 진거이냐. 힘에 있어
서는 빼앗은 者 日本이 이겼고, 빼앗긴 者 韓土가 진 것이었다.

그러나 義에 있어서는 누른 者 日本이 졌고, 눌리인 韓土가 이긴
것이었다. 그런데 義에 있어서 이긴 者 힘에 있어서조차 이겨 이렇게
하여 東洋史의 우렁찬 進展을 그 本來의 途程으로 이끌어 오는 위대
한 鬪爭이 시작되었다.

이것이 바로 1910年에서 10년 째 되던 해에 일어난 1919年의 革命
이었다.

1919年의 革命은 단순히 第1次大戰의 機會를 타서 일어난, 그것도
윌슨(Wilson) 美大統領의 唱導한 民族自決主義에 應하기 위한 단순한
한때의 呼應, 한때의 蹶起는 아니었다.

1919年의 革命은 東洋史로 보나 西洋史로 보나 없어서는 안 될 歷
史의 하나의 莊嚴한 峰巒이고 이 峰巒의 밑을 스치고 지나간 것이
第1次大戰 또는 그 이후의 思潮였던 것이다.

1919年의 革命은 결코 1919年에 시작된 것이 아니고 또 1919年으
로서 끝난 것도 아니다.

1919年의 革命은 獨立協會에서 흐르기 시작했고 乙巳亡國條約, 庚戌國恥에 있어서 세찬 꿈틀거림을 보였고, 1919年 延延 5000里의 불바다를 이루었고 上海革命政府를 낳아놓았고 韓中聯合軍의 結成, 中日戰爭, 太平洋戰爭을 가졌고 마침내 1945年의 民族의 解放, 1948年의 總選擧政府樹立 國權回復을 가져와 韓國戰爭을 거쳐 오늘에 이르고 있다.

1919年의 革命은 精神史에 있어서 한없이 깊은 뜻을 가진다. 1919年의 革命은 對外鬪爭이면서 對內革新으로서 美國獨立과 佛蘭西革命과 여기에 다시 文藝復興宗敎改革을 겸한 것 같은 雄渾한 構造를 가지거니와 이것이 東洋에 있어서 그리고 韓民族에 依하여 現世紀前半期에 있어서 일어났다는데 歷史에 있어서의 한층 더 深遠한 뜻을 가지는 것이라고 할 수 있다.

19世紀의 東洋은 歐洲사람들의 騷亂스러운 장거리가 된, 그리고 나중에는 저들의 깃드리추념판이 된 상처받은 東洋 찢기는 東洋이었다.

처음에는 물건을 사라고 떠들고, 새 敎理를 믿으라고 떠들고, 자기들의 文物制度를 배우라고 떠들고, 나중에는 자기들의 가겟방 살림방이 되라고 하고, 마구 있던 삿자리를 들어내고 자기들의 寢臺와 살림기구를 들여놓고, 옆에는 工場을 차려놓고 남의 바다를 써서 港灣을 차리고. ─이것이 19世紀의 印度와 中國과 韓土가 받은 運命이었다.

그런데 이 東洋을 추념하는 西歐의 勢力이 자꾸만 東으로 뻗어 마침내 韓土에 와서 여러 勢力이 한데 마주치게 되었으니 1870年代 이후의 韓廷은 이를테면 서로 걸고 트는 西歐勢力의 展覽會場이었다.

여기에 늙은 淸의 능글거림과 갸웃거리는 日本의 재주마저 엉키어 韓廷, 韓土는 진실로 國際政治의 怪異스러운 賭博場이 되고 말았다. 하늘은 우리에게 開化黨을 보내었다.

그러나 이 開化黨이 甲申政變으로 쓰러졌기 때문에 다시 獨立協會를 일으키게 했다. 獨立協會는 단순히 韓土의 獨立協會가 아니고 東

洋의 獨立協會였고 獨立協會가 세운 獨立門은 단순히 겨레의 獨立門
이 아니고 亞細亞의 獨立門이었던 것이다.

그런데 獨立協會가 東洋의 獨立協會가 되기에는 中國은 지나치게 게
을렀고 日本은 지나치게 驕慢했고, 韓土는 지나치게 약했던 것이다.

東洋을 위하여 일어서려던 韓土 마침내 쓰러지고 말았다. 1905年과
1910年은 까부는 日本이 東洋의 길 잃은 羊의 목을 뗀 해였거니와
日本은 이렇게 하여 東洋의 가슴패기에 칼을 꽂아 마침내 東洋全局
의 共倒同亡을 가져와 오늘에 이르렀다.

이 같은 日本의 不義, 자세히는 日本에 의하여 저질러진 歷史에 있
어서의 不義에 대하여 무거운 斷罪宣言을 내린 것이 1919年의 革命
으로서 1919年의 革命은 東洋의 背敎者인 日本의 그릇된 방향을 물
리치고 1896年의 獨立協會, 1911年의 辛亥革命을 連結하는 東洋復興
의 우렁찬 進發이었다.

1905年 乙巳亡國條約이 더럽게 맺어진 뒤로부터 이 日本의 奸詭,
驕惡에 대한 겨레의 反聲이 잠시도 쉬인 적이 없었거니와 併呑된지
10年 만에 눌리었던 義의 불길이 한층 더 세차게 타오르기 시작하여
마침내 白頭山에 이르는 延延 5000里의 불바다를 이루었던 것이다.

淸日, 露日戰에서 驕慢해질대로 驕慢해졌고 英日同盟에서 제 정신
을 잃었고 乙巳條約勒成, 韓國併呑에서 아주 미쳐버린 日本의 倭小한
知性은 1919年의 革命의 東洋史的 意義를 전연 몰랐고 또 알려고 하
지조차 못했다.

저들은 1919年의 革命을 자기들에게 危險한 事態로, 자기들의 망태
속에 있는 고기를 놓아주기 위하여 망태 옆구리를 칼로 도리는 줄로
만 알았다.

이것이 東洋을 새로 세우는 우렁찬 망치소리인줄을 몰랐다. 그들은
1919年 革命을 자기들의 총칼로 누르는데 의하여 東洋의 가슴패기에
꽂은 칼을 한 번 더 깊이 잡아두는 것이었다.

4

1919年의 겨레의 獨立宣言書는 民族에 의하여 發表된 東洋의 憲章이었다.

3·1獨立宣言書는 단순히 民族의 宣言書뿐은 아니었다.

東洋의 義·韓民族을 통하여 宣言되면서 利의 時代를 定罪하는 새로운 義의 時代를 이끌어오는데 東洋의 憲章으로서의 3·1獨立宣言書의 雄深한 뜻이 있다고 할 것이다.

西洋의 近世가 자기를 눌러온 中世를 물리치고 씩씩히 새로운 時代를 열어제낀 것은 진실로 歷史에 있어서의 英勇스러운 대목이거니와 이 近世가 자기를 세워 오늘에 이르는 동안 몇 개의 歷史的 文獻을 가졌으니 1215年의 막나 카르타(Magna Carta), 1776年의 美國獨立宣言書 및 1791年의 佛蘭西人權宣言 그리고 1945年의 國聯憲章이 그것일 것이다.

1919年의 3·1獨立宣言書는 歷史의 位相에서 보아 美國獨立宣言書와 國聯憲章과의 中間에 位置한다. 여기서 우리들은 近世로부터 近世와 구별되는 現代에 옮아오는 歷史의 새로운 轉廻를 읽을 수 있을 것이다.

近世는 個體建立, 個體顯彰의 時代였고 現代는 個體와 全體를 아울러 살리는 個全轉入, 個全圓融의 世紀인 것이다.

막나 카르타(Magna Carta)나 美獨立宣言書나 佛蘭西 人權宣言이 個人의 尊嚴, 人民의 自由를 高調하는데 반하여 3·1獨立宣言書나 國聯憲章이 協同聯合, 相依相助를 가르치는 것이 이 때문일 것이다.

歷史는 어떻게 보면 아득한 始初에서 그 根源을 發하여 수 없는 구비를 돌아 오늘에 이르렀고 다시 無量한 未來에 향하여 흘러내리는 한 개 悠久한 물줄기라고 할 수 있을 것이다. 이 하나하나의 구비가 혹은 漢唐의 興起요, 혹은 로마의 衰亡이요, 혹은 宗敎改革 혹은

佛蘭西革命이요, 혹은 西力東漸 혹은 歐洲列强의 爭覇 혹은 被壓迫民族의 解放運動인 것이다.

그런데 歷史는 같은 한줄기가 같지 않은 구비를 돌아 흘러내린다고 볼 수도 있거니와 있던 줄기가 희미해지고 새로운 줄기가 여기에 바꾸어 전연 새로운 形勢, 전연 새로운 景觀을 꾸리는 일이 없는 것도 아니다.

西洋史에서 보는 古代로부터의 中世, 中世로부터의 近世에로의 轉廻가 그랬거니와 1919年으로서 그 境線을 긋는 近世로부터의 現代에로의 轉廻 또한 이 같은 根本的인 轉成을 가져온 것이라고 할 수 있을 것이다.

1919年은 歷史에 있어서의 새로운 創世紀의 第1年이었고 이 새로운 創世紀의 첫 幕이 韓民族의 3·1運動이었고 그 우렁찬 交響詩曲이 3·1獨立宣言書였던 것이다.

1919年의 3·1 獨立宣言書는 1776年의 美獨立宣言書가 그 이후의 近世史의 開展에 대하여 가지는 意義와 品位를 1919年 이후의 現代史, 자세히는 새로운 東洋史에 이끌리는 現代史의 開展에 대하여 가지는 것이라고 할 수 있다.

3·1獨立宣言書가 民族에 의하여 發表된 民族의 宣言書면서 단순히 民族의 宣言書인데 그치지 않고 義의 宣言書, 歷史의 宣言書로서의 雄渾한 뜻을 가지는 것이 이 때문일 것이다.

3·1 獨立宣言書는 歷史 있는 이후의 모든 被壓迫民族이 한데 모여 그리고 不義를 미워하고 義를 사모하는 地上의 모든 個人과 겨레가 한데 모여 그리고 또 새로운 歷史를 일으켰고 또 일으키려는 모든 時代의 時代的 良心이 한데 모여 읽어야 할 글인 것이다.

「吾等은 玆에 我朝鮮의 獨立國임과」라는 우렁찬 첫머리에서 시작하여 本文끝에 公約 3章을 부치고 民族代表 33人의 署名으로 끝나는 全文 1872字의 宣言書는 韓語로 씌었고 韓民族의 名義에 의하여 發

表하였다고 해서 韓民族만의 文獻이 아니고 진실로 모든 個人과 時代, 모든 民族과 國家가 이것을 자기의 것으로 알아 함께 이것을 服膺하고 함께 이것을 和唱해야 할 것이니 이 偉大한 東洋의 憲章이 가장 어려운 1919年에, 그리고 가장 눌리인 韓民族에 의하여 發表된 데 그 歷史的인 制約 아울러 그것을 넘어서는 雄健한 脈搏이 있다고 할 것이다.

3·1獨立宣言書는 宣言書 劈頭에 民族의 獨立을 嚴肅히 宣言했고 그 뒤 民族의 責務를 峻嚴하게 規定하고나서 侵略者 日本의 罪過와 東洋의 理想을 懇篤 또 克明히 敍述했고 나중에 道義에 대한 讚歌를 우렁차게 부르고 끝으로 公約三章을 부치면서 民族代表 33人의 署名으로 끝마쳤다.

우리들은 歷史 위에 수많은 民族들이 나타나고 사라지고 한 事實을 알고 있다. 東洋史 또는 西洋史는 이 같은 수많은 民族들에 의하여 그어진 多彩로운 그리고 또 苦難어린 線에 지나지 않을 것이다.

漢族이 일어나고 北方民族이 대어들고 희랍이 일어나고 로마 여기에 바꾸이고 歐羅巴가 내어뻗고, 헤겔은 世界歷史를 世界審判이라고 하여 民族精神에 각각 그 자신의 깃발을 들고 世界精神의 王座周圍에 둘러선다고 했다.

그런데 歷史가 이 모양으로 民族에 의하여 끌리거니와 거꾸로 民族을 審判하는 것 같은 뜻을 가지는 것을 알아야할 것이다.

15世紀末葉 이후 西洋史는 새로운 場面으로 轉廻되면서 게르만族이 歷史를 擔當하는 자리에 올라섰거니와 그렇게도 盛했던 로마사람들이 歷史의 舞臺에서 내려서게 된 것이 무엇 때문이었을까. 그리고 또 이 새로운 歐羅巴가 아름다운 새벽인 文藝復興期와 英勇스러운 대목인 18世紀를 꾸리고 나서 19世紀 後半期에 들어서면서부터 한결같이 저물기 시작하는 것이 무엇 때문일까.

우리들은 여기에서 歷史의 가장 深密한 秘義를 읽지 않아서는 안 될 것이다. 한마디로 말하면 歷史를 擔當하는 者 자기를 바로 세우지 못한 때문이다.

겨레 자기를 바로 일으키고 바로 保存하지 못한 것이 歷史毀廢, 民族全亡의 原因일 것이다. 겨레 자기를 바로 세움이란 무엇이고, 남을 누르고 남을 헐고 남을 병들게 하고 남을 일어나지 못하게 하고, 이것은 자기를 바로 세우는 일이 아닐 것이다.

남에게 눌리고 남을 기대고 남에게 의지하고 남에게 붙어서 살고, 이것도 자기를 바로 세우는 일이 아닐 것이다. 자기를 바로 세움이란 남과 함께 있으면서 나대로 나 있고 나 나대로 있으면서 남과 함께 있음을 이름이니 이럴 새 獨立自存이 모든 있는 者의 길이요, 眞理일 것이다.

자기 스스로의 힘으로 있지 못하는 者―이것은 있는 것이 아니다. 남을 누르고 남을 짓밟고 올라서서 자기를 세우려는 者―이것도 있는 것이 아니다.

歷史를 맡는 民族이 자기를 바로 세우는데서 시작하지 않아서는 안 된다. 歷史―東洋의 경우이고 西洋의 경우이고 간에 여러 번 歷史 本然의 光輝로운 방향을 想望하면서 번번히 轉落에 굴어 떨어진 것은 한 가지로 歷史를 擔當하는 主體로서의 民族의 병신 된 自己建立 때문이니 혹은 남을 삼키면서 자기를 세우노라고 했고 혹은 남을 업고 자기를 일으킨다고 하여 이 때문에 秦皇, 蒙元의 例도 있게 되고 이 때문에 波蘭, 첵코의 類도 나타나게 되는 것이다.

3·1獨立宣言書는 이 같은 그릇된 自己建立을 물리쳤다. 남을 누르고 남을 삼키면서 자기를 세우는 것을 宣言書는 舊時代의 遺物인 侵略主義 強權主義라고 했고 여기에 붙잡힌 日本의 對韓侵略을 舊思想 舊勢力에 羈縻된 것이라고 가르쳤다.

獨立宣言書의 立場에서 보면 過去의 歷史는 모두 이 그릇된 侵略主義, 자세히는 侵略主義를 낳은 利己主義에 이끌린 不自然 또 不合

理한 錯誤狀態인 것이다.

이 같은 歷史의 顚亡狀態를 改善匡正하여 自然 또 合理한 正經大原으로 歸還케 하는 것이 獨立宣言書의 一貫한 主張이었다. 獨立宣言書의 精神은 겨레가 자기를 바로 세우고 남을 바로 서게 하여 歷史에 있어서의 義를 顯彰하려는데 있는 것이다.

獨立宣言書는 단순한 民族의, 反抗의 書 憤怒의 書는 아니다. 獨立宣言書는 人類가 가질 수 있는 가장 高貴한 敎育의 書의 하나다. 3·1獨立宣言書는 舊約豫言者의 高貴한 宗敎的 心情을 보이는 어린 亞細亞의 부르짖음이라고 할 수 있을 것이다.

5

3·1獨立宣言書는 日本의 對韓侵略을 粉碎하는 書거니와 실상은 侵略者 日本을 그 속에 삼키고 있는 侵略主義 强權主義를 粉碎하는 書인 것이다.

그리스도에 의하여 地上의 罪와 惡이 抹殺되듯이 3·1運動과 3·1 獨立宣言書에 의하여 歷史에 나타난 모든 侵略主義와 그 形態가 堅決히 封鎖된 것이라고 할 수 있다.

3·1獨立宣言書의 구절구절이 그것을 읽는 者의 가슴속에 자기와 남에 대한 民族과 歷史에 대한 한 개 새로운 高次의 覺醒을 불러일으키는 것이 이 때문일 것이다.

겨레는 歷史를 맡음으로 해서 비로소 겨레거니와 이때 겨레는 자기 스스로의 힘으로 서는 者가 되어야 한다. 겨레의 獨立이 다름 아닌 겨레의 겨레인 所以일 것이다.

그런데 이 같은 겨레의 獨立이란 남과 함께 있으면서 나 나대로 있음을 이름이니 이 겨레의 獨立이 宣言書 속에는 「獨立」, 「自由」로 보였고 남과 함께 人類平等의 「平等」, 나 나대로가 民族自存의 「自存」
으로 보였다.

獨立宣言書는 이 겨레의 獨立을 堅强하게 宣言 佈明했다. 이것이
이루어짐으로 해서 歷史 빛나고 이것이 이루어짐으로 해서 겨레 씩
씩해지고 이것이 이루어짐으로 해서 民族의 恒久한 發展, 世界의 우
렁찬 改造를 期約할 수 있다고 가르쳤다. 그런데 이 겨레의 獨立이란
무엇이냐.

宣言書는 이 겨레의 獨立을 단순한 隷屬狀態로부터의 解放 또는
구구한 겨레의 存續뿐으로는 생각지 않았다. 解放이 隷屬보다 낫지
않은바 아니고 存續이 斷滅보다 앞서지 않은바 아니거니와, 겨레 그
義에 있어서 거듭나지 못하고 구차스럽게 그 頑冥한 生存만을 持續
하는 것은 個人의 境遇와 한 가지로 辱됨이 더하기 때문이다.

宣言書는 겨레 왜 獨立을 回復할 것이냐 라는 究竟根據를 겨레의
利에 求하지 않고 겨레의 義에 連結시켜 我 生存權을 찾기 위하여
이것이 回復되어야 하고 心靈上 發展을 꾀하기 위하여 이것이 回復
되어야 하고 民族的 尊榮을 保有하고 世界文化의 大潮流에 寄與 補
稗하기 위하여 이것이 回復되어야 한다고 했다.

「있는 것」은 모두 그 맡은 일이 있어서 있는 것이다. 그 해야 할
일을 맡지 못할 때 그것은 「있는 것」이 아니고 있는 것을 僭稱하는
실상은 있는 것이 아닌 「있는 것」이니 겨레 그 맡아야 할 緊重한 責
務를 맡음이 없이 겨레로서 있을 수 없는 것이다. 歷史에 있어서 漢
族이 맡았던 責務 무엇이고 蒙元 滿淸이 맡았던 責務 무엇이었던가
를 생각해 보라.

그리고 또 歷史에 있어서 희랍이 맡았던 責務 무엇이고 로마 맡았
던 責務 무엇이고 歐羅巴 맡았던 責務 무엇이었던가를 생각해 보라.
그리고 또 歷史에 있어서 오늘의 새로운 東洋이 맡고 있고 또 맡아
야 할 責務 무엇인가를 생각해 보라.

獨立宣言書의 敍述은 歷史를 擔當할 主體로서의 겨레의 맡아야할 責務를 韓民族의 名義 아래 이것을 적에 놓은 것에 지나지 않는다. 歷史의 위에 나타났던 많은 겨레들이 이 겨레로서 맡아야 할 責務를 올바로 또 堅決히 맡지 못하고 혹은 理財者의 利, 혹은 征服者의 快를 貪하여 이리 기우러지고 저리 달린데 歷史의 씻기 어려운 困苦와 醜와 全亡과 迂廻가 있는 것이다.

3·1獨立宣言書는 이 모양으로 겨레의 獨立과 겨레의 責務를 堅貞히 밝히고 나서 다시 겨레 자기를 바로 세우기 위해서는 자기 옆에 남을 서게 해야 할 것이라는 平等의 義를 밝히는 대목에 들어섰다.

日本의 韓國倂呑에 대한 宣言書의 敍述은 단순히 눌리는 者의 자리에서 누르는 者를 물리치는 激昂된 爭論이 아니고 도리어 한 차원 높은 자리에서 자기와 남을 아울러 나무라는 부드러운 그러나 峻嚴한 어머니의 목소리인 이것은 日本이 韓國에 대하여 저지른 罪뿐을 責하려는 것이 아니고 그 나타난 罪의 좇아오는 根源을 밝혀 자기와 남을 아울러 警戒하려는 高貴한 精神이 그 敍述을 이끌었기 때문일 것이다.

宣言書는 「丙子修好條規 以來 時時種種의 金石盟約을 食하였다하여 日本의 無信을 罪하려 아니하노라」라고 했고 「我의 久遠한 社會基礎와 卓榮한 民族心理를 無視한다하여 日本의 小義함을 責하려 아니하노라」라고 했다.

自己를 策勵하기에 急함으로 해서 他의 怨尤를 暇치 못하고 現在를 綢繆하기에 急함으로 해서 宿昔의 懲辨을 暇치 못한다고 했다. 今日 吾人의 所任은 다만 自己의 建設이 있을 뿐이요 결코 他의 破壞에 있지 않다고 하면서 嚴肅한 良心의 命令으로써 自家의 新運命을 開拓함이요 결코 舊怨과 一時的 感情으로써 他를 嫉逐 排斥함이 아니라고 하여 거듭 겨레의 高邁 또 謙虛한 態度를 밝혔다.

日本의 韓土倂呑을 舊思想 舊勢力에 羈縻된 日本爲政家의 功名的 犧牲이 된 不自然 또 不合理한 錯誤狀態라고 斷定하면서 當初에 民

族的 要求로서 出치 아니한 兩國合倂의 結果가 온갖 威壓과 不平과
虛飾을 가져오고 이것이 번치고 퍼져나가 마침내 東洋全局의 共倒同
亡을 불러일으킬 것이라고 하여 勇明果敢으로써 舊誤를 廓正하기를
東洋의 名義에 의하여 日本에게 懇曲 또 峻嚴하게 勸說했다.

宣言書가 東洋의 榮光을 위하여 東洋의 理想이 韓國과 日本과 中
國이 각각 바른 자리에 서는데 있고 이 바른 자리에 돌아온 東洋으
로써 世界平和를 이룩해야 한다는 雄深한 弘謨에 이르러서는 진실로
東洋復興世界維新의 大交響曲이라고 아니할 수 없는 것이다.

宣言書는 이렇게 하여 겨레의 獨立을 宣言佈明하면서 「있고」의 精
神을 밝혔고 侵略者의 罪過를 論定하는데서 「있게 하고」의 精神을
세우면서 東洋의 理想을 闡明하는 대목에 들어가 이 「있고」와 「있게
하고」가 堅强 또 胎朧한 하나로 엉키어 다시 「함께 더불어」의 莊嚴
한 法界로 나아가야 할 것을 敍述했던 것이다.

韓國이 있으면서 日本과 中國을 있게 하고, 日本이 있으면서 韓國
과 中國을 있게 하고, 이렇게 하여 이 바른 자리에 돌아온 東洋의 세
나라가 함께 더불어 어머니인 東洋을 일으키고─이것이 獨立宣言書
가 東洋을 위하여 바란 방향이었고 또 榮光이었다.

그랬는데 이 일은 마침내 이루어지지 못하고 말았다. 日本의 叛逆
과 韓中兩國의 「게으름」이 이것을 막았기 때문일 것이다. 宣言書는
이 東洋의 光復이 그때의 東方의 顚倒한 事態에 비추어 이루어지기
어렵다는 것을 모른바
아니었다.

그러나 宣言書는 장차 올 東洋史의 榮光을 멀리 想望하면서 새로
운 時代의 到來를 다음과 같이 노래했다.

아아 新天地가 眼前에
展開 되도다.

威力의 時代가 去하고
道義의 時代가 來하도다.
過去 全世紀의 鍊磨長養된
人道精神이
바야흐로
新文明의 曙光을 人類의 歷史에
投射하기 始하도다.
新春이 世界에 來하여
萬物이 回蘇를 催促하는도다.
凍氷寒雪에 呼吸을 閉蟄한 것이
彼一時의 勢라 하면
和風暖陽에
氣脈을 振舒함은
此一時의 勢니
天地의 復運에 際하고 世界의 變潮를 乘한 吾人은
아무 躊躇할 것 없으며
아무 忌憚할 것 없도다.
我의 固有한 自由權을 護全하여
生旺의 樂을 飽享할 것이며
我의 自足한 獨創力을 發揮하여
春滿한 大界에
民族的 精華를 結紐할지로다.

　우리들은 여기에서 하늘나라가 가까웠다는 기쁜 音信－福音에 접하는 威觸을 느끼면서 마음이 가난한 者를 祝福하는 그리스도의 山上의 가르침과 그리스도안에 돌아온 者의 勝利를 노래하는 로마書의 敍述을 想起하지 않을 수가 없는 것이다.

東洋이 거듭나는 또 하나의 聖誕節인 1919年과 함께 낡은 威力의 時代는 지나가고 새로운 道義의 時代가 돌아왔다.

1776年과 1789年과 1848年이 아무리 우렁차고 씩씩하다고 해도 이것들은 여전히 歐羅巴史안의 새로운 해들이었거니와 우리의 英勇스러운 1919年은 宛然히 낡은 歐羅巴史를 定罪하고 새로운 東洋史를 이끌어오는 歐羅巴밖엣 새로운 해인 것이다.

宣言書는 새로운 東洋을 일으키기 위하여 우리들이 良心과 함께 있고 眞理와 아울러 나위여야 할 것을 가르쳤다. 그리스도안에 있는 者는 새로 創造된 者라고 했거니와 새로운 東洋을 일으키려는 者로서 驕惡과 虛僞속에 있고 낡은 情緒 썩은 習慣을 그대로 끌고 나가는 陰鬱한 古巢에 남아 있어서는 안 될 것이다.

宣言書가「良心이 我와 同存하며 眞理가 我와 倂進하는도다」고 가르쳤고「男女老少 없이 陰鬱한 古巢로서 活潑히 起來하여 萬彙群衆으로 더불어 欣快한 復活은 成遂케 된다.」고 가르친 것이 이 때문이다.

아 歷史는 오랫동안 東洋과 西洋을 헤매다가 이제 마침내 韓民族의 손에 돌아온 것이다. 虛妄과 貪慾속에서 허덕이어 내려온 낡은 歷史를 새로운 義와 生命속에서 이끌어야 할 우렁찬 時代가 돌아왔다.

宣言書가「吾等이 茲에 奮起하도다」라고 했고 3·1節의 노래가「이날은 우리의 義요 敎訓이요 生命이다」라고 불러내는 것이 이 때문이다.

宣言書는 이것으로써 그 雄勁한 本文의 敍述을 마치고 끝으로 어디까지든지 民族의 高邁한 精神아래서 最後의 一人 最後의 一刻까지 光明正大하게 싸울 것이라는 公約 3章을 붙이면서 民族代表 33人의 署名으로서 歷史的인 文을 마쳤다. 이 위대한 歷史의 文獻인 3·1獨立宣言書는 마치 美獨立宣言書가 제퍼슨에 의하여 起草되었다고 하여 제퍼슨의 것이 아닌 것과 한 가지로 그것을 起草한 한 사람 또는 몇 사람의 것이 아니고 정히 겨레가 생각하고 겨레가 쓴, 겨레의 文

獻이고 다시 나아가 高貴한 東洋의 文獻 聖스러운 人類의 文獻일 것이다.

우리들은 歷史에 있어서의 이 崇高한 精神이 우리 겨레의 말로 적혔고 우리 겨레를 통하여 發表된 것을 자랑으로 알고 있거니와 단순히 그것을 가짐으로서가 아니고 그 가르친 精神을 지킴으로 해서 진실로 이 永遠 또 위대한 文獻의 主人임을 보여야 할 것이다.

6

歷史는 부단한 轉成 脫落의 歷史거니와 그렇기 때문에 한편 革命 維新의 歷史이기도 하다. 우리들은 西洋 近世의 境遇만을 들어보아도 몇 개 革命 및 革命의 해를 가지고 있음을 알 수 있다.

文藝復興도 하나의 革命이고 宗教改革도 하나의 革命이고 産業革命도 하나의 革命, Chartist 運動도 하나의 革命이었다. 그리고 1776年도 革命의 해고 1789年도 革命의 해고 1848年도 革命의 해고 1917年도 革命의 해였다.

그런데 우리 3·1運動이 차지하는 革命史的 地位란 어떤 것일까.

3·1運動은 첫째 그 形態에 있어서 단순한 對外鬪爭뿐이 아니고 對內革新이었으니 어떻게 보면 美國獨立과 文藝復興을 兼한 것 같은 면을 가졌던 것이다.

3·1運動은 하나의 政治的인 解放鬪爭이면서 아울러 教育的인 르네쌍스다. 3·1運動을 敵은 1919年 3月 1日에 일어나 4月末에 終息된 것으로 보았고 또 보려고 했으나 우리에게 있어서는 그렇지 않아 上海革命政府, 臨時議政院, 그리고 國內外의 허다한 光復運動, 教育文化運動, 産業運動을 産生 組織 推進시켰고 다시 國內抗爭의 면에 있어서는 六十萬歲事件, 光州學生事件으로 나타났고 言論機關으로 東亞,

朝鮮 兩民間報의 創刊, 民立大學運動, 民族單一線으로 新幹會의 組織, 그 밖에 많은 結社 集會 學校 運動을 일으켜 敵의 大陸侵略과 함께 韓中聯合戰線으로 展開되어 마침내 民族의 解放을 거쳐 오늘에 이르고 있는 것이다.

宣言書가 日本의 無信과 小義를 責하면서 自己를 策勵하고 現在를 綢繆하기에 急하다고 하여 今日 吾人의 所任은 다만 自己의 建設이 있을 뿐이라고 한 것이 이 때문일 것이다.

3·1運動은 둘째 그 主體에 있어서 그것을 일으키고 이끌어온 것이 다름 아닌 民族이었거니와 그렇다고 해서 이 일이 단순히 예사로운 民族의 일은 아니었던 것이다.

無産階級의 解放이 階級自體를 解放시키는 일이 된다는 말도 있거니와 韓民族의 解放運動은 韓民族의 解放運動이면서 아울러 歷史에 있어서의 被壓迫事態 被侵略事態를 止揚시키는 運動이었다.

3·1運動아래 있은 韓人들은 愛蘭獨立아래 있은 愛蘭사람들과 佛蘭西革命아래 있은 佛蘭西의 第三階級과 그리고 1848年 이후의 社會革命아래 있는 慘憺한 無産階級과를 한데 묶은 것이었다.

1860年代로부터 1940年代에 걸치는 韓人은 歷史위에 있어서 가장 눌리고 가장 헐벗고 가장 짓밟히는 最下層에 있는 者였으니 3·1運動은 이 가장 눌린 者의 義였던 것이다.

3·1運動은 셋째 그 精神에 있어서 단순한 排他的인 嫉逐 排斥, 拮抗 復讐가 아니었다. 3·1運動은 敵의 侵略과 强權을 許諾지 않고 끝까지 이것을 封鎖하는 運動이었거니와 이것은 敵으로 하여금 이웃이 되게 하여 바른 자리에 돌아온 저와 우리가 본래의 마땅한 관계 속에서 함께 더불어 새로운 東洋을 일으키기 위함이었다.

宣言書가 日本더러 舊時代의 遺物인 侵略主義 强權主義아래 있다고 했고, 舊思想 舊勢力에 羈縻되었다고 했고, 不自然 또 不合理한 錯誤狀態를 만든 것이라고 했고, 勇明果敢으로써 舊誤를 廓正하라고

했고, 眞正한 理解와 同情에 基本한 新局面을 打開하라고 했고, 二千
万含憤蓄怨의 民을 威力으로써 拘束함은 비단 東洋의 영원한 平和를
保障하는 所以가 아니라고 했고, 그대로 나가면 東洋全局이 共倒同亡
의 悲運을 招致할 것이 분명하다고 가르친 것이 모두 이 때문이었다.

宣言書는 우리 겨레의 獨立이 東洋의 세 나라를 각각 바른 자리에
세우는 길이 된다고 했고 또 이렇게 하는 것이 東洋平和로 그 重要한
一部를 삼는 世界平和 人類幸福에 필요한 계단이 된다고 가르쳤다.

敵은 그때 宣言書의 이 精神을 애처로운 잠꼬대라고 비웃었다. 그
런데 1919年의 宣言書의 精神이 1945年의 國聯憲章의 精神을 낳아놓
았고 國聯憲章의 精神은 자기를 낳은 宣言書의 精神에 이끌리면서
지금 第2次大戰 以後의 歷史를 이끌고 있는 것이다.

近世의 歐羅巴가 中世로마에 대신하여 歷史의 主導權을 掌握하면
서 안으로 近代國家를 세웠고 밖으로 開拓과 探險에 힘쓴 것이 진실
로 歷史에 있어서의 한 개 새로운 場面 또 그 貢獻이었다.

그런데 이 歐羅巴의 興起에 의하여 그 이외의 지역들이 모두 歐羅巴
의 制壓아래 있었거니와 그들이 자기 스스로의 안과 밖에 만들어 놓은
敵이 있으니 이 敵이 다름 아닌 無産階級과 被壓迫民族인 것이다.

自然科學과 唯物論과 功利主義와 産業主義 文明이 저들의 長點이
라고 하면 이 無産階級과 被壓迫民族은 저들 자신이 만들어 놓은 그
리고 저들 자신의 목을 졸라매는 노끈이 될 것이다.

近代 歐洲發展의 歷史는 어떻게 보면 歐洲內外에 있어서의 無産階
級과 被壓迫民族 發展의 歷史인 것이다. 1848年 革命 이후의 歷史는
宛然히 社會革命의 歷史거니와 이 社會革命의 主題가 無産階級과 被
壓迫民族일 것이다.

그런데 가장 눌리는 階級이 가장 눌리는 民族이고 가장 눌리는 民族
이 가장 눌리는 階級인 까닭으로 해서 現代의 歐羅巴가 따라서 現代
자신이 당면하고 있는 문제는 결국 이 被壓迫民族에 관한 문제인 것이

다. 現代에 있어서의 被壓迫民族의 문제는 現代가 갖고 있는 문제 중의 하나가 아니고 現代의 모든 문제가 여기에 歸一 集中하는 가장 根本的인 문제인 것이니 이것이 解決됨으로 해서 現代가 열리고 이것이 解決되지 않음으로 해서 現代가 무너지는 것이 이 때문일 것이다.

그런데 歐羅巴가 만들어 놓은 被壓迫民族, 자세히는 歐羅巴가 일어나면서 歷史위에 提出된 被壓迫民族에는 다음과 같은 두 가지 類型이 있을 것이다.

하나는 歐羅巴 안에서 만들어진 被壓迫民族 다른 하나는 歐羅巴 밖에서 만들어진 被壓迫民族─앞의 것은 愛蘭으로 代表될 수 있고 뒤의 것은 韓國으로 代表될 수 있을 것이다.

近世歐羅巴의 興起와 함께 생긴 「繁榮」과 「富」가 있고 이것과 함께 생긴 「沒落」과 「가난」이 있으니 이 「繁榮」과 「富」가 다름 아닌 英·佛·美·德·露로 일컬어지는 列强이었고 「沒落」과 「가난」이 愛·波·첵코·印度·韓 그 밖에 허다한 弱小民族이었다.

美國은 그 자신 歐羅巴의 「富」에 눌리었던 「貧」으로부터 자기를 회복한 새로운 「富」이기도 하려니와 멀리 떨어져있는 관계도 있고 하여 被壓迫民族들이 자기를 회복하려는 革命團體, 海外政府를 여기에 갖고 있었다.

美國은 지금도 그렇거니와 한때는 被壓迫民族光復團體의 集遇地로서 韓國의 徐載弼博士, 愛蘭의 떼발레라, 中國의 孫中山 같은 革命運動의 領袖들이 여기에 寄偶하여 그들의 눈물이 여기에 떨어졌고 그들의 목소리가 여기에서 쉬었던 것이다. 그러다가 1919年 韓民族의 위대한 3·1運動이 일어났다.

이 1919年의 3·1運動은 윌슨 美大統領이 唱導한 民族自決主義에 따라 일어난 한때의 呼外運動일 것이라고 보려고 하는 이들도 있거니와 실상은 윌슨 大統領의 主張自體가 긴 被壓迫民族解放運動으로부터 불러 일으켜진 것으로서 당시의 美國이 이 運動의 도가니, 韓民

族의 3·1運動이 그 聖스러운 烽火, 그리고 印度나 愛蘭의 獨立運動, 그밖에 여기에 연달은 수많은 蹶起 光復이 모두 새로운 歷史를 創造하는 大交聲詩曲임을 알아야 할 것이다.

1919年의 3·1運動은 歷史에 있어서 나타난 하나의 새로운 革命方式 反抗形態로서 그 精神에 있어서 日本의 不義를 넉넉히 定罪하고 남았거니와 그 武力에 있어서 日本의 驕惡을 粉碎하지 못했다.

이것은 韓國 자신의 武力이 組織 成長되지 못한 탓도 있고 또 밖에 힘이 우리를 支援하지 못한 관계도 있었으려니와 武力에 의한 粉碎 不義에 대한 最高의 粉碎方式이 되지 못한다는 것을 우리들에게 가르치려기 때문이었는지도 모를 일이다. 어쨌거나 우리의 3·1運動은, 자세히는 韓民族을 통하여 展開된 被壓迫民族의 解放運動은 그때 일어났던 모습대로 일어났고 그것과 같지 않은 形態를 취하려고 하지 않았다.

결국 우리겨레의 光復은 완전히 成就되지 못했고 日本은 그들의 東洋絞殺政策을 버리려고 하지 않았다. 이 1919年의 3·1運動으로 하여 被壓迫民族解放運動이 우렁찬 前進을 보이기는 했으나 아직도 그 前途에는 한없는 苦難과 荊棘이 누워 있었던 것이다.

그러나 1919年의 3·1運動은 被壓迫民族解放運動에 한개 커다란 教訓과 勇氣를 주었으니 愛蘭이 하지 못하고 첵코가 하지 못했고 印度와 中國이 하지 못했고 빨틱海沿岸과 近東에 있는 여러 나라들이 하지 못한 일을 우리가 했고 또 이것으로 인하여 侵略者의 가슴에 뽑히지 않는 화살을 쏘았기 때문인 것이다.

1919年 이후의 歷史는 그 나타난 政治와 經濟와 文化 및 思想의 면에 있어서는 多彩 또 絢爛한 線을 그었거니와 그 밑바닥에 있어서는 韓民族의 3·1運動에 의하여 발표된 被壓迫民族解放問題를 어떻게 해결하느냐라는 한 점에 매었던 것이니 이로써 보면 1919年 이전의 歷史는 1919年에로의 歷史, 그 이후의 歷史는 1919年으로부터의

歷史라고 부를 수 있을 것이다.

1919年의 3·1運動이 韓土안에서 그 열매를 맺지 못하고 말았거니와 그 잎과 싹이 내어달아 印度의 民族運動과 愛蘭의 獨立鬪爭을 자어처 깐지쓰江沿岸과 웨일스對岸地方에 탐스러운 꽃을 맺게 했고 다시 밑바닥으로 民族解放의 성스러운 精神을 가꾸어 마침내 第2次大戰終戰과 함께 勃然한 民族獨立의 鬱蒼한 수풀을 일으켜 오늘에 이르고 있는 것이다.

國際聯合創立의 精神이 國際的인 平和와 安全을 보장하는데 있다고 하거니와 이 精神은 결국 近世의 歐羅巴가 해결해야 할 근본문제인 被壓迫民族解放問題를 바로 처리하고 이렇게 함으로써 자기 자신에 있어서 거듭나는데 있어서만 保障되고 顯彰될 것이다.

1919年의 3·1運動은 1922年의 愛蘭의 獨立만을 이끌어 온 것이 아니고 이것이 오랫동안 서리고 어리어 마침내 1945年의 國際聯合을 내어놓은 것이라고 할 수 있다.

韓國戰線에서 人類의 平等과 自由를 守護하는 國聯憲章의 精神아래 太極旗와 國聯旗가 가지런히 나위고 있는 것은 깊은 歷史的인 의의가 여기에 없다고 못할 것이다.

7

19世紀末인 1880年代 이후 西力東漸의 사나운 비바람은 東洋을 고되게 눌렀다. 1882年 中國에는 阿片戰爭이 있었고 1866年 韓國에는 佛艦이 왔고 1863年 英艦이 日本鹿兒島를 砲擊했다.

이렇게 하여 말하자면 大西洋이 太平洋을 누른 것이었다. 印度·中國·緬甸·暹羅·馬來·韓國이 한 가지로 이 사나운 西力 아래 눌리어 있었는데 한 가지 이상한 일은 日本이 재빨리 일어나 西力의 羈

絆을 벗어버린 일이었다.

日本이 1868年 明治維新에 의하여 westernization에로의 길을 열었고 이렇게 하여 半世紀가 넘지 못하는 사이에 東洋의 하나의 무시하기 어려운 세력으로 자기를 일으켜 세웠다.

이 같은 日本의 새로운 자기건립은 東洋의 多樣한 前途를 約束하는 것 같이 보였다. 그랬는데 日本이 그들의 westernization을 마땅히 이끌어야 할 방향으로 이끌지 못하고 韓中의 革新勢力을 꺾어버리고 그 자신 東洋을 누르는 者의 앞잡이로 轉身하는데 미쳐 致命的인 禍根을 심어 놓기 시작했으나 1910年의 韓國倂呑, 1931年의 滿洲侵略, 1937年의 中日戰爭이 그것이었다.

이 日本의 東洋絞殺政策의 强行途中 1919年 日本은 韓國의 堅强한 프로테스트에 만났다. 1919年의 위대한 3·1運動을 계기로 歐羅巴는 東洋에 대한 자기들의 舊誤를 알아 이것을 고치기 시작했고 日本은 이와 반대로 갈수록 교만해지고 부르터 올라 마침내 東亞新 秩序라는 이름아래 東洋을 통째로 屠殺하기 시작했다.

1919年 이후 東洋에 있어서 歐羅巴가 어떻게 3·1運動에서 배우려고 했고 日本이 어떻게 3·1運動을 물리치는 방향으로 기울어졌는가를 보라.

1919年 이후 東洋을 누르고 헐고 짓밟고 그 목을 비비고 그 가슴패기를 찢어 헤친 者는 歐羅巴가 아니고 日本이었다. 1919年 이후 太平洋은 大西洋에게 눌린 것이 아니고 다름 아닌 日本海에 눌린 것이었다.

太平洋을 누르는 日本海, —얼마나 驕慢하고 奸惡한 日本海냐. 그러다가 1945年이 돌아온 것이다. 1945年은 西洋 사람들에게는 第2次 世界大戰이 끝난 해, 民主主義聯合國陣營이 이긴 해, 그리고 國際聯合의 창립을 앞둔 해거니와 이 해는 우리 東洋에 있어서는 새로운 東洋의 創世紀로서의 뜻을 가지는 해인 것이다.

1945年은 東洋의 敵 日本이 꺼꾸러진 해고 韓民族이 오랜 쇠사슬에서 풀린 해고 겨레의 革命運動의 領袖와 重慶에 가있던 臨時政府

가 돌아온 해고 越南共和國이 成立된 해고 中國國民政府가 重慶으로
부터 南京에 돌아올 준비를 하던 해고 印度, 필리핀의 獨立과 인도네
시아共和國의 성립을 이듬해 1月에 맞기로 된 해였다.

우리 3·1節의 노래에 한강물 다시 흐르고 백두산 높았다는 구절
이 있거니와 이 1945年이야말로 진실로 楊子江이 다시 흐르고 히말
라야산맥이 높은 해라고 할 수 있을 것이다. 이 第2次大戰終戰의 해
그리고 被壓迫民族解放의 해인 1945年으로서 東洋에는 새로운 光復
과 새로운 建設이 돌아왔다.

1945年 8月 太平洋의 하늘은 한없이 맑게 개여 있었다. 그리고 이
맑게 개인 하늘빛을 받아 亞細亞의 산과 산, 들과 들은 향기롭고 평
화스러운 푸른빛을 발하고 있었다.

그랬는데 그 해 9月 달에 접어들면서 아직 못할 38度 線이 苦難의
國土인 韓土의 허리를 자르고 건너가면서 다시 어두운 구름장이 하
늘위에 떠돌기 시작했다.

苦難의 東洋, 너는 아직도 완전히 해방될 때를 만난 것이 못된다.
侵略者 日本이 휘두르던 칼과 쇠사슬을 그 던지고 손이 묶인 자리에
서 자세히는 던지려던 者의 손에서 넘겨받은 者가 있으니 이것이 明
治維新 대신 10月 革命을 가졌고 琉球를 삼킨 대신 빨틱海의 세 나
라를 집어 먹었고 東洋平和 대신 人民의 해방을 외우고 日本精神 대
신 唯物辨證法을 내어 세우고 東에서 西에로 侵略하는 대신 西에서
東으로 먹어 나오는 또 하나의 東洋의 下手者 蘇聯 및 그 끄나풀들
인 것이다.

日本의 東洋侵略史와 蘇聯의 東洋侵略史, 이것은 東洋侵略의 대표
적인 類型이면서 새로운 太平洋時代史가 저들의 叛逆에 의하여 자기
를 한층 더 씩씩히 展開시키기 위한 한때의 苦難 한때의 壓迫이라고
할 수 있을 것이다.

日本이 韓國을 먹고 나서 約 20年이 지난 뒤 大陸을 侵攻했거니와

蘇聯은 中國本土를 빼앗은 뒤 반년이 못 넘어서 38度 線 以南에 몰려왔다.

日本이 南京을 점령하는데 몇 해가 걸렸거니와 蘇聯은 사흘 만에 서울까지 내려왔다. 日本은 長沙戰線에서 그 進擊이 저지당했고 蘇聯은 洛東江戰線에서 앞이 막히고 말았다.

蘇聯의 韓土侵攻, ―이것은 日本의 大陸侵略을 거꾸로 놓은 것이라고 할 수 있다. 1950年은 東方被壓迫民族史에 있어서 韓民族이 또 하나의 侵略者를 물리친 다른 하나의 1919年이거니와 이 1919年의 위대한 전통을 계승한 1950年은 東洋의 두 번째 敵, 그리고 최종의 敵인 蘇聯을 물리친데 있어서 歷史에 있어서의 民族의 被侵略事態 자체를 영구히 封鎖하는 새로운 太平洋時代를 열어젖힌 것이었다.

우리들은 1950年이 東洋의 새로운 創世紀의 第1年임을 알고 있거니와 이 1950年이 1945年에서 왔고 1945年이 다시 1919年에서 왔음을 볼 때 歷史에 있어서 가지는 1919年의 雄深한 뜻을 생각하지 않을 수가 없을 것이다.

東洋의 길 잃은 羊인 韓民族이 받은 고난 또 받고 있는 고난은 깊은 歷史的인 뜻을 가진다. 韓民族은 분명히 한 마리 길 잃은 양이고 그 목은 떼어졌고 거기서는 피가 흐르고 그 걸어온 길에는 흘린 피로 줄이 그어져 있다.

이 길 잃은 양은 여러 번 그 목이 떼어졌고 그것도 상처가 낫기 전에 다시 떼이고 했거니와 1905年과 1910年처럼 심하고 또 커다랗게 떼인 일이란 없었을 것이다.

1905年 日本은 乙巳亡國條約을 억지로 우리 목에 뒤집어 씌었고 1910年 日本은 다시 歷史있는 이후의 최대의 罪惡을 東洋平和란 이름아래 이것을 세상에 내어 놓았다.

日本의 韓國倂呑처럼 惡을 極하고 慘을 極한 苦難이란 韓民族受難史안에도 없었고 그 밖에도 없었을 것이다. 歷史있는 이후로 個人이

쓰러지고 집이 망하고 나라가 넘어간 일이 여러 번 있었거니와 韓國
이 日本의 손아귀에 목이 조일 때처럼 殘虐하고 悲慘하고 더럽고 원
통스러운 일이란 없었을 것이다.

敵이 본래 그 性情이 驕惡했다고 하라. 그리고 우리가 자기를 튼튼
히 세우지 못한 罪가 있었다고 하라. 그러나 그렇다고 해도 눌러도
이렇게 누르고 쓰러지되 저렇게 쓰러지기란 흔한 일이 아닐 것이다.

歷史의 攝理는 日本의 韓國奪取로써 被壓迫民族에 대한 侵略의 極
惡의 形態를 끝맺게 하려는 것이었는지 모른다. 그렇기 때문에 閔泳
煥卿의 뿌린 피와 李儁密使의 뿌린 피 그 밖에 수많은 殉國先烈들의
뿌린 피는 우리 겨레만을 위한 것이 아니고 地上의 모든 눌리는 겨
레를 대신하여 뿌린 성스러운 贖罪의 피로서의 뜻을 가지는 것이라
고 할 수 있을 것이다.

島山이 上海에서 붙들려 나와 끌리어 다니고 刑을 받고 服役하고
나중에 몸이 병주머니가 되어 大學病院에서 외롭게 세상을 떠나던
광경은 하나님의 짐을 지고 가는 어린양의 모습이 아닐 수 없다.

南岡이 나라 안에 남아 있어 敵에게 굽히지 않고 겨레의 敎育에
자기를 바친 것도 이 어린 양의 모습, 古堂이 赤軍의 點據아래 있으
면서 託治에 반대하고 지도자로서의 高邁한 精神을 堅持한 것도 이
어린 양의 모습일 것이다.

1919年 3·1運動은 겨레의 빛나는 光復運動이면서 단순히 우리들
의 運動에 그치지 않고 진실로 이 地上의 모든 被壓迫民族의 하나의
聖誕節인 것이다. 1919年과 함께 낡은 威力의 時代가 지나가고 새로
운 道義의 時代가 온 것이었다. ─ 三千萬이 하나로 일어났으니 새로
운 道義의 時代가 온 것이었고 他를 嫉逐 排斥함이 아니고 자기의
建設하는 精神아래 싸웠으니 새로운 道義의 時代가 온 것이었고 무
량한 敎訓과 勇氣를 被壓迫民族解放運動에 주었으니 새로운 道義의
時代가 온 것이었고 武力 거센 侵略者의 가슴에 다시 뽑을 수 없는

무거운 화살을 쏘았으니 새로운 道義의 時代가 돌아온 것이었고 强權主義 侵略主義가 과거의 遺物임을 깨닫게 하는 精神을 뿌리깊이 가꾸었으니 새로운 道義의 時代가 돌아온 것이었다.

1919年의 3·1運動은 단순히 日本만을 定罪하는 것이 아니고 한 民族이 다른 民族을 누르는 侵略이라는 사실 자체를 定罪한 것이라고 할 수 있다.

그리스도가 十字架에 달리시면서 人類의 罪惡이 거기에 못 박혀 죽임을 받았다고 하거니와 1919年 韓民族의 光復運動에 의하여 民族에 대한 侵略自體가 抹殺 封鎖된 것이었다.

그리스도의 十字架를 個人의 形狀에 있어서 오신 그리스도의 十字架라고 부를 수 있다고 하면 1919年의 3·1 運動은 民族의 形狀에 있어서 오신 그리스도의 十字架라고 부를 수 있을 것이다.

3·1運動, 이것은 또 하나의 十字架다. —이렇게 말할 수가 있을 것이다. 1919年은 그렇기 때문에 새로운 또 하나의 聖誕節 자세히는 復活節일 것이다.

그리스도의 흘린 핏방울이 튀어나 이를테면 李儁密使의 뿌린 피에 섞였고 人子의 찢긴 옷자락이 끊어져 島山의 시체를 싼 베조각이 되었다고 할 수 있을 것이다.

8

1910年代의 韓國은 東洋외의 勢力에뿐 눌린 것은 아니었다. 東洋외의 勢力이 이 조그만 隱者의 나라에 사납게 몰려들었거니와 東洋안의 勢力인 淸과 日도 우리를 눌렀다.

1910年代의 韓國에 있어서 우리들은 눌리는 者의 하나의 運命的인 形態에 만날 수 있을 것이다. 밖에 것에 눌리면서 안에 것에 눌리고

여럿에게 눌렸다가 다시 하나하나에게 눌리고. 歷史에 있어서 한 民族이 남에게 눌린 경우 많았거니와 1919年 나라를 빼앗기기에 이르던 韓國의 경우처럼 酷毒하고 안타깝게 눌린 일이란 없었을 것이다.

우리를 누른 東洋외의 勢力이나 東洋안의 勢力이 우리에게는 한 가지로 우리 밖에 것이었거니와 우리 자신의 것, 자세히는 우리 안에 것이 우리의 눌림을 한층 더 냄새나게 만들었으니 이 우리 자신의 것이란 것이 高句麗毀滅 이후 우리의 庸拙스러움과 李朝黨爭 이후 우리의 병신 된 성격일 것이다. 이 우리 자신의 적고 답답하고 구차스럽고 서로 갈리고 찢기는 風尙이, 우리를 누르는 밖에 것과 합하여 마침내 社稷을 빼앗기고 나라 쓰러지는 慘禍 慘變을 가져왔던 것이다.

그런데 1919年이 돌아왔다. 이 1919年은 民族解放의 성스러운 塔을 세운 해거니와 이 塔으로 해서 歷史 전연 새로운 途程에 올랐다고 할 수 있다.

1919年은 過去의 遺物인 侵略主義 强權主義가 韓民族의 새로운 義에 의하여 定罪되던 해였다. 1910年 그리고 다시 올라가 1905年 日本이 韓土를 통째로 빼앗을 때 우리를 누르던 東洋외의 勢力이나 東洋안의 勢力은 이것을 미워하면서 한편 부러워했다. 日本이 韓國을 도적질하는데 있어서 자기들의 선두를 빼앗았을 때 이 경쟁하는 세력들은 日本이 못할 일을 한다고 해서가 아니고 자기들을 물리치고 자기들보다 재빨리 고기 덩어리를 물고 달아났다고 해서 이것을 언짢게 생각했던 것이었다.

그러나 그들로서 보건데, 약하고 적은 者 억세고 큰 者에게 눌리고 짓밟히고 종당 먹히고 마는 것은 生存競爭 弱肉强食의 理勢로 보아 당연한 일이었다.

그런데 이 侵略主義, 强權主義가 10年이 못가서 審判 받는 날이 왔다. 日本의 韓國併呑을 歷史의 마지막 醜한 대목으로 하고 1919年 3月 韓民族의 3·1運動과 그 精神에 의하여 歷史는 새로운 방향으로 꺾어 돌리어졌다.

낡은 威力의 時代에서 볼 때 선두를 달리던 日本은 새로운 道義의 時代가 돌아왔을 때 가장 떨어진 歷史의 낡은 찌꺼기를 핥는 者가 되었다.

그때 日本이 아니고 淸이나 露나 英이나 佛이 韓國을 삼켰다고 하면 10年이 지난 1919年 새로운 歷史의 우렁찬 轉廻와 함께 낡은 歷史의 뒤꽁무니에서 썩고 있는 者는 이 侵略者 淸이나 露·英 또는 佛이었을 것이다.

그런데 歷史의 攝理는 日本으로 하여금 韓國倂呑에 의하여 낡은 歷史의 꽁무니에 붙어 있게 했고 여기에서 그 썩은 부스러기를 주어 먹으면서 마침내 日本 자신의 滅亡을 가져오는 一連의 歷史에 있어서의 反逆에로 이끌었던 것이다.

1919年은 歷史에 있어서의 侵略과 强權을 封鎖하는 해였다. 만일 과거의 歷史가 東洋이고 西洋이고 간에 侵略과 强權에 이끌렸고 또 거기에 사로잡힌 歷史였다고 하면 1919年은 歷史의 이 그릇된 行程과 醜한 전통을 粉碎하는 해였다.

그렇기 때문에 1789年의 佛蘭西革命에 의하여 사람이 사람을 누르는 일이 滅淸되었다고 하면 1919年의 3·1運動에 의하여 民族을 누르는 일이 抹殺되었다고 할 수 있을 것이다.

1919年은 被壓迫民族에 대한 福音이 세워졌고 또 그것이 傳播된 해였다. 1919年 韓民族이 뿌린 피에 의하여 民族이 民族을 삼키는 罪惡 자체가 죽음을 당하게 된 것이었다.

1919年, 너는 모든 被壓迫民族의 받는 苦難을 대신하는 하나의 十字架다. 韓民族이 자기 및 남을 위하여 이 무거운 十字架를 졌던 것이다.

1919年이 福音의 해가 아니고 그 자신 十字架가 아니었다고 하면 그렇게도 頑强하던 侵略主義, 强權主義가 이 1919年 이후로 그렇게 빨리 물러갔을 수가 없다.

獨立宣言書에는 「冬氷寒雪에 呼吸을 閉蟄한 것이 彼一時의 勢라

하면 和風暖陽에 氣脈을 振舒함은 此一時의 勢라」하여 새로운 歷史
의 우렁찬 開展을 노래 불렀다.

1919年 이후 歷史는 줄달음질쳐 이 1919年의 獨立宣言書가 指示한
새로운 歷史의 방향으로 흐르기 시작했으니 이 사이에 歐羅巴에는
全體主義의 行悖, 東洋에는 日本의 發惡이 있었다고 하더라도 저들의
이른바 歐洲新秩序니 東亞新秩序니는 이 새로운 歷史의 字幕을 꺼꾸
로 비친 한때의 反抗에 지나지 않는다. 1919년에 뿌린 韓民族의 피
헛되지 않아 希望峰廻航 이후 美大陸發見 이후로 形勢를 떨치던 歐
羅巴의 侵略主義, 膨脹主義 宛然히 그 退潮를 보여 1919年 이후 하루
하루 强者抑壓 弱者隷屬의 錯誤된 낡은 狀態가 改善 匡正되어 오늘
에 이르고 있는 것이다.

第2次大戰이 끝나자 여러 나라들은 國際聯合을 만들어 集團安全保
障體制 아래 世界의 恒久한 平和를 維持하고 나라와 나라사이의 友
好的인 관계를 增進시키기에 힘쓰고 있다.

오늘의 國際聯合은 侵略主義·强權主義를 과거의 遺物이라고 하여
定罪하고 서로 돕고 일으키기를 가르친 1919年의 宣言書의 精神에
돌아왔고 또 이것을 들어내는 것이라고 할 수 있을 것이다.

골고다의 寶血 한 방울이 人類의 救拯을 위하여 無量한 뜻을 가지
는 양으로 1919年 韓土위에 뿌려진 피 방울방울은 새로운 歷史를 일
으키는 高貴한 싹이 되어 있는 것이다.

1919年 이후의 歷史는 歐羅巴의 경우고 東洋의 경우고 民族의 경
우고 國際의 면에 있어서의 경우고 간에 한 가지로 1919年의 宣言書
의 註釋이라고 부를 수 있을 것이다.

1919年의 莊嚴한 峰巒아래 거기에서 내려다볼 수 있는 봉우리로서
愛蘭의 獨立이 있고 印度의 解放이 있고 中國의 日本에 대한 抗戰이
있고 芬蘭의 蘇聯에 대한 反擊과 에티오피아의 伊太利에 대한 反抗
이 있고 全體主義에 抗하여 싸우는 聯合國측의 단결이 있고 그리고

다시 國際聯合과 北大西洋同盟과 韓國에 있어서의 集團安全保障을 위한 戰爭과 民主主義陣營의 단결이 있는 것이다.

1919年은 歷史가 자기를 낡은 侵略主義·强權主義로부터 解放시킨 해였다. 愛蘭이나 印度나 이스라엘이나 그 밖에 허다한 재생된 國家들은 모두 이 위대한 1919年이 낳은 어여쁜 아들이요 딸이다.

歷史는 의로운 者의 피를 먹고 자라난다는 말이 있거니와 閔泳煥卿과 李儁密使의 뿌린 피가 다시 1919年의 高貴한 핏줄기를 불러일으켰고 이 피의 물줄기 씩씩히 흘려내려 이르는 곳마다 民族解放의 鬱蒼한 수풀을 일으켜 오늘에 이르고 있는 것이다.

1950年 韓國戰爭이 勃發하자 韓國戰線에는 國聯旗와 太極旗가 어깨를 나란히 하여 아울러 나위였고 이 두 깃발아래 세계에서 모여온 수많은 靑年들이 自由의 守護를 위하여 그 尊貴한 목숨을 바쳤다.

이 高貴한 事實은 1919年의 宣言書의 精神이 國際聯合憲章의 精神에 연결되었고 國際聯合憲章의 精神이 다시 韓國戰爭에 연결되어 있음을 보이는 일이거니와 다시 나아가 現代가 통째로 자기를 들어 위대한 1919年의 精神에 歸命하려는 꿋꿋한 形勢를 보이는 證左이기도 할 것이다.

韓國戰爭의 歷史的 性格

第2次世界大戰이 끝나자 우리民族은 오랫동안의 쇠사슬에서 풀리어 새로운 民主國家를 세우는 영예로운 職責을 맡게 되었다. 그런데 그 뒤 우리나라의 국내의 情形과 또 우리를 에워싼 國際形勢가 모두 우리에게 이롭지 않은바 있어 얼마동안 激動과 騷亂을 거듭하다가 民族의 指導者李承晚博士 밑에 굳은 民族的 團結을 이루어 1948年 마침내 政府의 樹立, 主權의 宣布를 보기에 이르렀다. 李承晚大統領 領導아래 近代國家로서의 體裁가 뚜렷하게 잡히고 또 우리나라가 東洋에 있어서의 오직 하나의 民主保堡임이 알려지자 國聯은 총회를 열어 이것을 승인했고 世界의 53個 國이나 되는 많은 民主國家는 우리와 튼튼한 交誼를 맺게 되었다.

이리하여 어린 民主國家인 우리나라는 全世界의 祝聽을 한 몸에 모은 채 世界史의 전면에 솟아올랐다.

우리나라의 國家的인 發展 그리고 民主保堡로서의 성장을 즐겨하지 않는 어두운 勢力이 북쪽에 있었다. 이 한 개 어두운 손길은 1945年 우리나라의 分斷占領을 奇禍로 韓國사람 아닌 韓國사람인 자기들의 앞잡이를 군데군데서 주워 모아 이것을 한 개 떼 무리를 만들어 北朝鮮臨時人民委員會, 北朝鮮人民委員會, 朝鮮民主主義人民共和國이란 렛텔을 번갈아 붙여주면서 크레믈린의 한 개 새로운 끄나풀을 만든 것이니 이것이 다름 아닌 北韓傀儡集團인 것이다.

이 이상한 運命에 놓인 傀儡集團은 한사코 우리 民族의 獨立과 統一과 그 國家的인 發展을 헐려고 대어들었다. 그렇게 하는 것이 그들의 上典에게는 東洋을 주머니에 넣는 捷徑이 되고 그들 자신에게는 목숨과 榮華를 保有하는 길이 되기 때문이었다.

이 단순한, 진실로 이 단순한 목적 때문에 그들은 많은 꾀임과 宣傳과 威脅으로 자기들의 조그만 앞잡이를 무수히 만들어 이것을 南에 보내어 우리 政府와 國民을 산산이 부셔버리려고 했다. 그러나 이 破壞作用은 우리民族, 우리國家의 우렁찬 成長에 도리어 刺戟은 될지언정 그 내어뻗는 힘을 누르고 꺾을 수는 없었다.

그런데 北韓傀儡集團에는 한 개 深刻한 내부적인 문제가 생겼다. 그것은 民主政策이니 人民經濟니 하여 떠들어온 것이 기실은 人民에 대한 共産黨의 殘酷한 搾取인 正體가 들어났고 스파이 第1主義, 强權第1主義의 그들의 組織과 彈壓을 가지고도 마침내 北韓 1000萬의, 民族의 良心을 흐리게 할 수 없는 事實이 그것이었다.

그들은 그들 자신 그윽이 생각하기도 했고 上典으로부터 指令이 내리기를 기다리기도 했다. 그들의 받은 指令이 커다랗게 움직인 것이 바로 1950年 6月 25日 새벽의 저 무시무시한 砲聲이었던 것이다.

우리政府와 우리國民은 처음부터 저들에게 바른 民族의 良心에 돌아오기를 진심으로 바랐고 또 여러 번 눈물로 呼訴했다. 그런데 저들은 마침내 祖國의 가슴에 화살을 겨누었고 우리들의 呼訴에 대답하기를 칼과 도끼로 했다.

우리들은 우리나라의 잃어진 북쪽이 하루바삐 우리에게 돌아오기를 기다렸다. 우리 政府와 國軍이 38度 線 위에서 언제나 防衛에 힘썼고 攻擊에 나가지 않은 것은 이 때문이었다.

그런데 저들은 마침내 祖國의 가슴에 비수를 겨누었고 民族의 呼訴에 대답하기를 총부리와 砲彈으로 했다. 그들은 오랫동안 준비되었던 計劃에 따라 平和로운 日曜日의 이른 새벽을 틈타서 미친 이리떼처럼 38線을 넘어와 사흘 만에 首都 서울을 빼앗고 남은 勢力을 몰아 성난 波濤와도 같이 남으로 몰려 내려왔다.

北韓傀儡集團은 美國이나 國聯이 우리나라를 돕는 척 하다가 말리라는 생각 밑에 단숨에 大邱·釜山까지 내리밀 양으로 갖은 꾀와 術策으로 武器를 날라오고 兵丁을 뽑는데 있는 기를 다 썼다.

2주일이 넘기 전에 國軍과 國聯軍을 釜山 앞바다에 몰아넣는다던 것이 싸움의 形勢로 보나 國際情形으로 보나 자기들이 敗亡될 處地에 빠짐을 알게 되자 그들의 發惡은 한층 더 그 殘虐의 도를 더하기 시작했다.

그들은 이르는 곳마다 學徒와 靑年들을 모조리 前線에 끌어 내세웠고 反動分子라고 하여 수많은 兄弟姉妹를 무참히 죽였다. 이 휩쓰는 물결, 죽음의 손길을 피하기 위하여 수많은 사람들이 집과 財産을 버리고 몰려나왔던 것이다.

길과 산과 들을 뒤덮은 避難民의 물결. 어머니를 찾고 동생을 찾고 자식을 찾고 父母를 찾고. 이 罪없는 평화로운 백성을 하루아침에 이같은 심한 苦難속에 빠뜨린 者 누구냐.

이 事實이 國聯에 報告되자 國聯은 곧 이것을 侵略으로 規定하고 38度 線까지 물러가기를 요구했다. 그러나 侵略者들은 이 國聯의 決意를 알은척 하지 않았다. 國聯은 마침내 平和를 위하여 싸우지 않을 수 없었다.

1주일이 넘기 전에 美軍이 韓國戰線에 到着했고, 美國의 飛行機와 艦隊가 싸움터에 나타났고, 英國·濠洲·캐나다·佛蘭西·희랍·필리핀이 여기에 따랐고 한편 다른 나라들은 쌀과 약과 救護物資를 보냈고 마침내 國聯會員國 53個 國이 우리나라를 돕기 위하여 일어서게 되었다.

世界의 平和를 保障하기 위한 國聯의 活動은 진실로 눈부신바 있었다.

國聯이 이렇게 세차게 나오리라고는 侵略者는 물론 우리 자신도 豫期한바 아니었다.

한 나라의 戰爭에 있어서 이렇게도 수많은 國家가 일어서고 한데 힘을 합하기는 우리나라 戰亂이 처음이리라.

民族의 領導者 李承晚大統領은 大邱와 釜山에서 열린 國民大會席上에서 눈물어린 목멘 음성으로 民族의 總蹶起를 呼訴했다.

우리 國民은 이 위대한 愛國者의 뜻을 받들어 위아래가 한 덩어리가 되어가지고 고마운 國聯軍을 도와 侵略者를 물리치는 英勇한 싸움을 繼續했다.

5, 6살 밖에 못된 어린애들까지 길가에 나와 거기에 내려앉은 國聯軍의 飛行機를 보이지 않게 감추는 나뭇가지를 꺾어 날랐다.

하늘은 마침내 우리를 버리지 않았다. 戰爭은 우리에게 유리하게 展開되었다. 侵略者들은 美國이나 國聯을 釜山앞바다에 몰아넣는다던 것이 싸움이 갈수록 곤란한 시기에 빠져 들어가게 되자 그들은 초조하기 시작했다.

國聯軍의 總攻擊令이 내리고, 한편 仁川上陸이 決行되자 이번 侵略의 結末이 어떻게 마칠 것을 알게 된 그들은 首都 서울을 불 지르고 國家施設을 破壞하고 指導者와 學者를 잡아가고 이렇게 하면서 한곳에서 몇 천 명 몇 만 명을 한꺼번에 무참히 죽이는 大規模의 虐殺을 계획했고 또 실행했다.

9月 28日 苦難의 首都 서울이 완전히 우리 손에 돌아왔고 國軍과 國聯軍은 흩어져 달아나는 적을 掃蕩하면서 북으로 進擊을 繼續했다.

民族은 진실로 回復하기 어려운 크나큰 상처를 입었다. 그러나 우리들의 가슴속에는 이 커다란 상처와 國家의 獨立 民族의 統一과를 바꾸어가지는 感激과 希望이 솟아올랐다.

2

北韓傀儡들은 平壤에서 쫓겨 몰려갈 때에도 서울에서 한대로 오히려 그들보다 한층 더 심하게 집에 불을 지르고 施設을 破壞하고 사람을 죽였다. 그들은 저희들의 소위 同志, 부려먹던 部下까지 무참히 죽이면서 國境을 넘어 滿洲로 달아났는데 거기서 그들은 中共의 그늘아래 몸을 감춘 채 새로운 陰謀를 꾸미기 시작했다.

國軍과 國聯軍의 進擊의 速度가 조금이라도 느렸고 落下傘部隊가 그들의 後方에 내리지 않았었다고 하면 虐殺된 사람의 수효, 慘禍의 정도는 몇 백 몇 천 갑절이 되었을 것이다.

11月 중순경에 맥아더將軍은 戰線을 視察하고 韓國戰亂이 크리스마스 전까지는 終結될 것이라고 했다. 그랬는데 中共은 그들이 韓國戰亂에 개입하지 않으리라는 一般의 豫想을 깨뜨리고 11月 하순 마침내 얼어붙은 豆滿江 鴨綠江을 넘어 우리나라에 몰려들어왔다.

아무런 정당한 이유도 통고도 없이 그들은 남의 神聖한 國土에 그 더러운 발을 들여놓고 고함치면서 우리에게 달려드는 것이었다.

그들은 百萬이니 二百萬이니 하는 그들의 수효만을 크게 믿고 또 이런 헛된 形勢를 보임으로 해서 國聯軍을 우리나라에서 쫓아내자는 肝膽이었다.

國際共産侵略者들은 韓國侵略의 첫째 階段이 失敗에 돌아가자 그 새로운 둘째 階段을 꾸며보는 것이었다. 둘째 階段마저 무너지면 나중으로 셋째 階段을 마련 할 것이었다.

國際共産侵略者들의 眼中에는 韓國이라는 탐나는 떡이 매어달려 있고 그들 자신은 앉아서 이 떡을 씹을 수 있는 안전한 자리에 있기 때문이었다.

우리들은 北韓傀儡들이 우리를 侵攻할 때 그 속에 中共軍이 섞였다는 것과 또 사전에 미리 中共과 合作했다는 것도 알고 있었다. 그

러나 어두운 中共이라고는 해도 사리를 전연 모를 바 아니며, 韓國
및 國聯을 상대로 부질없는 짓을 꾸미지 않으리라고 믿었다.

그러나 中共은 中共으로서 事情이 있고 內幕이 있었다. 그들은 자
기들이 원하고 원치 않고 간에 韓國侵略을 敢行하여 스스로 자기의
목숨을 재촉하게 되었으니 이것은 오늘에 있어서의 共産主義 衰亡의
한 개 決定的인 시초라고 할 것이다.

中國共産黨은 널리 알려진 대로 國際共産主義를 信奉하고 크레믈
린의 직접 指令에 움직이는 유력한 共産侵略勢力의 하나로서 毛澤東
周恩來의 뒤에는 언제나 검은 손이 움직이고 있다.

「中共의 共産主義의 共産主義와는 다를 것이다.」 이렇게 말하는 사
람처럼 中共을 모르고 共産主義를 모르는 사람은 없을 것이다.

中共은 오늘에 있어서 가장 徹底한 親蘇主義者 및 崇蘇主義者다.
中共과 蘇聯은 그 피와 運命이 서로 갈라설 수 없을 정도로 섞이여
하나가 되어버렸다.

中共의 歷史는 그대로 蘇聯 볼쉐비키의 歷史다. 第1次世界大戰에
있어서의 볼쉐비키의 지위가 그대로 第2次世界大戰에 있어서의 中共
의 지위라고 할 수 있다. 그들은 한 가지로 欺瞞과 術策으로 政權을
빼앗았고 또 이것을 持續하기 위하여 가진 宣傳으로 어리석은 백성
을 속여오고 있다.

中共은 抗日戰爭을 통하여 겉으로 國民政府를 돕는 양 꾸미면서
속으로는 이것을 헐고 中傷하여 戰爭이 끝나기도 전에 재빨리 자기
勢力을 滿洲와 華北에 펴는데 힘썼다.

1948년 봄에는 國民黨打倒의 깃발을 버젓이 올려 그 익숙한 宣傳
術에 의하여 어렵지 않게 中國全土 400余개를 손아귀에 넣고 말았다.

그러나 權謀와 術策은 결국 오래가지 못하는 법이니 人民의 解放
이니 民主改革이니 平和의 擁護니 새로운 歷史의 創造니를 아무리
떠들어댄다고 해도 그들의 强權者 侵略者로서의 정체는 마침내 드러

나 國民政府로부터 政權을 빼앗은 지 3年이 넘기 전에 中國 7億萬民
衆은 이 挾雜군인 中共으로부터 離叛하기 시작했다. 蘇聯은 蘇聯대로
苦悶이 있어 中共에 대한 指揮와 督視의 손을 한층 더 되게 하여 中
共의 힘이 커지는 것을 바라면서 지나치게 커지는 것을 원치 않아
中共勢力의 兩分策을 쓰게 되었으니 中共은 겉으로는 좋아 보이면서
안으로는 많은 어려운 危機에 빠지게 되었다.

　날로 離叛되는 民心을 收拾하고 內部의 여러 가지 層折을 解決하
는 어떤 긴급한 對策이 요구되었으니 그들은 이 비상사태를 韓國戰
亂의 개입에 구했던 것이다.

　나오지 않으리라 던 中共이 그리고 時期도 北韓軍의, 國聯軍에 대
한 攻擊의 時期를 지나버리고나서 나온 것이 바로 이 때문이었다.

　그들은 蘇聯製 탱크 몇 대를 제하고는 별로 신통한 武器도 없이
창과 도끼 같은 것을 들고 총과 꽹과리를 치면서 얼어붙은 두만강을
넘어 南으로 몰려 내려왔다.

　中共軍에 있어서도 가장 이름난 林彪가 거느리는 軍이라고는 하지
마는 이것조차 실상은 아무것도 모르는 오랑캐의 무리로서 추위와
굶주림과 그 무서운 총부리에 몰려 그들은 영문도 방향도 모르고 미
친개같이 쏟아져 나왔다.

　國軍과 UN軍은 그들의 形勢를 알고 또 우리 편의 조그만 犧牲이
라도 이것을 적게 하기 위하여 豫定防衛線에까지 後退하기로 하여
한편으로는 戰線을 整理하고 한편으로는 國聯의 決定을 기다리기도
했다. 中共의 오랑캐 떼는 산으로 들로 덮어 내려와 이르는 곳마다
집에 불을 지르고 물건을 빼앗고 사람들을 죽였다. 우리 편에서는 平
壤을 다시 내어주고 끝으로 興南을 撤收한 뒤 38線에 내려와 強力한
防禦陣을 쳤는데 堅固한 近代的인 陣地에서 적은 수많은 出血을 당
하면서도 이른바 人海戰術을 써가면서 38線마저 넘어 와서 서울로
향하여 몰려 내려왔다. 政府는 重要機關의 사람과 財産을 南으로 옮

기고 一般市民의 疏開도 마쳤다.

새해 1月 5日 오랑캐 떼는 텅 비인 首都 서울에 들어와 다시 거기서 南進하기 시작했다. 國聯에서는 어디까지든지 中共의 反省을 촉구하고 事態를 평화리에 解決키 위하여 停戰案을 제시했으나 中共에서는 이것 마저 거부하고 도리어 國聯을 誹謗하고 나아가 威脅하기까지 했다.

그러나 이 같은 中共의 術策과 態度는 그 뱃속이 뻔히 들여다보이는 것으로서 國聯은 평화로운 해결을 위한 모든 성의와 노력을 다한 끝에 드디어 中共을 侵略者로 規定하는데까지 나아가지 않을 수 없었다.

中共은 中共대로 갔고 國聯은 國聯대로 갔다고 할 수 있다. 共産主義 와 民主主義, 侵略主義와 平和主義는 마침내 安協할 수 없는 것이었다.

正과 邪, 義와 不義는 섞여지지 못할 것이고 또 섞어가지고 거기에 서 무엇이 나올 수도 없는 것이다. 이제 남은 것은 오직 侵略者 中共 응징의 길이요, 이 길에 의하여 民主主義의 最後의 勝利가 確保되어 야 하는 것뿐이었다.

中共오랑캐의 무리를 남김없이 우리國土에서 몰아내고 그들의 발 에 더럽혀진 우리民族의 歷史를 깨끗이 씻고 아름답게 닦아 거듭 그 찬란한 본래의 빛을 드러내게 하는 것은 이 땅 위에서 영원히 번창 할 우리의 뒤를 이을 子孫에 대한 우리들 자신의 崇高한 義務인 것 이다.

3

民族의 참된 指導者 李承晩大統領은 戰亂 직후 大邱에 있을 때 우 리 나라의 이번 戰亂은 결코 한 나라의 內亂이 아니고 우리나라와 蘇聯이 싸우는 韓蘇戰爭이라고 했다.

大統領의 이 말은 분명히 바른 말이다. 우리나라는 지금 蘇聯과 싸우고 있는 것이다. 어째서 그런 것일까. 蘇聯은 1917年 이른바 볼쉐비키革命이 일어나 帝政이 全滅되고 共産黨이 政權을 잡았다.

그런데 이 볼쉐비키革命이란 아메리카 獨立과 佛蘭西革命에서 보는 것 같은 人民의 革命이 아니고 단순한 政權의 移動 또는 奪取이었으니 「짜르」와 貴族의 자리에 共産黨이 옮겨 앉은 것뿐이었다.

露西亞의 人民은 革命에 의하여 조금도 해방되거나 자유로워지지 못했다. 그들은 도리어 共産黨의 專制와 彈壓과 偵察밑에 묶인 도야지같이 우들우들 떨고 있는 것이니 共産黨이 내세우는 無産階級의 解放, 弱小民族의 解放이 어떤 것인지는 現在의 蘇聯人民이 뼈에 사무치게 이것을 經驗하고 있는 것이다.

共産黨은 자기를 勞動者 農民의 黨이라고 일컬었거니와 그것은 勞動者 農民이 가장 속이기 쉽고 부리기 쉽고 또 그들을 위하노라고 하여 여러 사람의 支持를 받기 위한 때문이다.

共産黨은 勞動者나 農民을 위하는 것도 아니고 資本家를 위하는 것도 아니고 學者, 技術者, 藝術人을 위하는 것도 아니다.

共産黨은 남자를 위하는 것도 아니고, 여자를 위하는 것도 아니다. 共産黨은 그 사람이야 누구이고 간에 共産黨만을 위하는 것이니 共産黨中에도 蘇聯共産黨을 제일 위하고 그 중에서도 政治局 또 그 중에서도 責任秘書, 이리하여 마침내 스탈린 한사람을 위하는 黨인 것이다.

스탈린은 레닌과 한 가지로 權謀와 術策에 의하여 黨을 자기 손아귀에 넣었고 同志를 재빠르게 없애고 民衆을 속이기에 능하고 케페우制度의 組織者인 緣故때문에 오늘의 地位를 維持하여 오고 있다.

맑스나 레닌부터가 그랬거니와 共産主義者는 나면서부터 獨裁主義者다. 그들은 자기들의 强權慾, 支配慾을 위하여 無産階級의 解放을 부르짖는 것이니 이것은 모두 오늘의 人民을 속이기 위한 政略에 지나지 않는 것이다. 蘇聯人民은 共産黨의 이 꾀임에 30年 동안이나 속아왔다.

共産黨은 자주 資本主義體制를 욕설하고 그 制度下의 勞動者의 慘況을 들어 말하거니와 이것은 現在 자기들 共産主義體制의 不合理 또 그 人民의 苦楚를 숨기고 辯護하기 위한 때문인 것이다.

蘇聯人民은 그중에서 꾀 있는 共産黨員을 빼어놓고는 人間으로서의 身體上 精神上의 모든 自由를 剝奪당하고 마소 이상으로 酷使되면서 케페우의 사나운 채찍 밑에 주림과 병과 苦役속에서 매일 몇천 명, 몇 만 명이 쓰러지고 있다.

蘇聯 및 그 勢力아래 있는 8億이 넘는 人民들의 위에는 中世紀以上의 어두운 장막이 덮이어 歷史는 뒤에로 뒤에로, 이를테면 거꾸로 굴고 있는 것이니 蘇聯人民이 부르는 革命歌처럼 그리고 그들이 群衆大會에 떠메고 나오는 스탈린의 肖像처럼 歷史의 揶揄, 世紀의 悲劇은 없을 것이다.

이 蘇聯共産黨의 血祭에 犧牲이 된 세계의 인민들은 하나 둘 蘇聯의 侵略主義의 正體에 눈뜨기 시작했다. 蘇聯人民자신이 먼저 이 共産黨의 협잡을 알아내었거니와 자기들의 힘으로 일어서기에는 이미 때가 늦었고, 유고의 人民들은 티토의 周圍에 몰려 이 사나운 이리를 피하려고 하거니와 언제 어떻게 될지를 모르고 있다.

자기 자신에 대한 情勢를 살피기에 어둡지 않은 蘇聯의 强權者들은 자기들의 좋은 對象 또는 삼키기 쉬운 미끼를 西에는 東歐羅巴, 東으로는 中國과 우리 韓國에 이것을 求했다. 英國이나 佛蘭西나 美國이나 그렇지 않으면 日本은 이미 共産黨의 宣傳과 策略에 빠져들어 갈 정도는 넘어섰다.

中國이나 印度나 佛印은 아직 얼마동안 속일 수 있고 우리 韓國은 속일 것 같으면서 속이지 못할 것 같기도 한 중간축에 속한다.

오늘의 蘇聯의 侵略主義는 속이기 위한 侵略主義다. 속일 수 있는 人民을 좀 더 오래 속이고 눌러보자는 것이니 앞으로 鐵의 帳幕을 펴고 밖으로 主義를 宣傳하고 이리하여 그 侵略이 유난히 思想性을 띄고 그러면서도 民度 낮은 백성들의 사는 구석만을 찾는 것이 이 때문이다.

蘇聯은 「侵略」을 먹고 살아가는 버러지면서 결국 이 「侵略」때문에 쓰러지는 버러지라고 할 수 있다. 蘇聯이 侵略을 그치는 때, 말을 바꾸면 허울 좋은 宣傳과 奸惡한 術策에 의하여 다른 民族을 자기 손아귀에 넣기를 그치는 때 蘇聯은 이미 만들어놓은 敵 자기 자신의 人民에 의하여 거꾸러지는 수밖에 없고 侵略을 繼續하는 限 새로운 敵을 만드는데 의하여 마침내 자기 스스로의 무덤을 파기에 이른다.

蘇聯人民의 怨府인 크레믈린은 오늘도 世界侵略에 대한 여러 가지 方案을 세우고 있을 것이다. 유고國境에 大軍을 集結하기도 하고 中共으로 하여금 西藏과 印度에 侵入케 하기도 하고 胡志明의 이름을 쓴 버튼, 金日成의 이름을 쓴 버튼을 번갈아 눌러보기도 하고 그러다가 韓滿國境에 제트기를 보내보고. 蘇聯强權者들의 狂態는 마치 몇 천자 아래 地下室에서 伯林砲擊의 소리를 들으면서 神經質로 손끝을 떨고 있는 히틀러의 모양과 恰似한 것이니 이 侵略病者들이 앞으로 무슨 일을 저지를지는 아마 누구도 헤아릴 수 없을 것이다.

韓國은 지금 이 侵略病者와 싸우고 있는 것이다. 北韓傀儡集團의 侵攻 中共오랑캐의 侵略,이것은 모두 蘇聯의 韓國侵略의 設計圖로서 저들은 남의 귓속말과 눈초리와 채찍에 따라 움직인 것에 지나지 않는다.

蘇聯侵略者들은 자기의 地位와 목숨을 보존하기 위하여 애꿎게 우리나라를 헐고 짓밟거니와 우리나라는 共産黨의 假面을 벗겨 그 不義를 斷罪하고 쇠사슬에 묶이고 갈고리에 찔리는 1億7千萬의 蘇聯人民을 解放시키기 위하여 6·25에서부터 벌써 4年동안 그리고 8·15의 分割占領에서부터 9年동안이나 英勇히 싸우고 있는 것이다.

「우리나라의 싸움은 한 나라의 內亂이 아니고 韓蘇戰爭이다.」 우리들은 大統領의 이 명철한 말을 가슴에 새기고 함께 일어나 國聯憲章의 精神밑에 이 世紀的인 僞善者, 世界的인 侵略者를 무찔러 民主主義를 擁護하고 世界平和에 貢獻하는 榮光스러운 責務를 다해야 할 것이다.

<h1 style="text-align:center">4</h1>

韓國戰爭은 아시다시피 지금 第4年에 들어섰다. 이 동안 韓國軍 및 國聯軍은 많은 괴로운 싸움을 싸웠고 韓國國民 및 全世界의 自由陣營의 人民들은 많은 高價의 犠牲을 치렀다. 그런데 韓國戰爭은 무엇 때문에 싸우는 戰爭이고 또 장차 우리들에게 무엇을 가져오는 戰爭일까.

韓國戰爭은 물론 우리들 各 個人 및 各 民族의 自由를 護衛하는 戰爭으로서 世界의 民主陣營이 共産陣營에 대하여 싸우는 싸움이다.

戰爭은 한 國家와 한 國家사이에 일어날 수도 있고 한 國家와 여러 國家사이에 일어날 수도 있고 여러 國家와 여러 國家사이에 일어날 수도 있다.

또 戰爭은 대개로 한 民族과 다른 民族사이에 일어나지마는 경우에 따라서는 같은 한 民族사이에 일어날 수도 있고 같은 한 民族이 각각 두 陣營에 속하여 싸우게 되는 일도 있다.

春秋戰國時代의 戰爭은 같은 漢族사이의 戰爭이었고, 波斯戰爭, 포에니戰爭 같은 것은 異民族사이의 戰爭이었고, 第1, 2次大戰은 國家群과 國家群사이의 戰爭이었다. 여기에 비하여 韓國戰爭은 그 形態에 있어서 복잡한 樣相을 보이고 있다. 民族內部의 戰爭같기도 하고 民族사이의 戰爭같기도 하고, 얼른 보기에 같은 한 民族사이의 戰爭같이 보이거니와 실상은 民族을 팔아먹는 徒黨이 남의 끄나풀이 되었을 따름이요, 依然히 國家群과 國家群사이의 戰爭으로서 國際戰爭인 것이다.

그런데 戰爭에는 戰爭하는 까닭이란 것이 있다. 아무런 싸울 까닭도 없이 싸우는 戰爭이란 것이 있을까. 남의 땅이 貪이 난다거나 本

土가 좁으니 이것을 넓힌다거나 덮어놓고 저 편이 미우니 해본다거
나 오래 내려온 民族的 感情때문에 싸운다거나 政治的, 經濟的 葛藤
과 利害 또는 思想的 혹은 信仰的 對立때문에 싸운다거나 단순한 支
配者의 權力慾때문에 싸운다거나 國內의 어지러운 事態를 收拾하기
위하여 남과 開戰한다거나 하다못해 그저 싸우기 위해서 싸운다거나,
이 밖에도 허다한 까닭이 있을 것이다.

　이 같은 戰爭하는 까닭에 따라 戰爭에는 侵略戰爭과 防衛戰爭이
구별된다. 어느 것이 侵略戰爭이고 어느 것이 防衛戰爭이냐.

　이것은 말이 좀 우습기는 하지마는 侵略者의 戰爭이 侵略戰爭이고,
防衛者의 戰爭이 防衛戰爭이다.

　누가 侵略者이고, 누가 防衛者인 것은 戰爭하는 民族자신이 알기도
하고 모르기도 하고, 結局 歷史가 이것을 審判할 것이다. 戰爭하는
까닭을 戰爭의 目的이라고 하면 戰爭의 目的에는 나타난 目的과 나
타나지 않는 目的이 있다.

　이 나타나지 않는 目的이 실상은 事實的인 目的이고, 나타난 目的은
나타나지 않은 目的을 꾸미기 위한 또는 숨기기 위한 것으로서 싸우는
두 편에서 어느 편이나 자기를 義로 일컫는 것이 이 때문일 것이다.

　韓國戰爭에 있어서 共産侵略者의 편에서 祖國統一 人民의 解放을
떠들어, 첫째는 民衆을 속이고 나중으로 자기 자신을 속이려는 것이
니 이것은 모두 戰爭에 있어서 특히 侵略을 위한 戰爭에 있어서 나
타난 目的을 가지고 나타나지 않은 目的을 숨기려는 驕慢한 欺瞞에
지나지 않는다.

　戰爭은 그 형태 그 목적이 각각 같지 않은 대로 그 이끌어오는 歷
史의 象面도 많은 徑庭을 보인다.

　어떤 戰爭은 단순히 歷史의 위를 스쳐가기만도 하고 어떤 戰爭은
깊이 그 밑바닥을 파기도 하고 어떤 戰爭은 낡은 歷史를 쓰러뜨리기
도 하고 어떤 戰爭은 새로운 歷史를 일으키기도 하고 어떤 戰爭은

歷史에 없던 葛藤을 가져오기도 하고 어떤 戰爭은 그릇된 歷史를 심판하기도 하고. 戰爭처럼 歷史에 얽매이고 歷史를 이끌고 그 자신 歷史의 호흡, 歷史의 비바람이 되는 것은 없을 것이다.

東洋史 및 西洋史의 위에 나타난 크고 작은 수많은 戰爭들은 그것이 戰爭을 일으킨 者의 主觀的 의도를 멀리 넘어서서 모두 아득한 歷史的 行程의 路順과 景觀을 보이는 標識 같은 것에 지나지 않는다. 漢隋 隋唐의 바뀜이 그렇고, 元淸의 興起 宋明의 受難이 그렇고, 波斯戰爭 알렉산더의 遠征 포에니戰役 中世農民戰爭, 나폴레옹戰爭, 第1, 2次大戰이 그렇고, 우리에게서 經驗된 對隋唐戰役, 壬辰丙子의 國難, 三一宣言의 役이 그렇고. 戰爭은 그 나타난 모양에 있어서가 아니고 그 깃들인 뜻에서 볼 때 歷史자신의 情熱, 激動 自己變革이라고 할 수 있다.

戰爭이 대개로 싸우는 두 편의 겯고트는 變調에서 시작되어 歷史에 있어서의 새로운 국면을 가져오는데 마치는 것이 이 때문일 것이다.

第1次大戰은 獨逸을 중심으로 한 同盟國과 英佛을 중심으로 한 聯合國과의 戰爭이었다. 第2次大戰은 獨日伊의 全體主義陣營과 美蘇英佛의 民主主義 陣營과의 戰爭이었다. 그런데 第1次大戰은 聯合國 側의, 第2次大戰은 民主主義陣營側의 각각 勝利로 戰爭이 끝났다.

그런데 第1次大戰에 있어서는 거기에 參加한 나라들이 각각 자기 王室 또는 國家의 利害를 위해서 싸웠고 第2次大戰에 있어서는 樞軸國 또는 聯合國이 두 陣營의 社會, 國家 및 思想의 體制의 對決을 위해서 싸웠다.

第1次大戰에 있어서는 領土의 占領 또는 擴張의 問題이었고, 第2次大戰에 있어서는 理念에 의한 人民의 획득 또는 領導가 문제였던 것이다. 우리들은 여기서 第1次大戰에서 第2次大戰에 옮아온 戰爭性格의 轉移를 읽을 수가 있다.

하나는 利害를 위한 戰爭이고 하나는 理念을 위한 戰爭이고. 그런데 第1次大戰이 利害를 위한 싸움이거니와 理念이 자연 같지 않고 第2次大戰이 理念을 앞에 내세웠거니와 그 뒤에 利害의 葛藤이 錯雜했으니 第2次大戰은 결국 第1次大戰의 延長으로서 利의 開展史인 歐羅巴史의 당연 또 必然한 歸結이었다.

功利와 享樂과 貪慾과 自高가 뼈에 사무칠 대로 사무친 運命的인 歐羅巴로서 自己葬送의 祭典으로서의 第1, 2次歐洲大戰은 피하기 어려웠던 것이다.

十字軍을 歐羅巴創建의 우렁찬 序曲이라고 하면 歐洲大戰은 歐羅巴 葬送의 구슬픈 終章인 것이다. 아―저 雄健하던 大西洋時代는 저무는 大英帝國의 運命과 함께 어두워가고 있다. 이 저물어가는 大西洋時代의 뒤를 이어 찍찍한 太平洋 時代를 열어제긴 것이 다름 아닌 韓國戰爭이다.

韓國戰爭은 자세히는 어떤 形態, 어떤 目的 그리고 어떤 歷史的 性格을 가지는 戰爭일까.

5

韓國戰爭은 內亂같으면서 戰爭같고 戰爭같으면서 內亂같은 이상한 戰亂으로서 李承晩大統領은 韓國戰爭 勃發 1個月 後 大邱에서 數十萬 群衆앞에 나서서 韓國戰亂의 性格을 蘇聯의 韓國侵略을 물리치는 韓蘇戰爭이라고 規定한일이 있었다. 그런데 이 韓蘇戰爭은 全人類의 神聖한 自由와 그 尊嚴한 人權의 守護를 위하여 싸우는 民主陣營의, 共産陣營에 대한 國際戰爭으로 전개되었다.

國聯軍이 韓國에 와서 싸우는 것은 릿쥬웨이將軍이 바로 闡明한대로 남의 나라를 돕기 위한 것이 아니고 각각 자기 祖國의 自由와 그 國土의 守護를 위하여 싸우는 것이다. 韓國은 이 같은 全世界의 自由

를 위한 國際戰爭을 위하여 그 國土를 제공했고 그 선두에 나서서 많은 고귀한 피를 흘렸고 또 지금도 거의 無量한 犧牲이 요구되는 곤란한 戰線을 담당하고 있다.

平和하고 아름답던 우리 國土에 이 피비린내 나는 가혹한 戰爭을 끌어들인 者 누구인가. 자연스러운 國土를 분단하고 의좋은 民族을 분열시키고 공연한 사상의 대립을 부채질한 者 누구인가.

우리들은 韓國의 이 분단, 분열 그리고 相殘을 꾀하고 策謀한 者 한 사람 한 國家인지 두 사람 두 國家인지를 모르거니와 韓國戰爭의 씨를 뿌린 者 韓國戰爭에 의하여 審判을 받는 자리에 끌려 나가고 있다.

蘇聯, 너는 無産階級革命 人民의 解放을 現世紀의 口號로 부르짖으면서 발틱海의 조그만 세 나라에 대하여 波蘭에 대하여 그 밖에 자기 領內 또는 주위의 많은 弱少民族에 대하여 저지른 무거운 罪를 씻지 못한 채 韓國戰爭에 있어서 무서운 罪惡을 犯했고나.

國土의 分斷을 固執한 자도 너고 自主政府의 樹立을 妨害한 者도 너고 北韓의 數十萬의 아들딸들을 죽음의 戰線에 몰아 내세운 者도 너고나.

우리들은 이렇게 近世貪慾主義, 近世强權主慾의 무서운 機械인 蘇聯을 定罪하지 않을 수가 없다.

韓國戰爭은 韓蘇의 면에서 보면 人民解放의 美名아래 蘇聯이 韓國을 侵略하는 戰爭이고 民主共産 兩陣營의 면에서 보면 資本主義를 打倒한다는 口號밑에 蘇聯이 全自由陣營을 자기 지배아래 두려는 野慾的인 戰爭이다. 蘇聯이 信奉하는 새로운 聖書唯物史觀에 의하면 歷史에는 歷史的 必然性이란 것이 있다고 하거니와 10月革命을 자랑하는 蘇聯이 오늘에 이르러 侵略戰爭을 敢行하지 아니치 못하는 것 역시 蘇聯의 피치 못할 運命일 것이다.

蘇聯의 歷史는 스탈린이 이끄는 것이 아니고 스탈린 이름 아래 蘇聯史의 論理가 이것을 이끄는 것이니 蘇聯史 자세히는 露西亞의 膨

脹史는 彼得大帝에서 革命露西亞를 거쳐 韓國戰爭에 이르러 그 役落
過程에 들어서 오래지 않아 峻嚴한 世界史審判의 法廷에 이끌어내어
질 그 자신의 최후를 바라보고 있다.

蘇聯의 不義가 審判된 뒤에는 차례차례로 歷史에 있어서의 不義를
저지른 民族 또는 國家 거기에 끌리어나갈 것이다. 英國과 印度, 蘇
聯의 不義를 돕는다고 하면 다음 차례는 英國 및 印度일 것이고 中
國과 日本이 그들의 不義에 連絡되었다고 하면 中國과 日本에게 그
차례가 올 것이다.

그런데 韓國이나 美國 자신이 입으로 저들의 不義를 定罪하연서
마음과 행실에 있어서 저들의 不義를 模倣한다고 하면 韓國 또는 美
國이 審判 받는 法廷에 서게 될 것이다.

韓國戰爭은 어디까지든지 歷史에 있어서의 不義를 征討하는 戰爭
이다. 韓國戰爭이 全人類의 崇高한 自由를 위한 戰爭이라고 일컬어지
는 것이 이 때문이다.

韓國戰爭은 民主陣營에서 보거나 共産陣營에서 보거나 한 가지로
義를 일컬은, 義를 내세우는, 義를 위한 戰爭이거니와 저들에게 있어
서는 단순히 義를 일컬은 戰爭임에 반하여 우리에게 있어서는 그것
이 어디까지든지 義를 행하는 戰爭이 되어야 할 것이다.

너희들의 義 바리새 사람들의 義에 지나가지 못하면 하늘나라에
들어가기 어렵다는 그리스도의 가르침이 있거니와 韓國戰爭에 있어
서 우리들은 戰爭에 있어서 이기고 道義에 있어서 지는 者가 되지
말고 戰爭과 道義에 있어서 아울러 이김으로 해서 歷史에 있어서 이
기는 者가 되어야 할 것이다.

1950年 6月 共産侵略者의 侵攻에 의하여 開戰된 韓國戰爭은 侵略
者의, 戰爭에 대한 豫見을 보기 좋게 깨트리고 많은 迂廻 曲折을 거
쳐 지금은 宛然한 또 중대한 國際戰爭으로 展開되고 있다.

韓國戰爭은 처음에는 第2次大戰의 단순한 치닥거리, 그렇지 않으면

第1, 2次大戰의 繼續인 第3次大戰의 序曲같이 보였으나 그 進展에 따라 그 자신의 歷史的 性格을 뚜렷이 들어 보이는 것으로서 韓國戰爭의 歷史的 性格이란 그것이 第1, 2次大戰과 전연 區別되는 獨立된 內容 및 意義를 가지는 일에 지나지 않는다.

韓國戰爭의 第1, 2次大戰과 區別되는 獨立된 內容 및 意義란 무엇일까. 第1, 2次大戰은 十字軍 이후의 歐洲의 많은 戰爭과 한 가지로 歐羅巴的인 性格을 가지는 戰爭이다.

그런데 韓國戰爭은 歐羅巴 사람들의 戰爭이 아니고 歐羅巴的인 것을 넘어서는 것의 性格을 가지는 따라서 歐羅巴사람아닌 者의 戰爭으로 發展되고 있다.

韓國戰爭이 國際戰爭이 연서도 歐羅巴 아닌 韓國에서 싸우고 있다는 것과 韓國戰線이 韓國軍과 國聯軍의 基幹인 美軍에 의하여 말을 바꾸면 韓美兩軍에 의하여 주로 담당되고 있다는 것을 우리들은 想起해야 한다.

그리고 韓國戰爭의 目的이 國聯憲章의 精神을 顯彰하는 일에 있다는 것을 아울러 想起해야 할 것이다. 韓國의 國土와 韓美兩軍과 國聯憲章의 精神과, 이 셋이 韓國戰爭이 歷史的 性格을 보이는 表徵이다.

韓國戰爭은 낡은 時代를 維持하려는 戰爭이 아니고 새로운 時代를, 새로운 歷史的인 時代를 이끌어오는 戰爭이다. 이 새로운 時代, 새로운 歷史的인 時代가 다름 아닌 우리들의 太平洋時代이다.

韓國戰爭은 낡은 大西洋時代로부터 새로운 太平洋時代에 옮아오는 戰爭이다. 낡은 時代로부터 새로운 時代에 옮아올 때 자세히는 낡은 時代를 물리치고 새로운 時代가 그 英勇스러운 모습을 드러낼 때 얼마나 심한 歷史的 陣痛이 여기에 따르는 것일까. 韓國戰爭때문에 받는 韓民族의 苦難은 이 같은 歷史的 陣痛이면서 韓民族에 대한 試鍊, 罪 및 教訓의 뜻을 아울러 가진다고 할 수 있다.

韓國戰爭은 東西의 戰爭史에서 보기 어려운 어디까지든지 歷史的

인 戰爭이다. 그 形態가 歷史的이고 그 理念이 歷史的이고 그 進展이 歷史的이고. 6·25事變에서 시작되어 조심스럽게 展開되는 韓國戰爭의 進展過程 갈피갈피 속에는 진실로 無量한 歷史的 意義가 包藏된 것으로서 韓國戰爭을 이끌어 가는 者는 어떤 한 民族 또는 國家 같은 것이 아니고 다름 아닌 歷史에 있어서의 理性이다.

韓國戰爭은 사람이 만드는 戰爭이 아니고 歷史 자신이 새로운 時代를 이끌어오기 위하여 자기 스스로 짜나가는 戰爭이라고 할 수 있다.

6·25의 侵攻, 서울의 陷落, 國軍의 後退, 國聯軍의 參加, 國聯總會의 決定, 낙동강戰線, 워커라인, 仁川上陸, 9·28收復, 北韓進擊, 中共의 介入, 1·4 後退, 서울再收復, 休戰會談, 捕虜騷動, 鐵의 3角 地帶, 白馬高地戰鬪, 아이젠하워將軍의 戰線視察, 反共捕虜釋放……

이것은 모두 侵略者 편에서나 우리 편에서 미리 計劃했던 프로그램은 아니다. 韓國戰爭이 歷史에 있어서의 理性에 의하여 이끌린다고 볼 수 있는 것이 이 때문이다.

韓國戰爭은 알려진 바와 같이 1950年 6月에 勃發했다. 그런데 이 1950年 6月 25日 새벽 38線 위에서 들린 騷亂한 銃소리는 실상 씩씩한 太平洋時代를 열어제끼는 歷史자신의 우렁찬 信號였다. 아- 世界史는 오랫동안 東洋과 西洋을 헤매다가 마침내 우리들의 손에 들어왔다.

雄渾한 새로운 東洋史로서의 太平洋時代의 展開. 漢土와 印度가 東洋史의 터전, 에게海와 地中海와 大西洋이 西洋史의 터전이던 때는 韓國은 歷史開展의 中心에서 멀리 떨어져 있는 隱深한 地域이었다.

그러나 歷史가 새로운 터전인 太平洋에 轉廻된 오늘에 있어서 韓土 및 韓民族은 바로 새로운 世界史開展의 中心에서 있다. 韓國戰爭이 勃發한 해인 1950年 이후로 世界史의 中心은 宛然히 太平洋地域에 옮아오고 있다.

歷史的 意義를 가진 많은 事件과 움직임이 太平洋地域 안에서 展開되는 것이 이 때문이다. 北大西洋同盟이 얼마동안은 새로 結成될

太平洋同盟에 대하여 그 優位를 주장할 것이다. 그리고 英國이나 印度가 韓國問題를 從來의 歐羅巴的 方式에 의하여 말을 바꾸면 自己打算的인 方式에 의하여 解決해보려고 좀 더 劃策할 것이다.

그러나 비킬 者는 마침내 비키고 지나갈 者는 지나가고야 마는 것이니 이 같은 낡은 要素는 새로운 太平洋時代의 歷史的 展開를 막지 못할 것이다.

서울이 太平洋時代의 예루살렘이 되고 韓民族이 새로운 歷史의 主體가 될 時代가 돌아왔다. 金浦空港과 水營空港은 새로운 太平洋時代의 淸新 또 銳利한 觸覺으로서 世界의 모든 새로운 政治와 經濟와 外交와 思想의 秘密을 싣고 다니는 빛나는 우리들의 空港이다.

하늘이 太平洋 한 구석에 韓民族을 4千年 동안, 5千年 동안 고요하게 간직해온 것이 깊은 뜻이 있는 것일 것이다.

東方의 한 隱深한 地域에 떨어져 있어 오랫동안 수많은 民族의 興亡, 盛衰를 바라보고만 있던 古典的인 民族, 韓民族이 이제 씩씩하게 일어서 東洋史 및 世界史에 있어서의 義를 顯彰할 수 있는 우렁찬 時代가 돌아온 것이 아닐까. 韓國戰爭은 雄渾 또 多祥할 太平洋時代를 우리民族의 苦難속에서 英勇스럽게 열어제꼈다. 우리들 앞에는 우리들 자신을 새로운 歷史를 담당할 수 있는 새로운 主體, 義를 思慕하고, 義의 안에 있는 者로 만들어야 하는 困難하고도 高貴한 일이 남아 있을 따름이다.

6

韓國戰爭은 韓國에서 싸우는 戰爭이거니와 韓民族만의 戰爭은 아닌 것이다. 韓民族이 단순히 자기의 利害關係때문에 싸우고 다른 나라를 역시 각각 자기 形便때문에 이것을 돕다가 形便에 따라 하나

둘 손을 메고 돌아갈 수 있는 戰爭은 아니다. 물론 韓國戰爭은 싸우다가 쉴 수도 있고 아주 완전한 終末을 지을 수도 있다.

韓國戰爭은 실상 일어나지 않았어야 할 戰爭이고 일어났더라도 가장 빠른 期間안에 곧 終熄되었어야 할 戰爭이다.

韓國戰爭은 아시다시피 韓國 및 유엔(UN)의 戰爭이다. 韓國 및 유엔이 유엔憲章의 目的을 위하여 싸우는 戰爭으로서 그 問題의 發端이 韓國問題이고 그 싸움터가 韓半島인데서 이것을 韓國戰爭이라고 호칭한 것에 지나지 않는다. 韓國戰爭이 韓民族만의 또는 韓民族 內部의 戰爭이고, 유엔은 단순히 그 體面을 꾸미기 위하여 싸우는 척하다가 그만두는 戰爭이라고 하면 이야기는 처음부터 달라질 것이다.

韓國戰爭은 유엔이 손을 대면 대고 말면 말고 할 性質의 戰爭이 아니고 그 속에서 유엔이 자기 자신의 課題와 方向과 目的을, 말을 바꾸면 유엔자체를 발견하는 運命的인 戰爭이라고 할 수 있다.

韓國戰爭이 유엔이 생긴 이후의 첫 번 戰爭이고, 또 유엔이 그 誕生을 支援한 나라의 戰爭이라고만 해서 그리고 또 유엔이 여기에 많은 高貴한 人命과 尨大한 物資를 부어넣었다고만 해서 유엔과 因緣이 깊은 戰爭인 것이 아니고 韓國戰爭속에 유엔이 있고 유엔 속에 韓國戰爭이 있다고 조차도 할 수 있다.

韓國戰爭은 韓國問題의 하나의 表現形態에 지나지 않는다. 韓國問題. 이것은 물론 韓民族만의 問題에 그치는 것은 아니다. 韓民族의 問題면서 아울러 韓民族을 넘어서는 問題로 서의 韓國問題란 어떤 것일까.

韓國問題는 결국 戰略的인 問題다. 韓國問題는 결국 市場의 問題다. 韓國問題는 결국 地下資源의 問題다. 韓國問題는 결국 人民獲得, 政略宣傳의 問題다. 韓國問題는 결국 對立된 兩陣營의 다음의 行動을 위한 時間保有의 問題다.

이 밖에도 허다한 觀點과 見解가 있을 수 있을 것이다, 이를테면 軍事評論家는 軍事評論家대로 時事解說者는 時事解說者대로. 그런데 우리들은 여기에서 한 가지 見解를 警戒해야 하는 것이니 韓國問題가 단순히 거기에 利害를 가지는 몇 나라에 의하여 이끌리고 또 그래서 좋다는 見解다.

韓國問題는 물론 韓國자신의, 그리고 韓國에 隣接된 여러 나라의 政治的, 經濟的, 思想的 利害 休戚의 問題이기도 하다. 그리고 境遇에 따라서는 오랫동안 엉키어 내려온 民族的 感情의 錯雜, 葛藤의 問題이기조차도 하다.

韓國問題는 韓民族의 問題면서 이것을 넘어서는 世界史의 問題로서의 뜻을 가진다. 韓國問題는 世界史 自體의 問題가 자기를 韓民族의 問題에 있어서 提出시킨 것이라고 할 수 있다. 韓國問題속에서는 분명히 現代史의 理念과 情熱이 꿈틀거리고 있다.

韓國問題의 바른 解決이 韓民族만의 多幸이 아니고 人類의 運命을 위하여 多幸인 것이 이 때문이다. 韓國戰爭이 유엔이 創建된 以後에 일어난 첫 번 戰爭이고, 또 그것이 유엔憲章의 精神을 具現하고 保障하기 위한 戰爭인데 깊은 뜻이 있다고 할 것이다.

韓國戰爭은 韓民族의 獨立 戰爭, 統一戰爭이면서 유엔의 自己防衛戰爭이다. 韓國戰爭은 아시다시피 民族內部의 戰爭이 아니고 民族對民族의 戰爭인 것이니 韓民族을 侵略하려는者밖에 있어 內戰의 形式을 통하여 이것을 侵略한 것에 지나지 않는다.

6·25의 傀儡軍의 侵略은 기실 傀儡軍의 侵攻이 아니고 크레믈린의 侵攻인 것이니 韓國戰爭은 韓國의 南北戰爭이 아니고 실상 韓蘇戰爭인 것이다.

韓蘇戰爭은 1950年에 시작된 것이 아니고 1945年 蘇聯軍이 聯合軍으로 僞裝하고 北韓에 進駐했을 때 이미 準備된 것이고 同年 莫府三相會議決定에 의하여 이것이 强要되었고 뒤이어 替託攻勢에 의하여 公公然하게 表明되면서 麗水叛亂, 太白山, 智異山, 漢拏山 戰鬪, 꾸며낸 演劇인 「人民烽起」, 甕津戰鬪, 松岳山 戰鬪, 이 一聯의 叛亂 戰鬪

「烽起」衝擊을 통하여 宛然한 武力戰으로 展開되었던 것이다.

1945年, 1946年, 1947年, 1948年, 1949年 그리고 1950年, 이렇게 6年 동안이나 韓國을 弄絡할대로 弄絡한 蘇聯은 확실히 韓國을 얕잡아보았다. 韓民族을 얕잡아보았고 韓國政府를 얕잡아보았고, 韓國軍을 얕잡아보았고, 韓民族의 團結과 品位와 反抗力을 얕잡아보았고, 6·25의 侵攻은 傀儡政權이 宣傳하는 이른바 「祖國統一」이 아니고 蘇聯의 對韓侵略인 것이니 蘇聯의 「神聖」한 呪文符라고 할 수 있는 「人民의 解放」, 「革命의 前進」이란 口號를 蘇聯 자신이 先頭에 나서서 부르지 않고, 北韓傀儡 및 中共으로 하여금 부르게 하는데 그리고, 人民의 軍隊解放의 軍隊라고 일컬으면서 어디까지나 傀儡軍과 中共軍을 使用하고 直接 蘇聯軍을 使用치 않는 데 蘇聯의 對韓侵略의 綿密性 그 覆面性이 있다고 할 것이다.

韓國戰爭의 性格은 韓蘇戰爭이고 蘇聯의 計劃的인 侵略에 대하여 이것을 堅決히 물리치는 韓民族의 反抗이 그 解決을 武力에 呼訴한 것에 지나지 않는다.

그런데 韓國戰爭에 있어서 侵略당한 者는 단순히 韓國뿐일까. 물론 韓國에서 일어난 戰爭이니 韓國이 侵略, 侵略된 것이고, 英國이나 佛蘭西가 直接 侵略된 것이 아니라고 할 수 있을 것이다.

韓國戰爭은 韓國의 內戰이니 그대로 내버려두라 蘇聯이 설혹 韓國에서 자기 하고 싶은 일을 한다고 하더라도. 그것은 對韓侵略이요 아직 對英 對佛侵略은 아니니 우리 알바 아니다. 이렇게 생각하고 또 이 線에 따라 實地로 움직이려는 者가 있다고 하면 이것은 現代史의 理念과 情熱에, 따라서 世界史의 運命에 전연 어두운 者라고 아니할 수 없다.

6. 25侵攻에 있어서 직접 侵略된 者는 韓國이요, 英國이나 佛蘭西는 아닐 것이다. 그런데 韓國과함께 직접 侵略된 者가 있다. 이 또 하나의 被侵略者가 받은 侵略 역시 이만 저만한 侵略이 아니고 韓國

의 境遇와 마찬가지로 그 四肢가 떨어지고 그 허리가 끊긴 것이니 이 致命的인 侵略으로부터 자기를 防衛하는 일은 자기의 한 部分을 防衛하는 것이 아니고 자기 자신의 고도리 자기 生命의 根幹을 防衛하는 所以가 된다.

이 또 하나의 被侵略者가 다름 아닌 유엔이다. 蘇聯의 對韓侵略에 의하여 유엔은 유엔의 憲章이 侵略되었고, 유엔의 機構가 侵略되었고, 유엔의 노력과 그 業績이 侵略되었고, 이리하여 유엔에 의한 世界史의 前進이 侵略되었던 것이다.

韓國戰亂 勃發의 報에 接하자 유엔總會의 決議에 의하여 傀儡側을 侵略者로 規定하고 國聯軍을 韓國戰域에 보내어 集團安全保障 體制를 軍事의 面에 있어서 强力히 發動시킨 것은 좋았다. 그러나 그 뒤 政治의 면에 있어서 侵略의 責任者 蘇聯을 制裁 屈服시키지 못하고 도리어 韓國問題의 解決을 위한, 一聯의 國聯會議에서 蘇聯의 虛勢와 拒否와 弄絡에 이끌린 것은 유엔의 自己侵蝕의 第1段階였던 것이다.

蘇聯의 對韓侵略의 順序가 豫定과 어긋나 戰勢의 逆轉이 確定되자 蘇聯은 여기에 中共을 介入시켜 유엔의 態度를 試驗하기로 했던 것이다.

유엔은 이번도 蘇聯의 豫想대로 斷乎히 나오지 못했고 또 나올 수 없었다. 유엔은 滿洲와 中國本土에 있는 中共基地를 마침내 爆擊하지 못하고 前線에서 中共후의 人海戰術에 만나 애매한 損傷 消耗만을 내었다.

中共介入 이후 中共의 本據를 때리지 못하고 前線에서만 이것을 막으려고 한 것이 그리고, 中共을 侵略者로 規定하고 나서도 도리어 이것을 어루만지려고 한 것이 유엔의 自己侵蝕의 第2段階였던 것이다.

유엔本部에서 侵略의 總責任者 蘇聯을 누르지 못했고, 여기서 侵略者中共을 正式으로 응징 못하는 유엔은 敵이 形便에 따라 싸움을 한때 멈추자고 할 때, 그것이 再侵을 위한 것인 줄을 번연히 알면서도

그들의 陷穽속에 떨어지기를 원하기조차 하는 유엔으로 轉落되고야
말았다.

韓國休戰은 이것을 진정한 榮譽로운 韓國休戰으로 이끌 수 있었고,
또 이끌어야 했을 것이다. 그러나 現在의 韓國의 休戰은 韓國을 위한
韓國休戰이 아니고, 敵을 위한 韓國休戰인 것이니 이 屈辱의 韓國休
戰이 가져오는 屈辱과 死滅은 단순히 韓國만의 屈辱과 死滅에 그치
는 것이 아니고 다름 아닌 유엔자신의 屈辱과 死滅이 될 것이다.

韓國休戰은 2年 동안을 두고 轉落一路를 더듬어 오늘에 이르렀거
니와 이 屈辱의 韓國休戰은 유엔의 自己侵蝕의 第3段階가 되는 것이
다. 韓國戰爭에 있어서 자기를 建設한 유엔은 이제 韓國休戰에 있어
서 자기를 破壞하려고 하고 있다. 尊嚴한 유엔憲章과 빛나는 創立總
會와 韓國戰亂에 대한 果敢한 決定에 있어서 그리고 韓國戰爭을 榮
譽로운 勝利의 戰爭으로 이끌려고 한 유엔의 눈물겨운 努力에 있어
서 世界史는 유엔을 통하여 자세히는 유엔의 勇氣를 통하여 분명히
前進했던 것이다.

그런데 이 유엔의 勇氣는 韓國休戰에 있어서 유엔의 銷沈으로 變
하고 있다. 아- 유엔의 銷沈. 이 유엔의 銷沈은 어디로부터 오는 것
일까. 우리들은 유엔의 勇氣가 유엔의 銷沈에 바꿔지는 근심스러운
事實을 우리자신 및 유엔을 위하여 슬퍼하지 않을 수가 없다. 이 유
엔의 銷沈에 의하여 모처럼 前進된 世界가 이제 다시 後退하고 있기
때문이다.

7

國聯의 創立은 아시는 바와 같이 現代史의 하나의 새로운 출발이
었다. 國聯의 創立이 世界史의 하나의 根本的인 轉廻를 가져왔다고도

할 수 있다.

西洋近世史는 이것을 利의 開展史라고 부를 수 있을 것이다. 利에 몰리고 利에 따라가고 利에 지치고. 功利主義, 이것이 아마 西洋近世의 政治와 經濟와 그리고 개인의 생활과 社會의 體制의, 이를테면 魂이라고 할 수 있을 것이다.

西洋近世史의 根本性格이 다름 아닌 이 功利主義일 것이다. 自然科學勃興의 뒤에도 功利主義가 깃들어있고, 産業革命뒤에도 功利主義가 깃들어있고, 近代都市의 形成, 資本主義生産의 뒤에도 功利主義가 깃들어있고, 國際勞動運動 뒤에도 功利主義, 歐洲의 海外發展 뒤에도 功利主義, 科學文明의 뒤에도 功利主義, 그들의 個人主義와 社會主義 뒤에도 한결 같이 功利主義가 깃들어있고, 國聯은 第1次, 第2次大戰에 있어서 쓰라린 經驗을 한 西洋近世精神이 沈痛한 自己反省 속에서 자기스스로를 넘어서려고 해서 이것을 세운 것이다.

그렇기 때문에 國聯은 歷史의 하나의 새로운 始初가 되어야 하는 것이고 그렇게 되기 위하여 國聯은 새로운 指導理念을 提示 顯彰해야 할 것이다.

國聯憲章의 精神이 다름 아닌 이 새로운 指導理念으로서 그것은 어디까지든지 낡은 原理 功利主義와 구별되어야 할 것이다.

國聯의 創立은 이 功利主義를 넘어서는 高貴한 精神의 所使요 所産이다. 그리스도가 탄생될 때 東方의 별이 그의 탄생을 인도했다는 말이 있거니와, 國聯의 創立은 진실로 崇高한 人類의 精神이 이것을 낳아놓은 것이라고 할 수 있다.

國聯憲章의 精神은 利에 몰리고 利에 따라가는 功利主義가 되어서는 안 될 것이다. 國聯 憲章의 精神은 利를 定罪하는, 利體制와 利思想을 定罪하는 새로운 義의 精神이 되어야 할 것이다.

國聯은 처음부터 한나라 또는 몇 나라가 國聯이라는 덩어리를 이용해서 자기 또는 자기들의 利益을 도모하기 위해서 만든 機關은 아니다.

國聯 憲章의 무거운 條文은 말로만 그럴듯하게 적어놓고 이것을 방패로 남을 누르고 자기를 利롭게 하기 위하여 만들어놓은 條項은 아닌 것이다. 國聯의 最高의 責務는 새로운 義의 憲章으로서의 國聯의 憲章을 最終까지 護持 保障하는 일이다.

國聯을 산 國聯에서 죽은 國聯에, 生命의 國聯에서 儀文의 國聯에 옮겨놓는 者는 憲章이나 機構가 아니고 거기에 있는 사람인 것이니 國聯憲章의 精神이 그 사람에게서 떠날 때 國聯은 첩경 國際政略의 場所, 國際政商의 宿舍가 되기 쉽다. 第1次大戰後에 생긴 國際聯盟에 있어서 그 참신한 출발이 그 陳腐한 終末에 마친 것이 무엇 때문이었을까. 쓰러지는 집, 무너지는 담보다 한층 더 위험한 것이 있으니 그것이 다름 아닌 사람자신의 顚落으로서 憲章을 修正하고 機構를 고치기 전에 또 그것과 함께 해야 할 일이 우리들 자신을 튼튼히 세우고 튼튼히 붙드는 일일 것이다. 韓國戰爭에서 보인 유엔의 勇氣가 韓國休戰에서 나타나는 유엔의 銷沈에 바꿔지는 것은 國聯憲章의 탓도 아니고 國聯機構의 탓도 아닐 것이다.

오늘의 유엔의 銷沈은 韓國戰爭 勃發 當時와 같지 않은 現實의 國際情勢가 그것을 가져왔거나 그렇지 않으면 나중으로 사람의 轉位가 그것을 가져왔을 것이다.

오늘의 韓國事態는 인제랑은 武力을 필요로 하지 않는 平和로운 수단에 의하여 解決할 수 있는 現實段階에 놓여 있다. 이렇게 말할 수 있을 것이다. 그런데 과연 그런 것일까. 國聯 이 處理하는 紛爭의 解決은 어디까지든지 平和로운 수단에 의할 것이요, 결코 武力에 호소할 것이 아니다. 이렇게도 말 할 수가 있다.

그러나 武力 이외에 다른 길이 없을 때에는 어떻게 할 것인고. 가장 嚴格한 審判者는 아시는 바와 같이 언제나 現實일 것이다. 韓國問題의 現實이 韓國休戰을 요청하는 한 韓國休戰은 韓國的 現實에 의하여 認定된 休戰이 되려니와 韓國休戰이 韓國問題의 現實을 무시하

는 休戰이라고 하면 이것은 韓國的 現實을 한때 塗裝하려고 하는 無
謀 또 僞善的인 休戰이라고 아니 할 수 없다.

韓國의 現實에서 떠난 韓國休戰이 韓國의 現實을 이끌 것이 아니
고 韓國의 現實이 韓國休戰을 審判할 날이 오래지 않아서 올 것이다.

韓國에 대한 蘇聯의 侵略은 이것을 內戰의 形式에 있어서 提出시
킨데 蘇聯侵略의 第1欺瞞性이 있고 不義를 義로 일컫고, 侵略을 解放
으로 일컫는데 蘇聯侵略의 第2欺瞞性이 있고, 韓國人의 問題는 韓國
人 自身의 손으로 東洋人의 問題는 東洋人 自身의 손으로라는 口號
를 내어거는데, 蘇聯侵略의 第3欺瞞性이 있고, 形勢가 利로울 때는
侵攻에 나오고, 그렇지 않을 때는 平和를 提唱하여 侵略의 이빨을 平
和의 衣裳속에 감추는데 蘇聯侵略의 第4欺瞞性이 있다.

蘇聯의 對韓侵略은 그 計劃, 그 規模, 그 方式, 그 樣相, 그 機動性
에 있어서 진실로 古今 東西를 통하여 人間의 知와 能을 다한 者라
고 할 수 있다. 韓國問題는 첫째, 地域에 있어서 極東의 問題다. 極東
은 極東대로 遠東은 遠東대로 歐洲는 歐洲대로 東南亞는 東南亞대로
각각 그 地域으로서의 뜻을 가지거니와 蘇聯과 中國과 韓國과 日本
이 連接해 있는 地域임을 생각하고 또 大西洋 中心時代가 第2次大戰
을 契機로 太平洋中心時代에 옮아오는 歷史의 새로운 情勢에 비춰볼
때 極東의 問題로서의 韓國問題는 世界의 中心에서 멀리 떨어져 있
는 한 隱深한 地域의 問題라고는 할 수 없을 것이다.

韓半島는 지금까지의 隱深性을 보기 좋게 버리고 새로운 太平洋時
代의 中心地域에 솟아올라 世界史의 기운찬 脈搏과 거센 呼吸을 자
기 가슴속에 느끼는 배바쁜 터전이 되었다.

韓國問題는 둘째로 時間에 있어서 오늘의 問題다. 韓國問題와 같은
오늘의 問題로서 獨逸의 問題가 있거니와 같은 오늘의 問題면서 獨
逸問題가 어제의 오늘問題임에 反하여 韓國問題는 내일의 오늘問題
라고 할 수 있다.

韓國問題는 그자신의 오랜 經歷과 複雜한 緣由를 가지거니와, 民族의 解放, 國權의 回復, 民主國家로서의 發展이 모두 第2次大戰後에 속하는 것으로서 말을 바꾸면 國聯創立以後에 속하는 것으로서 韓國史의 새로운 開展은 마치 새로운 世界史의 開展의 象徵과 같은 意義를 가진다.

어린 民主國家 韓國의 苦難어린 行程, 그리고 그 英勇스러운 모습은 그대로 歷史를 새로 담당하는 者의 行程과 그 모습이 된다고 할 수 있을 것이다.

韓國問題는 첫째로 原理 또는 根據에 있어서 義의 問題다. 韓國問題는 從來의 功利主義에 이끌리는데 의해서는 해결될 성질의 문제가 아니다.

功利主義의 體制와 思想과 態度는 韓國問題 解決과는 가장 먼 것이니 韓國問題가 功利主義의 犧牲이 되는 일은 있을지언정 거기에 의하여 終局的으로 解決될 것은 되지 못한다.

功利主義에 의하여 韓國問題가 解決될 것이 아니고, 韓國問題에 의하여 功利主義가 打破될 것이다. 물론 韓國자신도 아직 완전히 功利主義에서 벗어난 것이 아니고 韓國問題의 解決을 돕는 者도 한결같이 새로운 義의 思想의 根據위에 선 것은 아니다.

그러나 韓國 및 韓國의 편에 선 者들은 지금까지의 자기들의 歸趨였던 利와 袂別하고 한걸음한걸음 새로운 義의 方向에로 轉進 또 轉進하여 마침내 義의 편에 서게 되거니와 이 轉進이 波瀾많은 迂廻와 曲折, 前進과 後退를 거듭하는 轉進인데 썩을 者 종당 썩어야 하고 무너질 者 아주 무너져야 하는 苦憫과 暗黑과 痛傷과 呼哭이 우리 앞에 멎지 않는 것이 이 때문일 것이다.

國聯의 運命은 國聯이 자기 자신의 새로운 根據인 이 義의 精神을 끝까지 守護 保障하고 못하는데 달린 것이다. 새로운 義의 憲章으로서의 國聯憲章의 精神이 國聯의 生命이요, 眞理요, 義다.

韓國問題의 바른 解決은 진실로 이 國聯憲章의 義의 精神을 具現 保障하는 城塞가 될 것이다. 國聯이 韓國問題를 바로 解決하는 일은 자기 자신을 튼튼히 建立하는 일이고 그것을 되는대로 아무렇게나 집어 넘기는 일은 자기 자신을 根本的으로 破壞 喪失하는 일에 지나지 않는다.

國聯憲章의 情神을 다른 모든 나라가 背叛하고 英國 혼자만이 이것을 英勇스럽게 守護할 수도 있을 것이다. 英國대신 美國만이 美國대신 印度만이 印度 대신 佛蘭西만이 이것을 英勇스럽게 守護할 수도 있을 것이다.

그리고 다른 모든 나라가 자기들의 尊貴한 責務를 헌신짝 같이 던져버리고 돌아보지 않을 때 지금 屈辱의 韓國休戰 속에서 괴롭게 싸우고 있는 韓國이 자기혼자 힘으로 國聯憲章의 精神의 旗빨아래서 이 歷史에 있어서의 義의 精神을 英勇스럽게 또 堅決하게 守護 할 수도 있을 것이다.

東洋 復興의 論理

1

西洋文明의 源流인 희랍文明이 西傳하여 로마에 들어갔고 로마文明이 다시 西傳하여 歐羅巴에 들어가 이것이 西北으로 뻗어 오르면서 오늘에 보는 歐洲文明을 일으킨 것이었다.

14·15·16世紀는 歐洲의 少年期, 16·17世紀는 그 靑年 期年期 그리고 18世紀는 그 壯年期라고 할 수 있다.

美國의 獨立, 英國議會의 發展, 佛蘭西革命, 獨逸觀念論같은 歐洲精神의 雄健한 대목이 모두 이 18世紀에 속해 있기 때문이다.

그런데 歐羅巴는 三百年 동안 주로 歐洲 안에서만 자기를 세우고 넓히다가 18世紀에 들어서면서 그 힘이 宛然히 歐洲밖에 뻗기 시작했다.

아프리카와 아메리카와 印度와 極東으로, 英國이 印度의 봄베이와 마드라스와 칼컷타에 자기 나라의 旗를 세운 것이 훨씬 올라가 1720年代의 일이었고 正式으로 印度經營의 손을 댄 것이 이미 美國이 獨立을 宣言하던 時期 전후의 일이었거니와 18世紀 후반에 들어서면서 西力의 東漸은 놀랍게 抗進되었다.

自然科學과 産業革命과 自由競爭과 海外發展이 歐洲사람들 본래의 性情인 그들의 功利主義를 짝하여 王室과 개인의 가슴을 두드려 수많은 商船과 軍隊와 探險者와 그리고 若干의 宣敎者에게 자기 나라의 國旗와 팻말을 주어 東으로 東으로 내어 보내었던 것이다.

그런데 이때 東洋의 세 나라인 中國과 韓國과 日本은 한결 같이 잠을 자고 있었다. 東洋의 세 나라도 이 같은 西洋의 형편을 전연 모르고 있었던 것은 아니었다.

저들이 무척 깨었다는 것도 알았고 火砲와 羅針盤과 航船이 발달되었다는 것도 알았고 天主學이란 것이 저들 사이에 盛하다는 것도 알고 있었다.

그러나 그들에게 나라를 열고 그들과 함께 섞일 것이냐에 대해서는 東洋의 세 나라는 각각 신중하게 생각하지 않을 수가 없었다.

당시의 淸國이나 韓國이나 日本이 취한 저들에 대한 鎖國 政策은 물론 세 나라가 의론하고 작정한 것도 아니고 또 그것이 현명했다고도 할 수 없거니와 세 나라가 처해 있던 그때의 형편으로서는 새로운 사태에 대하여 되도록 신중하게 임하려고 한, 共通된 態度의 表現이라고도 할 수 있다.

그런데 淸國은 1842年 阿片戰爭을 경험했고 韓國은 1863年과 1866年 美쉐맨號와 佛艦來 侵事件에 만났고 日本은 1853年 페리의 寄港을 보았다.

西力의 東漸, ―이것은 歷史에 있어서 무엇을 의미하는 것일까. 歐羅巴사람들의 씩씩한 氣象이 그들을 歐洲밖으로 내어보낸 것이리라.

羅針盤 航海術에 대한 자신이 그들을 일으켜 세웠고 東洋에 寶物섬이 많다는 것이 그들을 刺戟했으리라. 淸國의 비단과 韓國의 陶磁器와 日本의 工藝品을 바꾸어 가려는 욕심이 그들을 움직이게 했으리라.

中國과 滿洲와 韓國과 日本에 그들의 信仰의 씨를 傳播하려는 것이 그 주요한 목적이었으리라. 자기들의 서방에서 보지 못하던 東洋의 文物과 風俗에 접하려는 好奇心이 그들을 이끌었으리라.

자기들이 로마 사람들에게서 받은 것과 같은 敎化를 미개인의 땅으로 생각되는 東洋에 전함으로 해서 文化에 있어서의 敎育者로서의

責務를 다하려는 先導意識이 그들을 불려 일으켰으리라.

그런데 이 많은 動機나 목적보다 더한층 깊고 높은 動機와 목적이 있으니 그것이 다름 아닌 世界史가 자기를 具體的인 世界史로 발견하기 위한 일이다.

18世紀 이래 宛然히 들어나기 시작하여 기운차게 내어 뻗는 西力 東漸의 進軍은 그것이 누가 先頭를 섰고 어떤 形態에 있어서였고 또 무슨 動機에 이끌렸고 간에 하나인 새로운 世界史의 自己發見에 지나지 않는다.

西洋에 있어서 歷史는 처음에 東方諸民族의 歷史로 開展되었다. 그러다가 에게海가 歷史의 터전이 되는데 미쳐 희랍사로 地中海가 터전이 되는데 미쳐 로마사 中世史로 나중으로 大西洋이 터전이 되는데 미쳐 歐羅巴史로 展開되어 오늘에 이르렀다.

東洋에 있어서 歷史는 처음부터 띄엄띄엄 몇 개의 圓環을 그려 그것이 印度史 漢族史 韓民族史 같은 것으로 展開되면서 그 하나하나가 각각 자기 자신의 古代와 中世와 近世를 가져 오늘에 이른 것이다.

그런데 우리들은 이 같은 西洋史나 東洋史에 대하여 西力東漸이란 것이 단순히 이것을 연결하고 그렇게 함으로 해서 비로소 하나의 넓은 世界的인 世界史가 發見 또 建立되는 것으로 생각해서는 안 될 것이다.

西力東漸은 단순히 그것이 東洋과 西洋을 연결하는 대목뿐으로, 또는 西洋이 東洋을 壓倒하는 氣勢뿐으로, 심지어 東洋과 西洋을 넓은 境內에 案內하는 嚮導뿐으로 解釋되어서는 안될 것이다.

西力東漸은 어느 의미에 있어서 東洋史와 西洋史의 단순한 연결이 아니고 그 새로운 誕生으로 보아야 할 것이다. 從來의 東洋史 또는 西洋史의 연속 또는 擴充이 아니고 그 根本的인 廢棄라고 조차도 보아야 할 것이다.

西力東漸에 의해서 東洋史나 西洋史는 각각 그 根源에 돌아가 말을 바꾸면 沉痛한 自己反省에 돌아가 각각 새로운 雄健한 出發을 꾀

했을 것이고 또 꾀했어야 할 것이었다.

그런데 이 같은 東洋史의 새로운 出發을 防害하고 破壞한 者 다름 아닌 西歐 功利主義의 模倣者인 日本이었던 것이다.

東洋에 있어서의 歷史의 開展은 19世紀 末葉인 1870年代 1880年代에 들어서면서 歷史에 있어서의 하나의 가쁜 時期에 만났다. 韓國의 甲申政變 中國의 戊戌政變 日本의 明治維新이 대개로 이 時期前後에 속한다.

韓國과 中國에 있어서의 改革運動이 失敗하여 主導的인 革新勢力이 抹殺되는데 미쳐 두 나라의 歷史가 각각 反轉하였음에 반하여 日本의 改革運動인 明治維新이 이제 앞서 成功을 거두었고 이것이 그 뒤에 日本의 西歐化의 중요한 布石이 되었거니와 이 明治維新의 成功은 단순히 日本사람뿐의 힘에 의한, 그리고 日本 사람만을 위한 成功은 아니었던 것이다.

明治維新은 그것이 분명히, 우리들이 거기에 民族的인 偏見을 가져 가지 않고 또 그것이 그 뒤의 日本史의 驕慢을 이끌어온 始初인 점을 除外한다고 하면, 東洋史의 하나의 前進이 기조차도 했던 것이다.

그런데 明治維新은 日本사람에게 하나의 부질없는 驕慢을 가져왔다. 日本도 列强의 班列에 들 수 있다. 日本도 英國이나 獨逸이나 佛蘭西 같은 强한 陸海軍을 建設할 수 있고 또 거기에 의하여 위선 東洋을 制覇할 수 있다.

그리고 西歐의 列强과 같이 많은 植民地를 가지고 豪華스럽게 살 수 있는 强大한 帝國을 세울 수 있다. 日本은 모름지기 東洋의 大英帝國이 되라.

그리고 太平洋을 日本의 地中海로 만들라. ─이리하여 그들은 東은 美大陸에서 西는 天山山脈에 이르고 北은 아라스카에서 南은 멀리 赤道를 넘어 레이테島에 이르는 廣濶한 大日本帝國을 바라보았던 것이다.

淸日 露日 兩次戰爭에 이기는데 미쳐 그들의 아련하던 希望은 하나의 現實인 確信이 되어 이것이 갈수록 그들의 自高 尊大, 不奪 不厭의 風을 부채질하는 것이었다.

그들에게는 危殆로운 東洋의 運命이 보이는 것이 아니고 부르터 오르는 日本의 光榮뿐이 보이는 것이었다. 그들에게는 무너져가는 東洋의 運命을 붙드는 것보다도 재빨리 西歐列强의 走狗가 되어 그 부스러기 밥에 參與하는 것이 聰明한 政策이었다.

2

明治維新의 成功은 日本으로 하여금 東洋防衛의 重責을 맡게 하기 위함이었다.

그런데 이 明治維新에 의하여 자기나라를 制度的으로 産業的으로 敎育的으로 西歐化한 日本은 자기 자신 西歐의 貪慾的인 功利主義 자세히는 帝國主義에 轉身하는데 미쳐 새로운 東洋史의 우렁찬 출발을 阻止 阻害하고 말았다.

日本에 있어서의 改革運動으로서의 明治維新이 成功한데는 西歐의 사나운 바람을 나중에야 맞게 되는 그 國土의 地位에도 있으려니와 中國과 韓國이 日本을 대신하여 失敗할 歷史的인 狀況속에 있었다는 것도 생각해야 할 것이다.

西力東漸의 거센 비바람 아래서 비교적 순조롭게 서구화를 마친 나라가 西에는 露西亞 東에는 日本뿐인 것이니 明治維新의 成功뒤에 中國과 韓國에 있어서의 수많은 改革運動의 失敗가 누어있는, 東洋의 沈痛한 事實을 日本은 記憶해야 할 것이다.

明治維新 당시 그리고 이것을 성공에로 이끌고 난 뒤에 日本의 지위는 한없이 무겁고 큰 것이었다. 그런데 日本은 이 日本의 日本으로

서보다도 東洋의 日本으로서의 자기 자신의 地位와 使命을 바로 깨닫지 못했다.

東洋史는 자기 자신의 地位와 使命을 바로 깨달아야 할 자리가 주어진 者로서 그것을 깨닫지 못함으로 해서 굴어 떨어진 例가 세 번 있었으니 하나는 元의 경우요, 그 다음은 淸의 경우요, 나중 것은 지금 우리가 말하는 日本의 경우다.

元이 자기의 地位와 使命을 바로 쓰지 못하기 97年, 淸이 그렇게 하기 276年, 日本이 그렇게 하기 77年에 쓸어졌다. 胡無百年이란 말이 있거니와 우리들은 日本이 東洋에 있어서의 또 하나의 不德한 胡로 證明된 것을 슬퍼하지 않을 수 없다.

元이 宋에 바꾸이고 淸이 明에 대신할 때 中原은 분명히 하나의 새로운 힘이 필요했다. 그리고 이 새로운 힘이 元 또는 淸으로 대표되는 것 같이 보였다.

그런데 이 元이나 淸은 단순히 宋이나 明을 집어치우는데 떨어질 것이 아니고 元은 宋과 元을, 淸은 明과 淸을 아울러 높이는 者가 되었어야 할 것이었다.

그런데 그렇지가 못했다. 낡은 것이 낡은 것에 바꾸었고 썩은 者가 썩는 者를 대신했던 것이었다. 元이 宋에 바뀌었고 淸이 明을 대신하므로 해서 東洋史가 과연 한 고비 前進을 보였던 것일까. 蒙元의 기운찬 西進과 滿, 淸의 한 때의 興隆을 사람들은 讚賞할지는 모른다.

그러나 그들의 저지른 異民族에 대한 主로 漢族과 韓民族에 대한 씻기 어려운 罪過와 罪惡을 어떻다고 할 것인가. 1868年부터의 새로운 日本의 建造는 元淸의 경우와 같지 않아 남을 물리치고 자기를 일으켰다고 보기는 어렵다.

물리친 것 꺼꾸러뜨린 것이 있다고 하면 그것은 日本자신의 것인 德川幕府인 것이니 明治維新이 民族이 民族에 바꾸이고 王朝가 王朝에 交替된 革命이 아니고 어디까지든지 復古의 性格을 띤 維新인 것을 우리들은 記憶해야 할 것이다.

그런데 이 日本은 마침내 元과 淸의 故知 古習을 따라가기 시작했다. 1905年 乙巳保護條約을 거쳐 1910年 韓國의 倂合 1931年의 滿洲事變 1937年의 中日戰爭에 의한 中國에 대한 正式 正面 侵略 그리고 1941年 太平洋戰爭 開戰과 함께 日本은 자기를 東洋의 皇帝로 僭稱조차 했던 것이다.

東洋은 漢土의 唐宋以後 세 번의 챠르時代를 경험했다. 元의 챠르時代와 淸의 챠르時代와 日의 챠르時代. 첫 번 것은 97年에 끝났고 둘째 번 것은 276年에 끝났고, 셋째 번 것은 77年에 끝났고, 그런데 이 세 東洋의 챠르時代를 통하여 漢族과 韓民族은 언제나 그들에게 눌리이고 짓밟히고 묶이어 글리이고. 무데기로 殺害되는 農奴의 處地에 있었던 것이다.

露西亞의 챠르制度 밑에뿐 農奴階級이 있는 것이 아니고 東洋의 챠르制度 밑에도 農奴階級이 있었다, 그런데 이 東洋의 農奴階級은 자기들의 셋째 번 챠르가 넘어간 뒤에도 解放은커녕 한층 더 사나운 쇠사슬에 묶기고 있다.

아, 하늘은 마침내 東洋을 버리려고 하는 것인가.

明治維新은 日本이 韓國이나 中國을 侵略 하는데 의하여 이루어 놓은 것은 아니었다. 明治維新은 어디까지던지 日本 자신의 覺醒이요, 自覺이요, 새로운 實踐이요, 벅찬 呼吸이었 다. 日本 자신의 建立이요 韓國이나 中國에 대한 侵略이 아닌데 明治維新의 東洋的 意義가 있다고 할 것이다.

明治維新이 成功的으로 成就된데 대하여 韓國이나 中國의 革新勢力은 이것을 支援했고 讚揚했고 羨望하기조차 했다. 韓國이나 中國의 叡知는 日本의 正常한 興隆을 日本의 일이라고 해서 嫉妬하고 미워한 것이 아니고 東洋의 일이라고 해서 반겨하고 즐거워했던 것이다.

그런데 日本은 明治維新의 이 東洋的인 측면을 단순한 日本的인 측

면으로 그것도 功利主義 日本의 측면으로 이끌어버렸다. 金玉均과 孫文이 日本에 가 있었고 日本과 聯衡하려고 한 것은 前者때문이었고 그들이 日本을 떠났고 日本과 訣別하기를 決意한 것은 後者 때문이었다.

日本이 明治維新에 成功하여 比較的 순조롭게 그 西歐化를 마친 데는 대개 아래와 같은 몇 가지 原因이 있었을 것이다. 첫째 西力東漸의 旺盛한 氣力을 대표하는 英人이나 佛人이나 獨人이 日本에 먼저 온 것이 아니고 그 氣力이 低調를 보인 말을 바꾸면 덜 侵略的인 蘭人이 그것도 이미 壬辰 役前부터 와서 徐徐히 西歐文物을 傳한 것, 둘째 韓國이나 淸國이 內治의 어지러운 象面을 收拾하지 못한 채 西歐와의 錯雜한 問題에 만났음에 반하여 日本은 德川時代 三百年間의 整備와 整頓을 통하여 말하자면 安定된 자리에 앉아서 밖에 勢力을 대하고 또 이것을 처리할 수 있었다는 것, 그리고 셋째, 韓國이나 中國이 그 자신의 傳統的인 고도의 精神文化와 道德에 의하여 西歐의 사람과 文物을 蠻夷의 것이라고 貶下하였음에 반하여 日本은 언제나 남으로부터 文物을 받는 자리에 있어 남의 것을 물리치는 性情이 덜 頑固스러웠다는 것 같은 몇 가지를 들 수 있을 것이다.

어쨌으나 日本은 明治維新에 成功한데 의하여 그 자신의 西歐化를 마쳤고 韓國이나 中國의 改革運動은 번번히 失敗에 돌아가 오늘에 이르러서도 그 西歐化는 커녕 자기자신의 본래의 東洋化조차 이것을 꾀하지 못하고 있다.

明治維新에 의한 日本의 西歐化. ─여기에는 깊은 뜻이 있다고 할 것이다. 東洋史가 새로운 東洋史로 출발하기 위하여는 가장 시급한 일이 東洋의 物的建設이었다.

東洋의 많은 새로운 都市를 일으키고 東洋의 많은 새로운 港灣을 쌓고 東洋 여러 나라의 새로운 交通 새로운 産業 새로운 陸海空軍의 建設, 이 밖에 허다한 서구화(westernization)가 필요했다.

東洋史의 이 같은 새로운 責任을 擔當케 하기 위해서 하늘은 東海

의 蕞爾한 孤島 日本을 선택했을 것이다. 그런데 이 새로운 東洋史의 첫 번 출발은 자못 믿음직하게 보였다.

東洋의 이 조심스러운 출발은 그만 日本의 驕慢한 自高와 貪慾主義에 바꾸이고 말았다. 東洋의 危殆로운 運命을 붙들기를 일삼기 전에 日本은 日本의 利害뿐을 商量하는 이른바 對韓 對中政策을 樹立하고 또 이것을 强行하기에 沒頭했다.

韓土를 자기 손에 넣기 위하여 淸國과 겨른 淸日戰爭도 이 小我政策에서 나왔고, 北淸事變때 列國의 歡心을 사기 위하여 남보다 먼저 軍隊를 이끌고 北東에 入城한 것도 이 小我 政策에서 나왔고, 英國의 앞잡이가 되어 露日戰爭을 싸워 거기에 이겨 韓土와 中原에 대한 侵略의 발톱을 닦은 것도 이 小我政策에서 나왔고, 淸日 露日戰에 이긴 餘勢와 英日同盟의 虎威를 빌려 가진 陰謀와 謀略밑에 韓國倂合을 强行한 것도 이 小我政策에서 나왔고, 滿洲事變 中日戰爭을 일부러 꾸며내어 滿身瘡痍인 中國에 최후의 一擊을 가하여 이것을 영원히 장사지내려한 것도 이 小我政策에서 나왔고, 第1次大戰 때의 聯合國과의 聯繫를 헌신짝같이 버리고 獨伊日3國同盟에 加擔하여 히틀러 波蘭進擊의 先縱을 배워 眞珠灣을 襲擊한 것도 이 小我政策에서 나왔고, 東洋에 있어서 가장 警戒를 요한 者는 日本이라고 한, 海牙平和會議에 떠나기 전 마지막 演說인 李儁先生의 獨立館國民台上의 演說의 結語는 日本의 이 小我政策에 대한 痛烈한 批判이었던 것이다.

日本에게 아득한 上代로부터 政敎와 文物을 전하고 또 이것을 가르친 者는 韓土와 漢土였다. 印度의 佛敎가 다름 아닌 東洋精神의 歸趣요 또 이것이 오랜 동안 日本의 制度와 生活의 根幹이 되어왔거니와 이것을 日本에게 자기 자신의 寬仁한 政俗과 함께 전한 者가 韓土였다.

日本자신 무론 많은 遺唐留學生 遺羅留學生을 派遣했고 또 이들이 돌아가서 자기 나라의 精神과 文化를 開拓한 功이 컸거니와 어두운 上代의 倭土로 하여금 東洋의 文物 典章에 눈 뜨게 했고 또 이것을 바로 이끌고 북돋운 者는 韓土였던 것이다.

오랫동안 韓漢兩土의 恩義 밑에서 자라난 日本은 이것을 마땅히 갚아야 할 것이었다. 그런데 이것을 갚을 時期와 그 일이 돌아왔다. 明治維新 이후의 時期와 韓中의 서구화를 돕는 일이 그것이었다.

그런데 日本은 明治維新의 東洋史的 意義를 몰랐고 자기 자신 韓中의 서구화를 妨害하고 破壞하기에 힘썼던 것이다.

日本은 지나치게 자기에게 붙잡혔던 것이다. 日本은 뒤에 떨어진 韓中을 돕는 것보다 재빨리 歐西의 隊伍에 들어 그들의 비위를 맞추는 것이 日本을 위하여 賢明한 일이라고 생각했을 것이다.

日本은 韓中의 서구화를 돕는 것이 그만큼 자기 자신의 서구화를 遷延시키는 일이고 자기 먼저 남의 植民地가 될 것을 걱정했을 것이다. 日本은 韓中을 배반하고 이것을 자기 손아귀에 거두어 넣음으로 해서 장차 자기 혼자 힘으로 東洋을 防衛하고 나아가 西洋과 東洋에 대하여 아울러 君臨하는 者가 되기를 꿈꾸었을 것이다. ─그런데 이 같은 小乘的인 計我的인 방향은 日本을 위해서 결코 聰明한 방향이 되지 못했다.

日本의 이 같은 조그만 智慧와 옅은 謀策은 도리어 日本을 包含한 東洋全局의 共倒同亡을 가져왔을 뿐이었던 것이다. 日本은 끝까지 韓中의 편에 섰어야 할 것이었고 힘을 다하여 韓中의 서구화를 도왔어야 할 것이었고 韓中을 지키고 韓中과의 强靭한 紐帶로써 東洋을 防衛하기 위하여 韓土와 漢土에서 그리고 東洋의 바다인 太平洋에서 피를 뿌려 싸웠어야 할 것이었다.

무론 明治維新 日本이 그 당시의 韓中과 손을 잡기에는 여러 가지 困難과 試鍊이 이것을 막았을 것이다. 日本의 利己主義가 이것을 막았고 韓中의 保守勢力이 이것을 막았고 列强의 威壓이 이것을 막았고, 그러나 그때의 새로운 東洋史는 韓中을 위하여 일하기를 日本에게 堅決히 명했던 것이니 日本이 歷史에 있어서의 勇氣를 堅持하지 못하고 姑息과 短想에 떨어진데 東洋史에 대한 日本의 反逆이 그 醜하고 驕慢한 대목을 얽기에 이르렀던 것이다.

3

日本이 韓國과 中國에 대하여 그 오래된 恩義를 갚지는 못할망정 이 편의 서구화가 떨어졌다고 해서 도리어 그것을 奇貨로 총과 칼과 軍艦을 가지고 威脅하고 弄絡하고 나중은 屠殺 破壞까지 하여 恩義를 怨讐로 갚는 處事는 암만해도 모를 일이다.

島嶼民族의 倭小性이 그들의 良知를 가리었다고 하라. 西歐의 功利主義가 그들의 貪慾을부채질 했다고 하라. 東洋史의 벅찬 일 가슴이 도리어 그들의 眼光을 眩惑시켰다고 하라. 그렇지 않으면 至深至遠한 歷史의 攝理 東洋의 여러 民族을 깊이 깨닫게 하기 위하여 日本을 잠간 道具로 使用한 것이었다고 하라.

그러나 새로운 東洋史의 第1章을 더럽힌 日本의 罪 결코 가볍다고 못할 것이다.

丙子修好條規 이래 時時 種種의 金石盟約을 食한 것은 그만두고라도 韓廷 韓土에 일이 있을 때마다 이것을 巧妙하게 이끌어 五條約 七條約의 올개미를 韓王과 韓人民의 목에 뒤 집어 씌우는데 成功한 者는 누구고, 자기가 써놓은 脚本과 만들어 놓은 俳優와 꾸며 놓은 舞台를 가지고 東洋平和를 위한다는 어마어마한 美名아래 韓土 三千里를 송두리째 도적질한 者는 누구이고, 主權을 빼앗고 國土를 빼앗고 나중은 백성마저 빼앗으려고 하여 도리어 이 땅의 主人인 많은 愛國者를 잡아 죽이고 監獄에 가두고 惡刑하고 國外에 내어 쫓고 또 따라가서까지 殺害한 者는 누구고, 한 民族으로부터 그 나라를 빼앗고는 그 말과 精神과 習俗과 歷史와 信仰과 傳統까지 빼앗아 버려야

한다고 하여 有史이래 일찍 類例없는 野蠻的인 植民地政策을 꺼리낌없이 恣行하는 者는 누구고, 徵兵制 學兵制를 實施하여 韓土의 젊은 이들을 모조리 太平洋 戰域의 총알받이로 끌어내고 戰時徵用이란 이름아래 수많은 韓人勞民을 樺太와 北海島炭鑛 속에 묻어 죽인 者는 누구고, ―그리고 民族全體의 피로 어리인 正當한 要求인 3·1運動을 몇 사람의 不逞分子의 騷擾라고 內外에 宣傳하고 수많은 사람을 屠殺하고 잡아가두고 병신을 만들고 한 것은 누구의 일이고, 東京震災 때 자기들의 國內革命을 두려워하여 韓人들이 이번 機會에 집에 불을 지르고 물에. 毒藥을 뿌린다는 말을 지어 퍼뜨리게 하여 미친 群衆을 몰아세워 참대창과 갈구리로 數萬 數十萬의 韓人을 찔러 죽이게 한 것은 누구의 일이고, 國境地帶의 討伐戰이라고 하여 白頭山 기슭의 山林地帶와 西北間島에 쫓겨 가 있는 수많은 韓人部落에 빠져나올 구멍까지 막아놓고 불을 질러 애매한 生靈을 불 속에 살라 버린 것은 누구의 일이고, 萬寶山 事件을 꾸며내어 韓中 人民의 離間을 꾀했고 아울러 事件에 憑藉하여 大規模 虐殺을 敢行한 것은 누구의 일이고, 滿洲國이란 허수애비 政權을 일부러 만들어 놓고 韓滿日의 不良패들을 모아 五族協和란 美名아래 가진 惡行을 恣行한 것은 누구의 일이고, 하늘을 대신하여 不義를 征討한다는 口슝아래 平和한 都市 漢口 上海와 南京과 長沙와 廣東과 重慶에 豫告도 없이 爆彈을 퍼부어 이것을 불바다로 만든 것은 누구의 일이고, ―그리고 다시 아, 閔泳煥 侍從武官長을 안방 골방에서 自刀케했고 李儁大使를 海牙平和會議 壇上에서 灑血케 한 자는 누구고, 宋秉峻으로, 一進會를 만들어 이것을 黑龍會의 끄나풀이 되게 한 者는 누구고, 倂合後 韓土 三千里로부터 愛國者 志士를 바지 거죽에 이 잡도록 훑어 잡은 者는 누구고, 朴熙道 崔麟의 무리를 總督府 뒷문으로 불러들여 한바탕 쑤근쑤근하고 나서 말을 바꾸면 그들을 精神的으로 强姦하고 나서 警務局囑託 中樞院參議 牒紙를 주어 내어 보낸 者는 누구고, 修養同友

會 事件 한글學會 事件 같은데 있어서 많은 志士와 學者를 죽이고 拷問하고 한 者는 누구고, 孫基禎의 가슴에 붙인 日本旗 마크를 긁었다고 하여 東亞日報社 記者를 몰래 잡아다가 없애인 者는 누구고, 太平洋戰爭의 銃알을 만든다고 하여 南岡의 銅像을 뜯어내고 그 墓碑의 글을 쪼아 문질러 이것을 땅속에 묻게 한 者는 누구고, 그리고 다시 安重根으로 하여금 伊藤의 가슴에 銃을 쏘게 한 자는 누구고, 上海虹口公園에서 尹奉吉 靑年의 팔이 올라가게 만든 자는 누구고, 櫻田門 밖에서 睦仁에게 京城驛 앞에서 齋藤에게 爆彈을 던지게 한 자는 누구고, 1919年 3月 1日 大極旗를 들고 나오는 老人의 손목을 끊고 祖國獨立의 萬歲를 부르는 柳寬順의 가슴에 칼을 꽂은 자는 누구고, 鍾路警察署에서 島山의 코에 물을 부어 넣었고 그를 병의 주머니를 만들어 이 老革命家로 하여금 마지막 病床에서 「아 睦仁아 네가 네 할아버지의 지은 죄를 종시 씻지 못하고 마는고나」라는 日本의 不義에 대한 最後의 斷罪를 내리고 숨을 들어 쉬게 한 자는 누구고, 神社參拜를 拒否한다고 하여 朱基徹 牧師로 하여금 平壤 監獄의 拷問台에서 죽게 한 자는 누구고, 懸原萬里 征討의 軍을 내인다고 하여 그 士氣 振作에 使用한다고 하면서 韓土 農村의 죄 없는 어린少女들을 꾀여 뽑아다가 皇軍의 산 祭物로 바치게 한 자는 누구고, 日軍이 華北의 어떤 部落에 들어가 逃亡가다 못간 少女를 輪姦한 뒤 昏睡狀態에 빠진 受難者를 끓는 기름 가마에 집어던지고 웃고 고함치게 한 자는 누구냐.

아, 日本의 罪名을 들어 그들을 斷罪하는 일을 이제 그치게 하라. 하나는 日本의 저지른 罪 그 들 수 있는 罪名으로 이것을 이기여 헤일 수 없기 때문이요 다른 하나는 不義를 행한 자와 함께 不義를 행하게 한 자 함께 더불어 定罪되어야 하기 때문이다.

1910年 8月 29日 日本政府는 韓國併合을 內外에 宣布했다. 이 일은 물론 日本으로서는 願치 않는 일이었으나 東洋平和를 위하여 그렇게

하지 않을 수 없고 또 韓國人民의 大多數가 이것을 심히 바라기 때문에 莫不得已한 措處라고 했다. 倂合條約第1條에는 日本은 韓國을 日本에 永久히 또 完全히 倂合한다고 規定했고 또 規定하게 했다.

그런데 이 「永久히」가 겨우 36年에 그쳤고 이 「完全히」가 기껏 親日反逆分子 몇을 어루만지는데 그쳤다. 왜 그랬을까.

여기에는 여러 가지 說明이 있을 것이다. ─日本資本主義의 發達이 어쨌느니 國際情勢가 日本에 不利했느니 獨伊의 樞軸陣營에 加擔한 것이 잘못이었느니 히틀러의 兩面作戰이 일을 이렇게 만들었다느니 東條 때문에 그렇게 되었다느니 결국 日本의 運이 나빴다느니……. 이 밖에도 허다한 說明이 있을 수 있을 것이다.

그러나 歷史는 결국 現實이 이것을 審判하는 것이고 現實은 종당 義가 이것을 審判하는 것임을 우리들은 잊어서는 안 될 것이다. 모론 歷史에 있어서 義가 不義에게 지는 것처럼 보이는 때는 있다.

그리스도가 世上에 지는 것 같이 보였던 것처럼, 1919年의 3·1運動은 사실상 日本의 총칼 밑에 꺾이었고 이렇게 하여 義가 이번도 不義에게 지는 것만 같이 보였다.

그러던 것이 이 義 마침내 이겨 3·1의 義, 30年 뒤 東洋에 있어서의 새로운 民主共和國 韓國을 낳았고 日本의 총칼은 미조리 艦上에서의 大日本帝國 最高元首의 敵國將星에 대한 最深의 鞠躬을 가져왔던 것이다.

1910年의 日本의 韓國倂合은 日本의 興隆이 아니고 日本의 衰亡이었으니 韓國倂合을 祝賀하는 祝宴은 기실 日本葬送의 挽歌였던 것이다.

보라, 1910年의 韓國倂合이 1919年의 3·1鬪爭을 가져왔고, 그 鎭壓이 도리어 韓土와 滿洲의 허다한 武裝蜂起를 가져왔고, 이것을 解決한다는 것이 1931年의 滿洲事變 그것이 다시 1937年의 中日戰爭, 1941年의 太平洋戰爭을 가져왔고, 日本 자신이 구을러 떨어트린 돌 1910年의 韓國倂合이 굴고 굴어 마침내 1945年의 日本의 無條件降服

에 까지 굴어나려 오고야 말았다.

이렇게 하여 1910年의 日本의 韓國併合은 1919年의 宣言書에 보인 대로 東洋全局의 共倒同亡을 가져왔던 것이다.

4

東洋史에 있어서의 最大의 僞善이요 罪惡인 日本의 韓國併合은 日本의 銃칼에 의하여 간신히 10年을 이끌어 나오기는 했다. 이끌어 나온 것이 아니고 자기들이 놓은 불을 허둥지둥 덮노라고 10年 동안 가진 애를 썼다.

統監府를 總督府라고 고쳤고 一切의 民間의 結社와 運動을 彈壓했고 수많은 軍隊를 駐屯시켰고 가장 惡質인 警察을 組織했고, 罪가 罪를 낳고 不義가 不義를 낳는다는 말이 있거니와 日本의 韓國併合처럼 그리고 併合後의 日本의 韓土 統治처럼 罪와 不義에 찬 歷史는 없었을 것이다.

그런데 이 깔리인 불, 덮인 불을 깔리고 덮일수록 한층 더 猛烈하게 불타오르기 시작하여 1919年 3月 1日 마침내 韓土全域에 사나운 불길을 일으켜 白頭山에서 漢拏山을 連結하는 延延 五千里의 불바다를 이루기에 이르렀다.

3·1運動은 단순히 民族의 解放運動뿐은 아니었다. 壓迫된 자 바깥 形勢를 빌어 자기 자리를 有利하게 이끌어보려는 단순한 附外運動도 아니었다. 네가 나를 헐었으니 나도 너를 헌다고 하는, 復讐意識에 이끌린 것도 아니었다.

3·1運動은 무론 韓民族이 일으킨 運動이었거니와 韓民族만의 運動은 아니었다고 할 수 있다. 3·1運動은 누구의 運動이었을까. 3·1運動은 東洋史의 沈痛한 自己反省이었다. 실상 東洋史는 3·1 運動을

그 자신의 새로운 始初로 하고 씩씩하게 흘러내렸고 또 흘러내리려
고 했다.

오직 이 새로운 물줄기를 막는 자가 日本이었다. 3·1運動이 中國
의 民族運動에 얼마나 새로운 힘과 勇氣를 주었는가를 보라.

3·1運動이 中國과 印度와 波蘭과 첵코와 愛蘭과 그 밖에 허다한
弱少民族에게 正義에 대한 勇氣와 眞理에 대한 自信을 주어 被壓迫
民族 解放運動에 하나의 새로운 時期를 劃한 事實을 보면 3·1運動
은 진실로 새로운 世界史의 始初였다고할 수 있다.

그런데 이 3·1運動의 歷史的 意義를 抹殺하려고한 자는 日本뿐이
었다. 日本은 3·1運動이 日本에 對한 反抗이거니와 이것은 비단 日
本에 대한 反抗인 것뿐이 아니고 列强에 그 維持를 願하고 있는 旣
成秩序에 대한 反抗인양 宣傳하기 시작했다.

日本이 3·1運動의 無歷史性 乃至 反歷史性이란 것을 立證하기 위하
여는 日本의 韓國併合의 正當性을 主張해야 하고 그렇게 하기 위하여
는 韓民族의 無能力과 그 低劣性을 證明 力徵하는 수밖에 없었다.

그리고 3·1運動은 一部 不逞分子의 策動에서 나온 것이고 多大數
의 韓民衆은 日本의 統治下에 있기를 願한다고 宣傳하는 일이었다.
그런데 日本의 이 같은 韓民族에 대한 誹謗誇張 謀略 宣傳은 하나는
남을 속이기 위한 것이고 하나는 자기를 合理化하기 위한 것이었다.

日本은 처음에 對韓侵略을 남을 속이기 위하여 東洋平和라는 어마
어마한 看板으로 가리었거니와 그리고 韓土의 一部 어리석은 民衆과
東洋의 形便에 어두운 푸내기 西歐列國을 한 때 속였다고 생각은 했
거니와 마침내 끝까지 속이지 못한 자가 있으니 그것은 다름 아닌
日本 자신이었다.

日本은 이 자기가 演出하는 演劇의 한 場面 한 場面을 보면서 자
기 스스로 내건 東洋平和의 正體가 무엇인 것을 번연히 알았고 또
그 무서운 樣相에 스스로 놀라지 않을 수가 없었다.

日本은 자기의 良心을 어루만지기 위하여 말을 바꾸면 자기마저 속이기 위하여 어떤 方策을 講究하여야 할 대목에 다 달았다. 이 方策의 첫째는 정말로 韓民族의 低劣性을 論證하는 일이요 그 둘째는 이 어두운 民族을 위하여 무엇 좀 하는 척해야 할 일이었다.

3·1運動 이후 日本은 그 가진바 總知力을 기우려, 韓民族이 결코 自立할 수 없는 가장 劣惡한 民族이라는 것을 世界에 宣傳하기 시작했다.

이 宣傳이 效果를 거두었고 또 지금도 거두고 있는 것은 물론이다. 그리고 日本은 韓土統治方針을 日本 자신이 自進하여 고친다는 꾀 있는 口實아래 文化政策이란 것을 내어걸고 日刊新聞 몇 가지를 許諾 하는 것으로 이것을 꾸며 넘으려고 했다.

이 같은 方策에 의하여 日本은 남도 남이려니와 위선 자기 스스로의 良心을 다소 어루만진 것 같이 보였다. 그런데 日本의 이 自己合理化 方策은 기실 괴로워하는 자기 자신의 良心을 어루만진 것이 아니고 도리어 이것을 누르고 흐리게 하여 그 팔락거리던 마지막 脈搏조차 끊어 버린 結果를 가져왔으니 3·1運動의 歷史性을 拒否하려는 日本의 良心인지라, 이 驕慢한 良心 混濁된 良心은 마침내 日本精神의 義와 大東亞共榮圈의 義조차를 構想하는 놀라운 良心에까지 發展되고 말았던 것이다.

3·1運動 이후 日本의 韓土統治方針은 과연 文化政治로 바꾸이기는 했다. 寺內의 武斷 대신에 齋藤의 文化가 憲兵隊 대신에 警察官 駐在所가 軍刀 찬 訓導대신 平服한 敎員이 바꾸이기는 했다.

그러나 그 대신 陰府의 使者보다 무서운 治安維持法과 거미줄 같은 警察網과 여름의 쉬파리 같이 따라다니는 密偵 스파이를 벌려놓았으니 韓土 三千里 는 그대로 宛然히 하나의 크다란 監獄이요 무시무시한 刑場이었던 것이다.

아, 異民族이 異民族을 이렇게 심하게 누른 일이, 그리고 異民族이 異民族에게 이렇게 殘虐하게 눌리인 일이 일찍 있었을까.

西力東漸 이후의 東洋史에 있어서 美國의 獨立이나 佛蘭西革命에 견줄만한 事績이 셋이 있었으니 하나는 3·1運動이요 하나는 明治維新이요 하나는 辛亥革命이었던 것이다.

그런데 明治維新은 日本의 驕慢에 바꾸었고 辛亥革命은 軍閥의 反轉에 만났고 오직 3·1運動만이 脈脈히 흘러나려 안으로 韓民族의 義의 傳統을 북돋우었고 밖으로 가깝게는 中國과 印度, 멀게는 歐洲와 近東의 民族運動을 자어쳐 그 탐스러운 꽃을 或은 간지스江畔 혹은 웰즈對岸에 맺게 했던 것 이다. 3·1運動은 분명히 東洋史의 새로운 始初였다.

우리 獨立 宣言書에 日本의 저지른 悖德 不義를 醇醇히 타이른 뒤 勇明과 果敢으로써 舊誤를 廓正하라고 峻嚴하게 勸告했거니와 日本은 끝까지 여기에 귀를 기우리려고 하지 않았다.

獨立宣言書에 나타난 日本의 不義에 대한 무거운 定罪는 그것이 눌리인 자의 말이기 때문에 헛된 呼訴로 밖에는 들리지 않았고 또 韓國併合은 이미 決定執行 된 廟議요 國是요 國策인지라, 10年뒤에 일어난 조그만 騷擾로해서 이것을 根本的으로 다시 생각할 必要까지는 없다고 했던 것이다.

그런데 日本의 不義는 不義를 저지른 不義에 있는 것보다도 不義를 고칠 機會가 주어졌음에 不拘하고 이것을 고치려고 하지 않고 無廉恥하게 그대로 繼續하기에 힘쓴데 있었다고 할 것이다.

3·1運動은 어떻게 보면 韓國이나 中國을 위하여 주어진 것보다도 한층더 많이 日本을 위하여 日本에게 주어진 것이라고 할 수 있다.

日本이 본래 만든 일이고 또 늦은 대로 日本이 이것을 匡正回復시킬 수 있는 자리에 있었기 때문이다. 그런데 日本은 3·1運動을 자기를 바로 세우는 運動으로 받아들이려 하지 않았고 도리어 자기를 헐고 자기 權威을 쓸어뜨리는 運動으로 알았다.

3·1運動은 결코 日本을 허는 運動은 아니었다. 3·1運動은 韓國의

獨立을 回復하려는 運動이었고 이렇게 함으로 해서 韓國과 日本과 中國이 각각 자기 설 자리에 서고 나아가 東洋平和로써 그 重要한 一部를 삼는 世界平和를 가져오게 하기 위함이었다.

보라. 日本의 小乘的인 對韓 對中政策에 의하여 東洋平和가 이루어졌고 東洋이 오늘과 같이 흔들리면서 世界平和가 保障될 것인가를. ─東洋의 오늘에 대하여 자세히는 世界史의 오늘에 대하여 日本은 단순히 第2次大戰 敗戰者로서의 責任 以外의 責任이 아주 없다고 못할 것이다.

日本은 3·1運動 直後 마땅히 그 舊誤를 廓正하여 韓國을 解放시켰어야 할 것이었다. 10年 동안 밟아오던 國策을 바꾸기에는 國論을 指導하는 面에서 어렵기는 했을 것이다.

벌써 지나치게 東洋의 上典이 되어버린 者로서 그 얻은 종과 빼앗은 財産을 놓아버리기가 싫기도 했을 것이다. 내가 놓아준다고 그대로 있나 또 다시 남의 아가리에 들어갈 것을 하는 疑懼도 있었을 것이다.

卽往 저지른 일이니 나중까지 끝장을 보자고 하는 發惡에 가까운 固執도 있었을 것이다. 이렇게 하는 것이 아무래도 日本과 韓土를 아울러 위하는 것이라는 애처로운 自己合理化의 論理도 있었을 것이다.

그러나 日本의 良知와 倫理로서 깊이 東洋의 運命을 바라 볼 수 있었다고 하면 다소의 머뭇거림과 계면쩍음은 있었을망정 勇明 果敢하게 일어나 舊誤를 넉넉히 廓正하였을 것이다. 이것을 하지 않은 자 또 못한 자 누구냐.

결국 日本의 倭小하고 驕慢한 知性이 이것을 願치 않았던 것이다. 東洋史의 英勇스러운 새로운 出發인 3·1運動은 日本의 頑迷한 知性의 妨害때문에 마침내 씩씩한 東洋을 이끌지 못하고 東洋史의 우렁찬 開展을 다시 半世紀나 한世紀 뒤에 멀리 想望하는 수밖에 없게 했던 것이다.

5

 새로운 東洋史의 雄渾한 出發로서의 3·1運動은 日本의 反逆에 의하여 마침내 歷史속에 作用하는 구체적인 原理가 되지 못했고 歷史의 방향만을 지시하는 規制的인 理性으로 남아 있을 수밖에 없었다.

 西力東漸이후 東洋史에 나타난 歷史的 文獻 셋이 있으니 하나는 韓民族의 獨立宣言書, 하나는 日王의 敎育勅語, 하나는 國民黨의 總理遺囑이다.

 그런데 日王의 敎育勅語는 書經을 본뜬 단순한 倫理訓에 그쳤고 國民黨의 總理 遺囑은 黨의 領袖가 黨同志에게 수는 敎誥에 지나지 않았다.

 진실로 歷史의 情熱 歷史의 呼吸 歷史의 脈搏 그리고 歷史의 理念理性實踐을 담은 歷史에 의하여 歷史를 위하여 씌어진 文獻은 오직 韓民族의 獨立宣言書가 있을 뿐이다. 韓民族의 獨立宣言書는 그것이 民族의 宣言書였고 歷史의 宣言書였고 義의 宣言書였다. 獨立宣言書는 그 첫머리에 民族의 獨立을 嚴肅히 宣言했고 그 뒤 民族의 責務를 峻嚴하게 規定하면서 그 다음으로 日本의 不義에 대한 무거운 定罪와 함께 東洋의 理想을 우렁차게 闡明했고 나중으로 義의 世代 義의 秩序를 顯成해야 할 것이라는 道義에 대한 確信과 讚歌를 노래 부르고 끝에 公約 3章을 부쳐 놓으면서 民族代表 33人의 署名으로 끝막았다.

 우리들은 이제 東洋史의 빛나는 憲章이라고 볼 수 있는 獨立宣言書가 發表된지 34年 뒤 아직도 東洋의 事態가 이 宣言書의 精神에서 멀리 떠나 있을 것을 슬퍼하면서 여기에 日本에 관한 部分만을 옮겨 적기

 "丙子修好條規 이래 時時種種의 金石盟約을 食하였다하여 日本의 無信을 罪하려 아니 하노라. 學者는 講壇에서 政治家는 實際에서 我祖宗 世業을 植民地視하고 我 文化民族을 土昧人遇하여 온갖 征服者의 快를 貪할 뿐이요 我의 久遠한 社會基礎와 卓犖한 民族心理를 無

視한다 하여 日本의 小義함을 責하려 아니 하노라.

自己를 策勵 하기에 急한 吾人은 他의 怨尤를 暇치 못하노라. 現在를 綢繆하기에 急한 吾人은 宿昔의 懲辦을 暇치 못하노라. 今日 吾人의 所任은 다만 自己의 建設이 有할 뿐이요 결코 他의 破壞에 在치아니 하노라.

嚴肅한 良心의 命令으로써 自家의 新運命을 開拓함이요, 결코 舊怨과 一時的 感情으로써 他를 嫉逐 排斥함이 아니로다. 舊思想 舊勢力에 羈縻된 日本 爲政家의 功名的 犧牲이 된 不自然 又不合理한 錯誤狀態를 改善 匡正하여 自然 又 合理한 正經大原으로 歸還케 함으로다.

當初에 民族的 要求로써 出치 아니한 兩國合併의 結果가 畢竟 姑息的 威壓과 差別的 不平과 統計數字上 虛飾의 下에서 利害相反한 兩民族間에 永遠히 和同할 수 없는 怨溝를 去益 深造하는 今來 實績을 견하라.

勇明果敢으로써 舊誤를 廓正하고 眞正한 理解와 同情에 基本한 友好的 新局面을 打開함이 彼此間 遠禍召福하는 捷徑임을 明知할 것이아닌가.

또 二千萬 貪憤蓄怨의 民을 威力으로써 拘束함은 다만 東洋의 永久한 平和를 保障하는 所以가 아닐 뿐 아니라 此로 인하여 東洋安危의 主軸인 四億 支那人의 日本에 대한 危懼와 猜疑를 갈수록 濃厚케하여 그 結果로 東洋 全局이 共倒同亡의 悲運을 招致할 것이 明하니今日 吾人의 朝鮮獨立은 朝鮮人으로 하여금 正當한 生榮을 途케 하는 同時에 日本으로 하여금 邪路로써 出하여 東洋 支持者인 重責을 全캐 하는 것이며 支那로 하여금 夢寐에도 免치 못하는 不安 恐怖로서 脫出케 하는 것이며 또 東洋平和로 重要한 一部를 삼는 世界平和 人類 幸福에 必要한 階段이 되게 하는 것이라 이 어찌 區區한 感情上 問題리오."   (獨立宣言書)

日本의 頑迷한 知性은 韓民族의 獨立宣言書에 나타난 東洋史의 雄渾한 理想을 마침내 理解치 못했고 그 論理와 倫理를 끝까지 拒否하기에 힘썼다.

日本은 東洋史의 새로운 始初로서의 3·1運動의 歷史的 意義를 전연 몰랐고 또 알려고 하지도 않았다. 日本은 3·1 運動이 日本 자신의 根本的인 反省을 위하여 주어진 것임을 몰랐다.

1910年 韓國을 併合하던 때의 倭小하고 驕慢한 日本의 병신 된 知性이 그 性情 그 솜씨 그 態度 그 慣習대로 10年 後인 1919年의 3·1運動에 만났던 것이다.

異民族을 統治할 정도로 强大한 자는 의례히 被治者로부터의 조그만 抵抗에 더러 만나는 것이라고 하여 舊誤에 대한 沈痛한 反省은커녕 反抗者의 위에 무거운 鐵槌맛을 뵈는 것이 强者의 正當한 處事일 따름이라고 생각했던 것이다.

韓國併合을 꺼리낌없이 强行한 日本은 3·1運動마저 이것을 꺼리낌없이 적어도 꺼리낌없는 양으로 處理하는 수밖에 없었다.

3·1運動에 있어서 日本은 실상 韓民族의 品位와 叡知와 識見과 力量과 德義와 그 雄深한 理想과 그 强靭한 實踐力을 알았거니와 이것을 認定하고 이것을 배우기에는 日本의 貪慾과 不義는 지나치게 前進했던 것이다.

日本은 자기 스스로의 行爲에 대한 自己矛盾에 떨어지지 않기 위하여 韓民族의 3·1運動을 안으로 銃칼로 누르고 밖으로 言論으로 誹謗하는 것 밖에 다른 길이 없었던 것이다.

그런데 그렇게 하기 위하여는 그리고 이것은 日本의 自己 合理化의 애처로운 努力이기도 했거니와, 日本은 3·1運動에 있어서 보인 韓民族의 義를 도리어 不義로 꾸짖고 韓國併合에서 産生된 日本의 不義를 꺼꾸로 義로 일컫는 것 밖에 다른 길이 없었다.

義가 不義에게 꾸짖기고 不義가 자기를 義로 만들고, 도대체 이 같은 일이 하늘과 땅 사이에 있을 수 있는 것인가.

그런데 日本은 1905年에서 1919年까지 그리고 다시 1919年에서 1945年까지 이 하늘과 땅 사이에 있을 수 없는 일을 있을 수 있게 하기에 힘썼던 것이다.

1910年 韓國倂合을 敢行한 日本의 知性은 병든 知性이었거니와 1919年의 3·1運動을 處理 한 日本의 知性은 宛然히 미친 知性이었다.

1919年 이후 日本의 知性은 미치기 시작했고 그 미쳐가는 程度는 날이 갈수록 심해갔다. 個人의 경우에 있어서 거짓말을 많이 해도 미쳐나고 사람을 많이 죽여도 미쳐나고 한 가지 생각을 골똘히 해도 미쳐난다고 하거니와 民族의 경우에 있어서 日本의 知性이 무엇 때문에 미쳤는지를 우리들은 모른다.

아마 韓國倂合에서 뿌린 罪 때문이리라. 그리고 韓國倂合을 시초로 東洋史 위에 뿌린 不義 때문이리라. 1919年 이후의 日本史는, 그리고 이 日本史에 이끌린 不幸한 東洋史는 모든 虛僞와 罪惡과 僞善과 粉裝과 虛勢와 不義가 跳梁 跋扈하는 狂想 狂亂의 歷史였으니 우리들은 東洋 本來의 姿態가 어떤 것이 되어서는 안 될 것인지를 闡明하기 위하여 半世紀 가깝게 日本의 미친 知性에 이끌린 東洋의 惡夢을 叙述하지 않을 수 없는 것이다.

1910年 日本政府가 韓日合倂을 發表하는데 의하여 無廉恥한 日本의 食慾主義는 東洋 最大의 不義를 東洋의 永久한 平和라고 속이여 이것을 세상에 내어 놓았다.

東洋史의 상서롭지 못한 運命은 이미 여기에서 결정되었다고 할 수 있다. 東洋의 事態와 또 東洋史의 理念에 어두운 당시의 西歐列强은 이 東洋의 不幸을 깊이 생각하려고 조차 하지 않았고 淸日 露日戰에 이겨 驕慢할대로 교만해진 日本 朝野의 눈에는 자기들의 뿌리는 씨가 한없는 日本의 光輝를 가져올 것만으로 보였다.

이날, 이 東洋衰亡의 날, 나라와 社稷을 빼앗긴 겨레의 自由를 부

르짖는 아우성과 痛哭하는 소리는 韓土를 눈물과 激憤과 피의 바다
로 만들었다.

이 異民族의 무거운 쇠사슬에 얽히어 끌리는 백성 하나하나의 가
슴속에는 日本의 不義의 발아래 짓밟힌 東洋의 榮光을 韓民族의 義
에 의하여 回復 하려는 굳은 願이 서리고 맺히는 것이었다.

그런데 이 東洋 最大의 不義인 韓日合倂은 1910年 韓日合倂條約
發表에 있어서가 아니고 1905年 日本政府의 韓廷에 대한 乙巳保護約
強制締結에 있어서 이미 決行된 것이니 1905年11月 17일 日本特派大
使伊藤博文이 保護條約을 可決시키기 위하여 德壽宮에 들어가 軍隊
强壓 아래 强制로 御前會議를 열게 한 光景이 다름 아닌 韓國倂吞의
醜한 演劇이었던 것이다.

韓國이 없고 中國이 없고 東洋이 있을 수 있을까. 東洋이 병들고
기우러지고 넘어가면서 日本만이 내어벋을 수 있을까. 韓國이나 中國
이 아주 없어지고 日本에뿐 의해서 東洋이 扶持되고 持續될 경우가
있기는 할 것이다.

그런데 그것은 韓國뿐이 남고 日本과 中國이 없어지거나 中國뿐이
남고 韓國과 日本이 없어지는 경우와 같은 경우인 것이니 남아 있는 자
의 義, 없어지는 자의 義보다 훨씬 앞서는 것이 되지 않아서는 안 된다.

淸日戰爭 北淸事變에 있어서 中國을 때려 부수고 乙巳保護條約 韓
國軍解散을 통하여 韓國을 삼킬 때 日本은 日本의 義 韓國이나 中國
의 義보다 앞서는 것으로 생각할 수 있었을까.

이 日本의 그릇된 對韓 對中政策을 計劃 또 强行케한 要因들이 있
으니 하나는 西歐의 帝國主義 風潮요, 하나는 서구화에 의하여 얻은
그들의 조그만 武力이었다.

그들은 말하자면 이 병신 된 風潮와 이 까부는 武裝에 醉하여 東
洋의 運命이 어떻게 될 것도, 日本 자신의 나아갈 길이 무엇인 것도
모르고 스스로 어머니 가슴에 칼을 꽂았고 제 무덤을 제 손으로 파

는 어리석은 자가 되었던 것이다.

日本이 韓國合倂을 敢行한데 대하여 日本으로서는 여러 가지 層折과 理由와 辯明이 있을 것이다. ―韓國을 돕기 위해서라 거니, 日本 자신이 危殆했다거니, 韓民族에게는 안되었으나 大局的 見地에서는 不得已한 措置었다느니, 歷史의 必然한 行程이었다느니……

日本은 그때나 지금이나 韓日合倂을 얼마든지 合理化할 수는 있을 것이다. 그러나 日本은 마침내 이것을 正當化할 수는 없는 것이니 韓日合倂의 殘虐한 方式과 그것이 가져온 무거운 罪惡을 日本은 씻을 수 없기 때문이다.

不義는 한번 저질러지면 누구의 힘을 가지고도 그것을 義로 바꾸어놓지는 못한다. 그리고 不義가 不義를 낳고 불러 마치 사나운 傳染病 같이 猖獗하기에 이르는 것은 누구의 힘으로도 막을 수 없는 일이다.

1905年 日本이 굴러 떨어뜨린 乙巳保護條約이란 돌덩어리 하나는 그것이 굴고 굴어 1910年의 韓日合倂 1931年의 滿洲 侵略 1937年의 中日戰爭 1941年의 太平洋戰爭 1945年의 日本의 無條件服伏으로 끝난 것이었다.

1905年 德壽宮 會議의 光景과 1945年 미조리艦上의 光景과는 어떤 歷史的 聯關 또는 그 象徵이 없는 것일까.

1868年 明治維新에서 출발한 새로운 日本의 歷史는 새로운 東洋史에 歸命해야 할 그 본래의 途程에서 멀리 떠나 그릇된 구렁에 떨어져 버렸다.

東洋의 두 古典的인 民族 韓民族과 漢族이 近代國家 形成에 뒤떨어진 것을 日本은 비웃으면서 또 속으로 이것을 多幸하게조차 생각하연서 日本은 驕慢해지기 시작했다.

淸日 露日戰에 이기고 英日同盟의 虎威를 뒤집어쓰고 나서는데 미쳐 日本의 눈에는 이미 東洋이 없고 부르터 오르는 日本의 膨脹뿐이

있어 韓半島를 橋梁으로 하고 大陸을 料理하는 것이 그들의 聰明한
東洋政策이었던 것이다.

이 日本의 東洋政策에 첫 번으로 犧牲된 것이 韓土 韓民族이었으
니 日本의 韓國奪取는 日本의 東洋政策의 이를테면 第一環이라고 할
수 있다.

그 第二環이 滿洲侵略이고 第三環이 中日戰爭이고 第四環이 太平洋
戰爭이거니와, 그런데 日本의 이 東洋政策의 자세히는 東洋絞殺政策의
第一環인 韓國奪取는 기실 1910年의 일이 아니고 1905年의 일이었으니
乙巳保護條約이 다름 아닌 韓國의 實質的인 破壞였기 때문이다.

이 亡國的條約의 報傳하자 全國이 聳動하여 閔泳煥卿의 自決에 뒤
이어 허다한 殉國 義擧 일어나 國土를 피로 물들였고 다시 海牙密使
事件 韓國軍解散 義兵蹶起 連接하는 暗殺事件 이 연달아 일어나 彼
我의 擊驪이 갈수록 심했으니 이것은 비록 저들이 合倂條約을 强制
로 發表하고 主權을 빼앗고 統監府를 總督府라고 고치고 數十萬의
憲兵警察을 組織했다고 하더라도 도적이 한때 뜰 안에 들어와 웅거
해있는 것이고 우리國土 우리 백성을 한치 한사람도 빼앗지 못한 것
을 보인 것에 지나지 않는다. 鄭寅普敎授는 이 사이의 消息을 다음과
같이 말했다. "그동안 日寇 此土에 陸梁함이 오래라. 監이라 督이라
하여 敗退하던 날까지 江山 人民을 彼는 彼의 占制下에 두었던 듯이
알았을 줄 아나, 우리 先烈의 피로써 敵과 싸워온 거룩한 陣勢 41年
의 日月을 貫徹하여 몸은 쓰러져도 魂은 나라를 놓지 않고, 숨은 끊
어져도 뜻은 겨레와 얽매이어 그 壯하고 매움을 말할진댄 어느 분의
最後 天泣地泉할 巨迹이 아니시리오.

刃에 絶하였거나 藥에 殞하였거나 다 같은 國家獨立의 勃勃한 撑
柱요, 隻手의 學이나 一旅의 戰이나 모두가 光復 達成의 熱烈한 邁進
이요, 城中에서 崎嶇하다가 猛志를 牢獄에 묻었거나 海外에 轉漂하면
서 苦心을 虜鋒에 끝마치었나 다 抗敵必死의 剛果한 結晶이니 個人

과 團體 自殺과 被害가 不一한대로 내어뿜는 民族的 芒稜은 일찍이 間歇 됨을 보지 못한즉 이 피가 마르지 아니함에 敵과 싸움이 쉬인 적 없고 이 싸움이 쉬지 아니함에 此土 마침내 敵의 全據로 돌아갔다 이르지 못할 것이라.

그러므로 우리 41年을 통하여 日寇의 役이라 할지언정 하로라도 彼의 時代라 일컬을 수 없음은 오직 殉國先烈들의 끼치신 피 향내가 이곳의 主氣되어온 緣故니 이 先烈이 아니런들 우리가 무엇으로써 圓球上에 서리오."

東洋의 길 잃은 어린 양의 목을 떼여 그 흐르는 피를 본 日本의 理性은 차츰 미쳐나기 시작했다. 東洋의 내어놓은 도적으로 化한 日本은 寺內正毅를 初代總督으로 삼아 二千萬 含憤蓄怨의 民을 威力으로 누르기 시작했다.

寺內의 武斷政治가 强行되면 强行 될수록 民族指導者의 團體인 新民會를 위시한 獨立 運動者들의 決死行動은 한층 더 激烈해 갈 따름이었다.

이 全國에 널려있는 民族運動指導者들을 송두리째 없애 버리기 위해서 創案된 것이 韓民族支配史上 最大 最愚의 演劇인 百五人事件이었다.

侵略者의 組織된 警察은 하루아침에 全國土로부터 愛國 志士 六百餘名을 逮捕했고 無數 한 惡刑 拷問 끝에 百五人를 起訴했다. 이 事件을 執行 하면서 日本은 世界에서 가장 要毒한 拷問方式을 考案 採用했던 것이다.

그러나 이 事件을 통해서도 侵略者는 마침내 그 意圖하는 바를 이루지 못했고 몇 사람의 高貴한 志士의 목숨을 빼앗은 대로 出獄하는 指導者들이 하나 둘 國外로 흘러 나가는데 미쳐 도리어 韓民族光復運動의 舞臺를 東三省 露領 美洲 上海 같은 데로 가져가게 하는 結果를 가져왔다.

6

1918年 第1次世界大戰이 끝나면서 世界史는 낡은 威力의 時代에서 벗어져 나와 새로운 道義의 時代에 돌아오려는 堅決한 傾向을 보였다.

월슨大統領의 高邁한 理想主義와 파리講和會義 開幕의 莊嚴한 序曲은 歷史의 이 새로운 方向을 堅持 守護하는 것 같이 보였다. 日本의 倭小한 知性은 第1次世界大戰 終戰 後의 世界史의 沈痛한 自己反省에 대하여 심히 어두웠고 나중에는 反逆하기조차 했으니 韓日合倂의 罪惡을 東洋의 和睦 東洋의 成長으로 꾸며서 世界의 眼目에 내어놓자고 한 것이 그것이었고 韓民族의 義요 겸하여 東洋史의 敎訓인 3·1運動에 만나 이것을 총과 칼로 눌렀고 또 누를 수 있는 것으로 안 것이 그것이었다.

明治維新에서 부르터 올랐고 乙巳保護條約에서 미치기 시작한 日本의 知性은 3·1運動에 있어서도 마침내 깨지 못한 대로 한층 더 사납게 미쳐 갈 뿐이었다.

韓國奪取에서 3·1運動에 이르기까지 日本은 韓民族의 堅固한 抵抗을 주로 韓土안에서뿐막는 處地에 있었다. 그랬는데 3·1運動 이후 日本은 韓民族의 한층 더 組織된 그리고 한층 더 成長된 抵抗을 東三省과 露領과 山海關以內에 美洲에서 막아야 하는 困難하고도 疲困한 段階에 들어섰다.

1919年 3月 下旬에는 上海佛租界에 李承晚博士를 首班으로 하는 韓國臨時政府와 그 議政院과 臨時憲章이 成立되었고 1919年에서 1920年에 걸쳐 露領과 南北滿에 수많은 獨立團體와 武裝獨立軍과 軍官學校가 생겨 다시 이 헤어진 中心들이 하나의 커다란 中心을 향하여 强力한 唯一黨 統一體가 構成되어가고 있었다.

그리고 이 成長하는 韓國의 힘과 깨어 일어나는 中國의 힘이 합하여 韓中聯合으로, 大陸을 侵略하여 오는 日本의 영악한 발톱을 堅決

히 물리치기 한두 번이 아니었다.

3·1運動 이후 東洋史는 崎嶇한 運命을 더듬어가면서 展開되는 것이었다. 韓中을 붙들어 일으켜야할 處地와 道理와 또 그렇게 할 恩義 속에 있는 日本이 東洋을 隆盛케해야할 武力을 가지고 도리어 韓中의 목을 찌르고 손발을 끊고 가슴패기를 갈라 헤치는 것이었다.

日本의 東洋絞殺의 發惡이 심하면 심할수록 韓中의 紐帶는 한층 더 굳게 맺어져 韓中에 의한 東洋顯彰東洋守護의 義는 갈수록 그 稜然한 光芒을 하늘에 내어뿜는 것이었다.

3·1運動에 있어서 보여진 東洋史의 정당한 方向을 받아들이지 못할 정도로 混濁 淫逸된 日本의 知性은 미치는 限度를 지나가진 行悖 暴逆을 시작하는 것이었다.

그들에게는 東洋의 反逆者에게 눌리는 義가 도리어 不義로 보였고 東洋의 義를 絞殺하는 不義가 도리어 義로 보였던 것이다.

한 民族의 知性이 미쳐날 때 그것이 약간의 狡計와 武力을 짝한 경우에 있어서 어떻게 무서운 罪惡을 저지른다는 것을 우리들은 日本의 경우에 있어서 자세히 알 수가 있다.

1919年 3·1運動에서 1931年 滿洲事變에 이르는 期間사이의, 露領과 東三省에서 展開된 韓民族의 光復 運動은 世界 弱少民族解放 鬪爭史上 永久히 기념되어야할 가장 英雄的인 抗爭史로서 이 堅固한 抵抗에 만난 日本의 發惡은 그 規模와 策謀에 있어서 人間의 知와 能을 다한 자라고 할 수 있다. 1920年 日軍의 韓人虐殺 事件인 琿春 事件과 韓日兩軍의 正面擊驤인 저 유명한 靑山里戰役과 靑山里役의 敗戰을 復讐하기 위한 史上 未曾有의 韓人大慘殺作戰과 1921年 「以蘇制韓」의 奸策이 들어맞아 蘇聯軍의 손을 빌어 韓國獨立軍을 砲殺 消滅케한 墨河事變과 그리고 東三省 侵略을 위한 「以韓制韓」, 「以韓制華」策이 모두 失敗에 돌아가자 나중으로 「以華制韓」을 案出하여 當時의 東三省 當局을 翻弄 威壓하여 境內에 있는 韓國獨立軍을 共

同除殺 하기로 한 所謂 「三矢協定」같은 것은 모두 이 日本의 미친 知性의 焦燥 奸計 發惡 狂亂에 지나지 않는다.

日本은 마침내 헤어 나오지 못할 사나운 구렁텅이 속에 깊이 빠져 들어가고만 것이니 피를 본 殺人魔처럼 이 東洋의 惡鬼는 갈수록 날뛰어 올랐다.

韓國奪取를 反省할 힘을 가지지 못한 倭小 또 不幸한 日本의 知性은 같은 手法에 의하여 大陸侵略인 滿洲事變과 中日戰爭을 꾸미고 준비하기에 배바빴던 것이다.

東洋史의 둘째 번 呼哭인 1931年의 滿洲侵略 그 셋째 번 呼哭인 1937年의 中日 戰爭은 마침내 오고야 말았다.

日本은 1923年 韓人의 獨立運動을 防止하기 위한 「三矢協定」에 의하여 東三省의 主權을 侵害한 뒤 자기들의 行動에 防害가 된다고 하여 1930年 張作霖을 爆死시켰고 中村大尉事件 萬寶山事件이 있은 뒤 1931年 9月 18日 새벽 張學良軍服을 입은 日兵을 시켜 柳條溝鐵道를 爆破케 하여 大規模로 待機케했던 日軍으로 하여금 奉天城을 위시하여 全東北의 中國兵을 驅逐하고 滿洲各地에 進軍하여 1月 30日에는 錦洲에 入城, 2月 5日에는 哈爾濱을 占領하였다.

1932年 3月 日本은 中國 反動軍閥들을 모아놓고 鄭孝胥 張景惠의 무리로 하여금 廢帝 溥儀를 執政으로 받들게 하여 허수아비 政權 滿洲國의 樹立을 宣布하는 愚와 反逆에까지 나왔던 것이다.

1932年 日本의 滿洲奪取 이후 中國의 朝野에는 日寇侵入決死抵抗의 소리가 높았다. 1931年 1932年 1933年에 걸쳐 東滿과 南北滿에서 싸운 韓中聯合후의 英勇스러운 抗爭은 東方被侵略 民族抗爭史에 있어서 永遠히 빛나는 戰史일 것이다.

1933年 滿洲가 완전히 日軍손에 들어가자 韓中聯合軍은 日本의 華北奪取를 막기 위하여 山海關內로 移動하게 되었다. 同年 10月 20日 滿洲에 있던 韓國全獨立軍將領 一行은 中國 商人으로 變裝하고 20年

동안 苦鬪하던 東三省을 뒤로 山海關에 들어갔다.

露領과 滿洲 어느 곳에 革命家의 피 안 흘린 곳이 있으랴. 山海關을 지날 때 겨우 生存한 23名의 韓國獨立軍將領의 가슴속에는 진실로 萬感이 어리어 피눈물이 고였던 것이다.

1932年은 日本에서 어떻게 보면 運命的인 해였다. 1932年 1月 李奉昌烈士가 櫻田門에서 日皇을 저격하여 命中이 못되자 中國新聞이 이것을 「不幸不中」이라고 報道하여 이것이 말썽이 되어 1月 28日 上海事變이 爆發 되었다.

이 侵略者를 맞어 中國의 第十九路軍과 中央軍第五軍이 英雄的 抗戰을 넉 달 동안 계속했으나 마침내 힘이 꺾이어 松滬協定을 맺어 한때 屈하지 않을 수 없었다.

그해 4月 29日 上海虹口公園에서 日本의 上海事變戰勝祝賀式에 尹奉吉義士가 爆彈을 던진 虹口事件이 일어나 全世界를 놀라게 했던 것이다.

日本의 大陸奪取의 꾀와 힘이 늘면 늘수록 韓中合作의 紐帶는 한층 더 굳어지고 이것을 끊기 위하여 日本이 새로운 暴力을 粉碎하기 위하여 韓中은 번갈아가며 새로운 反擊에 나오고 이렇게 하여 日本은 마침내 勇明果敢으로써 舊誤를 廢正하지 못하고 도리어 永久히 和同할 수 없는 怨溝를 去益深造할 뿐이었다.

日本은 滿洲의 强奪과 上海事變處理에 눈이 어두운 蒙古를 中國에서 떼어내기 위한 綏遠事件이란 것을 일으켰다. 韓國을 삼키던 手法 滿洲國을 建國하는 재주를 到處에 시험하여 漢土 四百餘洲를 日本 손아귀에 넣을 때까지 日本은 이 방법을 고치려고 하지 않았다.

1937年 中國征討의 뻔뻔한 口實을 만들려는 盧溝橋事件을 일으키는데 미쳐 마침내 中日 戰爭의 勃發을 보게 되었던 것이다. ―中日戰爭에 들어서면서 日本의 知性은 大陸 위에 떨어진, 日本자신의 어두운 그림자를 보았을 것이다.

그러나 때가 이미 벌써 日本과 東洋을 늦은 것이니 日本은 中日戰爭에 있어서 아울러 絞殺 하는 마지막 고비에 들어섰던 것이다. 1937年 中日戰爭에 들어서면서 日本은 日本자신의 挽歌속에 들어섰다.

日本의 미친 知性은 깊이 생각할 사이도 同盟속에 자기를 던져야 했고 韓土에 대하여는 內地延長政策이라고 하여 皇國臣民化를 呼唱하면서 韓民族 抹殺政治를 强行하는 수밖에 없었고 東南亞細亞에 대하여는 여기 집적 저기 집적 으르고 할퀴고 물어 잡어 당기기 시작했다.

日本의 이 미친 知性은 東亞新秩序니 大東亞共榮圈이니 하는 격에 맞지 않는 呪文을 외우면서 東洋의 信義없는 政治家와 욕심장이 軍閥과 엉터리 學者와 節操없는 指導者를 자기편에 가져가기는 했다.

中國에서 汪兆銘一派가 日本에게 利用되기 시작했고 韓土 안에서 崔麟 朴熙道 崔南善 李光洙의 무리가 反動한 것이 대개 이때의 일이기 때문이다.

1941年 日本의 미친 知性은 東條英機라고 부르는 倭少하고 驕慢한 知性이 이것을 聾斷하는데 미쳐 眞珠灣 襲擊을 强行하는데 의하여 日本의 運命的인 戰爭인 太平洋戰爭에 突入했다.

1905年 德壽宮會議에서 굴러 떨어뜨린 乙巳保護條約이란 醜한 돌은 46年 동안을 굴고 굴어 마침내 멀리 眞珠灣에 굴러들어 가고야만 것이었다.

太平洋戰爭 開始以後 日本이 韓國에 대하여 中國에 대하여 滿洲와 蒙古에 대하여 東南亞細亞 諸地域에 대하여 저지른 가지가지의 罪惡은 이것을 익이여 헤일 수 있는 것이 못된다. 이 씻기 어려운 戰慄할만한 暴虐과 無道함과 蠻行과 惡逆은 廣島나 長崎에 떨어뜨린 原子彈落下程度로 抹消될 것은 아닐 것이다.

7

1919年 3月에 發表된 韓民族의 獨立宣言書는 비단 韓民族만의 憲章이 아니고 진실로 새로운 道義東洋史의 憲章이었던 것이다.

第一段 民族의 獨立, 第二段 民族의 責務, 第三段 日本의 不義와 東洋의 理想, 第四段 道義의 讚歌 그리고 나중으로 公約三章을 부치고 民族代表 33人의 署名으로 끝났다.

日本의 不義와 東洋의 理想을 闡明하는 段에서 宣言書는 日本의 韓國併合을 痛烈히 批判하면서 韓國과 日本과 中國의 나아갈 길을 밝혀 다음과 같이 말했다.

"舊思想 舊勢力에 羈絆된 日本 爲政家의 功名的 犧牲이 된 不自然 又 不合理한 錯誤狀態를 改善匡正하여 自然 又 合理한 正經大原으로 歸還케함이로다…….

今日 吾人의 朝鮮獨立은 朝鮮人으로 하여금 正當한 生榮을 遂케 하는 同時에 日本으로 하여금 邪路로써 出하여 東洋 支持者인 重責을 全케 하는 것이며 支那로 하여금 夢寐에도 免치 못하는 不安 恐怖로서 脫出케 하는 것이며 또 東洋平和로 重要한 一部를 삼는 世界平和 人類幸福 必要한 階段이 되게 하는 것이라 이 어찌 區區한 感情上 問題리오."

舊思想 舊勢力에 羈縻된 日本의 병든 知性은 韓土 韓民族만을 犧牲시키는데 그치지 않고 不自然 又 不合理한 錯誤狀態를 널리 東洋 全土에 펴 永遠히 和同할 수 없는 怨溝를 去益深造하여 마침내 東洋 全局의 共倒同亡의 悲運을 招致하는데 나아갔던 것이다.

오늘의 東洋이 받고 있는 苦難은 韓國과 中國의 不誠實의 責任이기도 하려니와 더 많은 日本의 驕慢과 貪慾과 輕率과 無廉耶의 責任인 것을 日本은 알아야 할 것이다.

日本의 까부는 지혜와 조그만 주먹과 헛된 功名心이 東洋의 오늘

의 銷沉을 가져왔고나, ─이렇게 우리들은 東洋史에 대한 日本의 反
逆을 定罪하지 않을 수가 없다.

日本이 韓國을 奪取하고 滿洲를 侵略하고 蒙古를 추기고 中原을
侵攻하고 汪兆銘을 이끌어 부치고 比律賓과 安南과 泰와 南方을 누
르고 어른 것이 果然 眞正한 理解와 同情에 基本한 것이었던가.

日本의 이른바 東亞新秩序니 大東亞共榮圈이니 하는 것이 진실로
日本을 위하고 東洋을 위하는 것이었던가. 日本은 日本에 붙잡혀 東
洋을 犧牲시킬 것이 아니고 東洋을 위하여 日本을 바치는데 의하여
東洋과 日本을 아울러 살리는 자가 되었어야할 것이었다.

日本은 韓國과 中國의 獨立과 그 서구화를 妨害할 것이 아니고 이
것을 돕고 일으켜 自主, 强力한 세 東洋의 獨立國家가 聯繫함으로해
서 世界史의 새로운 中心을 形成하고 東洋의 精神과 西洋의 物質을
綜合하는데 의하여 歷史의 開展을 새로운 流床으로 이끌었어야할 것
이었다.

그런데 그렇지가 못했다. 이 崇高한 東洋史의 使命을 遂行하기에는
日本의 知性은 너무도 暗愚했고 日本의 情熱은 말할 수 없이 醜했던
것이다.

낡은 歐羅巴史에 대신할 새로운 東洋史의 英勇스러운 출발이 1870
年代의 日本의 明治維新과 1880年代 및 1890年代의 韓中의 革新勢力
에 있어서 자못 믿음직한 氣勢를 보였던 것이 日本의 反逆에 의하여
마침내 꺾기고 말았다.

1905年 日本의 韓國主權奪取 이후 東洋史는 그 씩씩한 前進을 보
지 못하고 後退에 後退 顚落에 顚落을 거듭하여 오늘 에 이른 것이
니 韓中의 오늘의 失陷을 가져왔고 日本自身의 顚倒를 가져온 者가
누구인 갓을 日本은 바로 알아야할 것이다.

東洋史는 中國의 阿片戰爭當時 韓國의 佛艦隊事件 日本의 페리 寄港
當時로 後退되었다. 아니 훨씬 그 以前 百年 二百年으로 後退되었다.

東洋史는 조그만 東洋의 한 부분의 反逆에 의하여 단순히 그 시간에 있어서 後退된 것만이 아니고 그 境相에 있어서 훨씬 더 困難한 처지에 굴러 떨어져있다.

東洋史로 하여금 이 苦難에 맛나게 한 자 누구냐.

"아, 新天地가 眼前에 展開되도다. 威力의 時代가 去하고 道義의 時代가 來하도다. 過去 全世紀에 鍊磨長養된 人道的 精神이 바야흐로 新文明의 曙光을 人類의 歷史에 投射하기 始하도다."

獨立 宣言書에 보이는 이 偉大한 叙述은 새로운 道義史의 莊嚴한 開展에 대한 드높은 確信이요 우렁찬 讚歌였던 것이다. 世界史는 오랜 동안 東洋과 西洋을 헤매다가 歐羅巴史인 大西洋時代를 지나 새로운 東洋史인 太平洋史에 돌아오려고 했다.

그때가 19世紀末인 1880年代였고 그 일이 東洋의 서구화이었고 그 조그만 실머리가 日本의 明治維新이었고 그 原理가 韓民族의 3·1精神이었고 그 實踐이 中國의 辛亥革命이었던 것이다.

그런데 日本의 까부는 知性은 새로운 東洋史開展의 이 雄渾한 論理를 몰랐다. 日本은 明治維新으로 하여금 뒤에 올 3·1精神과 辛亥革命을 抑壓 阻害하는데 의하여 東洋史에 대한 頑冥한 反逆에 떨어쳤다.

日本이 새로운 東洋史에 있어서의 자기 자신의 使命을 바로 돌아보았어야 할 時期가 크게 세 번 있었다. 明治維新 直後가 하나 露日戰終戰 直後가 하나, 3·1運動에 만난 直後가 하나, 그런데 日本은 이 세 機會를 日本 및 東洋을 위하여 바로 쓰지 못했다.

明治維新 直後 日本은 자기들이 實地로 세운 것과는 正反對인 對韓對中政策을 세웠어야 할 것이었고 露日戰爭 直後 日本은 韓中의 革新勢力과 緊密히 聯繫하여 韓中의 獨立 國家로서의 品位와 實力을 올리기에 힘썼어야 할 것이었고 3·1運動 直後 日本은 勇明果敢으로써 舊誤를 廓正하여 거의 日本자신의 自己否定에 가까운 根本的인

反正에 나왔어야 할 것이었다.

그런데 日本은 그렇지가 못했고 한번 잘못 굴린 돌을 자꾸 앞으로만 굴려 收拾할 일터는 넓어지고 腹背로 敵을 받게 되고 숨은 가쁘고 생각하는 머리와 내어 두르는 힘은 모자라고 이리하여 마침내 미칠 대로 미쳐 나중은 發惡하는 斷末魔에 떨어지지 않을 수 없었던 것이다.

1941年 東條는 近衛를 물리치고 스스로 首相이 되어 太平洋戰爭 開戰과 함께 初頭의 헛된 形勢에 醉하여 그는 한 民族의 運命을 걸고 싸우는 戰爭遂行者로서의 정당한 判斷조차 잃어버리고 宛然히 東洋의 네로로 君臨하여 山下로 하여금

新加波에서 예스냐 노냐를 빠시발에서 따져 묻게 했고 首都 東京에 張京惠 德王 汪兆銘 비분 라우렐을 비행기로 오게 하여 大東亞會議를 열기까지 했던 것이다.

山下와 빠시발의 대면과 東條가 主宰한 大東亞會議 光景은 東洋史의 하나의 戲畵와 演劇이었으니 이것은 새로운 東洋史를 거꾸로 비친 字幕인데뿐 있어서 歷史의 「아이로니로서」의 뜻을 가진다고 할 것이다.

日本은 분명히 80年 동안의 惡夢 그것도 殘虐한 惡夢을 꾼 것이었다. 그런데 이 日本의 惡夢에 의하여 상처받은 자는 누구고 그 상처는 어느 정도이고 또 이것을 낫게 할 자는 누구고 그 方法은 무엇이냐.

내 역시 損害본 자니 그것은 내 알바 아니다. ―이것이 오늘의 東洋의 苦難에 대한 日本의 대답이 되어서는 안 될 것이다. 日本은 오늘의 東洋의 事態에 대하여 장차 무엇을 해야 할 것인가.

그리고 日本을 나무랄 수 있는 자리에 있는 韓國과 中國은 오늘의 東洋의 事態에 대하여 장차 무엇을 해야 할 것인가. 日本은 먼저 할 일은 위선 자기 자신을 바로 돌아보는데 있다. 그런데 자기를 바로 돌아보는 일은 자기 자신을 바로 돌아보는데 있다. 그런데 자기를 바로 돌아보는 일은 자기 자신을 定罪하는 일로서 어느 意味에 있어서

낡은 자기와 袂別하고 새로운 자기로 重生되는 일이 되지 않아서는
안 된다.

8

日本은 지금 크게 깨어 일어나야 할 때다. 韓國과 中國도 크게 깨
어 일어나야 할 때다. 東洋史는 日本의 反逆에 의하여 자세히는 日本
의 反逆과 韓中兩國의 태만에 의하여 90年 百年이 後退 되었다.

그러나 世界史는 그동안 조금도 쉬지 않고 흘러내릴 대로 흘러내
리고 자어칠대로 자어처 많은 벅찬 呼吸과 새로운 問題를 않은 대로
오늘에 이른 것이니 東洋史의 後退는 그 象面에 있어서 後退된 것이
요, 그 責任에 있어서 輕減된 것이 아닌 것이다. 東洋史는 半世紀에
걸친 日本의 反逆에 의하여 도리어 그 責任이 엄청나게 加重되었다.
1880年代 이후의 東洋史는 東洋史를 일으키면서 이 새로운 씩씩한
東洋史로 하여금 자기에게 따라오는 西洋史를 새로운 義의 방향으로
嚮導 하기만 했으면 좋은 것이었다.

그런데 1940年代 이후의 東洋史는 새로운 東洋史와 함께 西洋史를
일으켜야 하는 것이고 자세히는 새로운 東洋史에 의하여 새로운 世
界史를 일으켜야 하는 것이고 그 때문에 東洋과 西洋의 통채로의 革
新이 要請되기에 이르렀다.

東洋史의 이 困難한 處地와 加重된 責任속에서 1880年代 보다 逆
轉된 東洋史의 바퀴를 기운차게 돌려 새로운 東洋史의 英勇스러운
출발을 인도해 올 새로운 歷史의 싹이 日本이나 韓國 및 中國에서 타
올라와야 할 것이다.

그리고 이번의 새로운 東洋史의 조심스러운 再出發은 먼저번 경우
와 같지 않아 그 成敗가 東洋의 諸民族만의 成敗 또는 그것을 包含하

는 東洋史만의 成敗에 그치는 것이 아니고 진실로 東洋史와 西洋史를 包攝한 人類全體의 運命의 休戚이 거기에 매여 있다고 할 것이다.

1868年 이후의 東洋史는 日本이 이것을 이끌고 韓國과 中國이 여기에 따라가는 것 같이 보이다가 日本의 反逆에 의하여 韓中의 日本에 대한 抵抗 및 東洋史 內部의 壞亂으로 그것이 쓰러졌다.

1945年 이후의 東洋史는 韓中이 그 主導力을 맡고 日本이 여기에 따라오는 것 같은 形勢를 보이연서 歐洲史의 굵은 두 갈래가 섞여 들어 서로 세차게 反撥하는 混線을 그으면서 展開되고 있다.

第2次大戰 終戰以後의 東洋史는 실상 단순한 東洋史가 아니고 새로운 世界史를 이끌어오는 東洋史, 자세히는 새로운 世界史로서의 東洋史로서 여기에는 韓國이 歷史의 主導力이 될 수도 있고 中國이 될 수도 있고 물론 日本이 될 수도 있고 美國이나 英國이나 佛蘭西같은 나라들이 될 수도 있을 것이다.

그런데 이 새롭게 展開되는 世界史를 이끄는 東洋史 또는 世界史로서의 東洋史의 主導力은 낡은 歷史에 있어서와 마찬가지로 威力이 强한 자 侵略에 能한 자가 아니고 義에 있어서 强하고 眞理에 있어서 튼튼한 자인 것이니 새로운 歷史의 새로운 主體가 되기 위하여는 그 民族 그 個人이 道義에 있어서 거듭 나는 자가 되어야 할 것이다.

새로운 東洋史를 이끌어올 자는 그 땅이 東方이고 그 民族이 東洋의 民族인데 달린 것이 아니고 義에 있어서 거듭나는 자인 것이니 韓國이 거듭나면 韓國일 수 있고 中國이 거듭 나면 中國일 수 있고 韓國이나 中國이 여전히 낡은 대로 남아 있고 日本이 거듭나면 日本일 수 있고 그리고 東洋의 여러 民族이 한결같이 일어서지 못하고 中國이나 佛蘭西가 거듭나면 美國이나 佛蘭西가 이것을 이끌 수도 있을 것이다.

우리들은 韓民族과 漢族이 진실로 義에 있어서 거듭나 大陸과 太平洋을 道義로써 맑히고 東洋과 西洋의 여러 나라를 이끌어 오랜 동안 그들을 사로잡은 功利主義로부터 그들을 解放시켜 과거의 遺物인 強權主義侵略主義에서 벗어나게 하여 함께 더불어 世界史의 義를 顯彰守護하게 되기를 바란다.

그리고 우리들은 日本이, 깊은 罪惡에 빠짐으로 해서 도리어 이것을 바로 뉘우칠 수 있는 事實에 비추어 새로운 日本으로 거듭나 어머니인 東洋의 품에 돌아와 우리로 더불어 眞正한 理解와 同情에 基本한 新局面 造成에 邁進케 되기를 바란다.

明治維新 直後에도 깨지 못했고 露日戰爭 直後에도 깨지 못했고 3·1運動 直後에도 깨지 못한 日本에게 두 번째의 새로운 東洋史는 한 번 더 깰 機會를 주었다.

第2次大戰 終戰 直後가 바로 그 時期인 것이다. 그런데 日本은 國民政府의 臺灣顚落과 韓國의 南北分斷을 보는데 있어서의 이 괴로워하는 두 民族에 대한 자기들의 痛快에 가까운 感情이 실상 日本을 東洋史에 대한 再犯者로 몰아넣는 무서운 自殺的인 感情인 것을 바로 알아야할 것이다.

1945年 8月 日本이 聯合國에 대한 屈服의 內意를 中國政府나 韓國革命政府에 먼저 알려 東洋의 事態를 어느 정도 東洋이 먼저 알게 하고 또 거기에 대한 對備를 共同으로講究할 생각은 꿈에도 하지 않고 이것을, 아끼고 감추어 두었던 맛나는 음식인 것이나 같이 그리고 그것을 가져다 맡김으로 해서 호랑이 입에서 慈悲가 떨어질 줄로 알고 蘇聯에게 通報한 心思는 암만해도 모를 일이다. ―생각건대 그것은 병아리를 물고 가던 살기가 개에게 쪼기면서 그것을 도야지 앞에 던진 것이리라.

그러다가 잘되면 개와 도야지를 싸움을 부쳐놓고 자기는 그 틈에 던졌던 병아리를 다시 집어 물고 도망을 치던가 그렇게는 못되어도 죽은 병아리를 물고 찢는 싸움 구경이라도 한다거나 또 그렇지 않으면 이 싸움으로 하여 개와 도야지가 거꾸러지는 틈을 타서 제가 다시 이러나거나 적어도 기왕 먹으려고 하던 병아리니 제가 못 먹어도 남에게 먹히거나 만들자거나.

日本은 지금도 蘇聯에게 알린 자기들의 通報가 美蘇의 拮抗을 부쳐 놓은데 貢獻한 것이라고 하여 이것을 聰明한 通報로 생각할지 모른다.

그리고 日本屈服 이후의 東洋의 局面이 자기들의 豫期한대로 자기들이 던진 돌 그대로 번져 나가는 것을 日本의 再起를 위하여 多幸한 일이라고 생각할지 모른다.

10年 後의 日本을 보라 20年 後의 日本을 보라, —라고 日本의 「聰明한」 知性은 지금 괴롭게 싸우는 韓國과 中國에 대하여 웨치고 있기조차 한다.

우리들은 東洋을 위하여 끝까지 反逆한 日本의 「聰明한」 知性을 지금 와서 나무라려는 것은 아니다. 日本이 마지막 知慧를 짜내어, 물고 가던 병아리를 도야지 앞에 던질 때 같은 시간에 있어서 國民政府의 蔣介石總統은 戰爭이 끝났으니 日本은 敵이 아니고 東洋의 兄弟라고 하여 그 迫害를 禁하기를 全國에 指令한 것을 日本은 단순한 政略으로만 解釋 하려고 해서는 안 될 것이다.

東條의 日本的 知性의 倭小함과 蔣中正의 漢土的 襟度의 雄大함을 比較하라. 日本은 그때 하기는 미처 頭緖를 차리지 못했으리라. 中國政府나 韓國革命政府와 일을 議論하기에는 面目과 勇氣가 없었으리라. 그리고 國運이 통채로 결단 나는 마당에 있어서 지금까지 이끌어 오던 功利主義 利己主義가 그들에게 最後의 유혹을 속삭였으리라.

어쨌으나 第2次大戰敗戰의 日本은 敗戰의 마지막 瞬間까지 그 자신을 이끌었고 그 자신을 망친 計我的인 小我政策에 最後까지 忠實한 자라고 할 수 있다.

그런데 日本 너는 이 倭小한 計我的인 小我政策을 버려야 할 것이다. 여기에 사로잡히고 여기에 支配되는 限 日本은 여전히 낡은 「義의 나라」에 속해 있고 새로운 「義의 나라」에 돌아온 것이 못되는 것

이니 그대로는 기껏해야 西歐功利主義의 부스러기 밥을 얻어먹는 怜
悧한 종이 될 따름이요, 새로운 瑞雲이 어린 상서로운 東洋史를 이끌
어가는 歷史를 짓는 자는 못 될 것이다.

歷史는 오랜 동안 東洋과 西洋을 헤매다가 마침내 새로운 東洋의
諸民族의 손에 돌아온 것이다. 太平洋이 大西洋에 바꾸이고 東方이
西歐에 바꾸이고 蒙古族이나 漢族이 게르만族에 바꾸이고 東洋의 道
義가 歐洲의 功利主義에 바꾸이고 民族과 民族의 義에 의한 聯合이
낡은 强權主義 侵略主義에 바꾸이는 새로운 時代가 돌아왔다.

東洋史에 있어서의 義의 發現이요 顯彰인 1919年 韓民族의 3·1運
動 이후 이 歷史에 있어서의 義를 위하여 싸우는 韓中의 聯繫는 韓
國 및 中國으로 하여금 宛然히 새로운 歷史 새로운 秩序에 속하게
했다.

우리들은 日本이 1945年 8月 15日까지는 낡은 歷史낡은 秩序에 속
했고 1945年 8月 15日 이후부터는 썩는 살과 물러나는 關節을 끊어
버리고 英勇스럽게 東洋本然의 모습에 돌아와 우리로 더불어 東洋의
義를 먼저 근심하고 民族의 利를 뒤에 세우기에 힘쓰는 자가 되기를
바란다.

東洋史의 義의 憲章인 1919年 韓民族의 獨立宣言書에는 民族獨立의
지극한 緣由를 말하고 日本과 韓國의 나아갈 길과 아울러 韓中日 세
나라에 의하여 싸여질 東洋의 雄渾한 理想을 다음과 같이 闡明했다.

"噫라 舊來의 抑鬱을 宣揚하려 하면 時下의 苦痛을 擺脫하려 하면
將來의 脅威를 芟除하려 하면 民族的 良心과 國家的 廉義의 壓縮 銷
殘을 興奮 伸張하려 하면 各個 人格의 正當한 發展을 遂하려 하면 可
憐한 子弟에게 苦恥的 財産을 遺與치 아니하려 하면 子子孫孫의 永久
完全한 慶福을 導迎하려 하면 最大 急務가 民族的 獨立을 確實케 함
이니 二千萬 各個가 人마다 方寸의 刃을 懷하고 人類 通性과 時代良
心이 正義의 후과 人道의 干戈로써 護援하는 今日 吾人은 進하여 取

하매 何强을 挫치 못하랴 退하여 作하매 何志를 展치 못하랴."

뒤이어 日本의 無信과 小義를 責하는 대목에서 「이것을 罪하려 아니하노라」, 「이것을 責하려 아니하노라」를 거듭하면서,

"自己를 策勵하기에 急한 吾人은 他의 怨尤를 暇치 못하노라. 現在를 綢繆하기에 急한 吾人은 宿昔의 懲辨을 暇치 못하노라. 今日 吾人의 所任은 다만 自己의 建設이 有할 뿐이요 결코 他의 破壞에 在치 아니하노라.

嚴肅한 良心의 命令으로써 自家의 新運命을 開拓함이요 결코 舊怨과 一時的 感情으로써 他를 嫉逐 排斥함이 아니로다."

兩國의 不自然한 合倂이 當初에 民族的 要求에서 出치 아니한 것임을 밝히면서 勇明果敢으로써 舊誤를 廓正하기를 가르친 뒤에 兩國民의 遠禍 召福할 進路를 말하여,

"또 二千萬 含憤蓄怨의 民을 威力으로써 拘束함은 다만 東洋의 永久한 平和를 保障하는 所以가 아닐 뿐만 아니라, 此로 因하여 東洋安危의 主軸인 四億 支那人 日本에 대한 危懼와 猜疑를 갈수록 濃厚케하여 그 결과로 東洋全局이 共倒同亡의 悲運을 招致할 것이 明하니"라고 斷定하여 日本의 反逆에 의한 東洋의 倒壞를 깊이 걱정하고 警戒했던 것이다. 이 宣言書는 나중으로 道義史로서의 東洋史의 莊嚴한 開展을 우렁차게 노래하고 거기에 있어서 그 自由와 尊榮이 回復된 새로운 東洋의 모습을 讚揚하여 다음과 같이 말했다.—

"아, 新天地가 眼前에 展開되도다. 威力의 時代가 去하고 道義의 時代가 來하도다. …… 我에 固有한 自由權을 護全하여 生旺의 樂을 飽亨할 것이며 我에 自足한 獨創力을 發揮하여 春滿한 大界에 民族的 精華를 結紐할지로다.

吾等이 玆에 奮起하도다. 良心이 我와 同存하며 眞理가 我와 倂進하는도다. 男女老少없이 陰鬱한 古巢로써 活潑히 起來하여 萬彙 群衆으로 더불어 欣快한 復活을 成遂케 되도다."

日本은 한때 자기를 東洋의 皇帝로 일컫던 사라진 功名的인 꿈을 다시 回復하려는 자가 되어서는 안 될 것이다. 日本은 義에 있어서 거듭 나는 자, 日本의 利로부터 東洋의 義에 돌아오는 자가 되어야 할 것이다.

그리고 日本은 日本을 진심으로 근심하는 자가 日本을 내여 놓고는 韓民族과 漢族임을 알아야 할 것이다. 終戰 後의 日本이 그 國民의 生活과 氣風에 있어서 歐洲의 退廢的인 享樂主義 官能主義에 붙잡히는 것을 日本을 위하여 걱정하는 자가 있는가.

危殆로운 日本軍國主義의 再起를 日本을 위하여 걱정하는 자가 있는가. 日本의 上下의 특히 知識階級의 現在 聰明해 보이는 것 같은 中間路線 支持의 傾向을 日本을 위하여 걱정하는 자가 있는가. 그리고 日本이 앞으로 참된 東洋의 딸이 되어 東洋史의 義를 守護하는데 蹉跌이 있어서는 안 된다고 이것을 日本을 위하여 걱정하는 자가 있는가.

日本이 韓國과 中國의 오늘의 苦難에 대하여, 남의 일이라고 해서 冷然하거나 자기와 싸우던 자의 만난 일이라고 해서 이것을 撓幸으로 여기려는 心情이 남아 있는 한 日本은 새로운 東洋의 班列에 들기는 어려울 것이다,

國民政府의 臺灣顚落을 비웃고 韓國이 36年동안 도리어 日本의 恩義를 입었다는 것 같은 無廉恥한 그리고 巧惡한 要素가 그들에게 남아 있는 한 日本은 東洋의 防波堤가 되기는 어려울 것이다.

東洋이 새로운東洋으로 깨여 일어날 때가 왔다. 1880年 中國에는 有名한 阿片戰爭이 있었고 1866年 우리나라에는 佛艦이 왔고 1863年 英艦이 日本 鹿兒島를 砲擊했다. ―이렇게 하여 東洋의 세 나라가, 窓을 두드리는 거센 비방울에 놀래어 오랜 잠에서 깨어 일어난 것이었다.

새로운 東洋史, 이 새로운 東洋史의 課題는 科學과 技術에 있어서 西洋文明을 받아들이고 精神에 있어서 東洋精神을 顯彰하는 일이었다.

政治 經濟 文敎 軍事에 있어서 저들의 새로운 體制를 받아 들여

우리의 서구화를 마치면서 저들의 文明의 根幹인 功利主義精神을 물리치고 여기에 바꾸일 새로운 義의 旗幟를 세워서 歷史를 歐羅巴사람들의 손에서 빼앗아 새로운 太平洋時代를 嚮導하는 일이었다.

1840年代 이후로 오늘에 이르는 1世紀에 넘는 괴로운 東洋史는 이같은 새로운 現代史의 進展이요 開顯이요 또 거기에로의 歸命이었던 것이다.

그런데 이 새로운 東洋史의 開展은 다시 다음과 같은 세 개의 象面 또는 階段을 가진다. 民族革命과 民主革命과 社會 革命이 그것일 것이다.

東洋의 세 나라가 각각 民族國家를 再建하고 民主政治를 確立하고 平等社會를 建設하고, 東洋史는 이 本來의 流床을 기운차게 흐르려고 했으나 두 개의 抑壓者 東의 抑壓者와 北의 抑壓者에 의하여 눌리고 꺾이어 오늘에 이른 것이다.

1868年 日本의 明治維新과 1917年 蘇聯의 10月 革命은 각각 새로운 東洋史의 進展에 대하여 처음에는 여기에 寄與하는 것 같이 보였다. 아닌 게 아니라 日本의 明治維新과 蘇聯의 10月 革命은 東洋이 장차 經過해야할 서구화와 社會主義 運動에 대하여 전연 가르치는바 없다고 못할 것이다.

韓國과 中國의 革新勢力이 이 두 運動에 대하여 처음부터 注視와 關心과 觀察을 게을리 하지 않은 것이 이 때문이었다. 그런데 이 두 運動은 새로운 東洋史에 歸命해야 할 그 本來의 地位에서 顚落되어 한 가지로 東洋을 누르고 그 목을 졸라매는 歷史에 있어서의 叛逆에 떨어지고만 것이다.

日本이 明治維新에 成功하여 舊政을 一新하고 새로운 立憲體制를 樹立한 것은 좋았으나 이 서구화에 하루 이틀 앞선 것을 奇貨로 재빨리 歐洲의 帝國主義班列에 轉身하고 그 앞잡이가 되어 1905年 乙巳保護條約을 韓廷에 억지로 뒤집어씌우는데서 시작하여 1910年의 韓國奪取 1931年의 滿洲侵略 1937年의 中日戰爭 이렇게 하여 東洋의

한 肢體, 그것도 오랜 동안의 恩義를 갚아야 할 한 肢體로서 도리어 어머니인 東洋의 가슴패기에 칼을 꽂고 잡아 두르는 悖逆에 나왔던 것이다.

蘇聯이 10月 革命에 있어서 그 지긋지긋한 帝政을 꺼꾸러뜨린 것은 설혹 볼쉐비키가 이 革命을 中途에 도적질 했다고 하더라도 파리콤뮨 이후 勞動者가 일어나 자기의 政權을 세워보는 緊重한 시험이었던 것이다.

그런데 자기를 소비에트 社會主義 共和國 聯邦이라고 부르는 이 自稱 無産階級政權은 勞動者農民을 위하고 人民을 解放시킨다는 口號를 呪文 외우듯이 외우면서 자세히는 외우게 하면서 빨틱海沿岸의 조그만 세 나라를 한입에 삼킨 데서 미쳐나기 시작하여 西歐의 여러 나라를 물어뜯어 보고 北歐 핀란드에 뛰어 들어갔다가 보기 좋게 敗退된 이래 그 侵略의 팔 고비를 東洋에 돌려 1945年 第2次大戰이 끝나기가 무섭게 그들의 東洋侵略設計圖에 있는 대로 滿洲 北韓 中國本土 印度 支那를 차례차례로 자기 손아귀에 넣어 東의 侵略者인 日本에 대신하여 北의 侵略者로서 東洋 13億 弱少民族 위에 새로운 「차르」로 君臨하고 있는 것이다.

아, 東의 侵略者日本에 바뀌인 北의 侵略者 蘇聯의 무거운 쇠사슬과 殘酷한 채쭉에 묶이어 끌리는 피 흘리는 東洋을 보라. ―韓土의 折半이 새로운 侵略者의 더러운 발아래 짓밟히고 있고 中國本土 四百餘洲가 저들의 쇠사슬에 묶이어 끌리고 日本과 東南亞細亞가 저들의 使嗾와 威脅과 검은 손과 誘惑과 쿠데타 아래 눌리어 있는 것이다.

1950年代의 東洋은 東洋을 解放시키고 새로운 太平洋時代를 嚮導하는 東洋史의 嚴肅한 課題의 面에서 보아 1840年代의 東洋보다 한 걸음도 前進하지 못하고 있다.

그때보다 도리어 50年 百年이 後退되었다고조차 할 수 있다. 세 조각에 갈리어 그 한 조각 한 조각이 아주 西洋이 되어버린 印度와 本

土에 무서운 벌레가 끄려 이것이 장차 臺灣海峽 건느려는 中國과 國土의 허리가 끊겨 피를 흘리고 있는 韓國과 過去에 저지른 무거운 罪를 씻지 못하고 즐겨 남의 妾이 되어 오늘의 東洋의 苦難을 비웃는 日本과, ─어디에 새로운 東洋 우렁찬 東洋 자기를 救하고 世界를 救하는 일어나는 東洋이 있는가.

새로운 東洋의 무거운 짐을 韓國이 져야 한다. 이 무거운 짐을 지는 韓國이 東方의 이스라엘이 되어야 할 것이다. 韓土 韓民族이 四千年 동안 고요하게 太平洋 동녘기슭에 保存 되어온 것이 이 때문일 것이다.

韓土 西로 大陸에 붙어 있고 東으로 아득한 太平洋에 연달은 것이 이 때문일 것이다. 韓民族의 가슴속에 「착한 마음」이라는 高貴한 싹 하나를 오래전부터 깊이 안겨준 것이 이 때문일 것이다.

우리 歷史위에 元曉 死六臣 栗谷 忠武公 李儁 島山 같은 많은 義로운 이가 오고간 것이 이 때문일 것이다. 東洋의 길 잃은 어린 양으로서 東方의 全被壓迫民族을 대신하여 半世紀가 넘도록 피를 흘리면서 묶이어 끌린 것이 이 때문일 것이다.

韓國이 東洋을 위하여 일어날 때가 돌아온 것이다. 苦難의 땅 韓土 오랜 동안의 隱深性을 벗어버리고 이제 일어나 새로운 歷史를 嚮導할 때가 돌아온 것이다.

칸트의 倫理思想

-理性과 感性-

1

칸트(Kant)는 그 맑고 고요한 生涯를 통하여 생각했고 또 그 생각을 모아 많은 著作을 엮기도 여러 가지를 했다. 天體도 생각해보았고 人間의 心情도 생각해보았고 物自體도 생각해보았고 最高善도 생각해보았고. 著作으로서는 有名한 세 批判書와 많은 勞作과 論文을 남겼다.

칸트의 表現은 메마르고 딱딱하고 어렵다. 그런데 이 같은 메마르고 까다로운 글을 쓰는 칸트의 哲學的 思索은 언제나 哲學者로서의 칸트의 性格 자세히는 그 體臭를 보이는 것으로서 그의 表現을 통하여 우리에게 생생하게 傳해오는 한 개 힘찬 哲學하는 態度를 우리들은 아니 읽을 수가 없다.

끈기 있고, 진실하고, 謙虛하고. 칸트의 것을 읽을 때 읽는 사람의 마음이 맑아지고 높아진다는 말이 있거니와 이것은 칸트의 人格에서 오는, 그 사람됨에서 오는 影響일 것이다. 칸트는 이렇게 허다한 問題를 칸트다운 態度에서 달렸을 뿐만 아니라 또 하나 칸트다운 立場에서 달렸다. 칸트哲學의 多岐 또 厖大한 體系는 그 속에 많은 迂廻曲折을 가졌거니와 그러면서도 그것이 다름 아닌 칸트의 哲學 으로 始終한 것은 이 칸트다운 立場의 表現 또 그 組織때문일 것이다.

칸트는 언젠가 사람들이 모여앉아 같은 論題에 대하여 각각 그 主張을 달리할 때 거기서 論者자신의 自己告白을 듣게 되는 것이 재미있는 일이라고 한 적이 있다. 그런데 이렇게 보는 것 역시 칸트 자신의 어느 意味의 告白일 것이다. 칸트다운 立場이란 이 같은 칸트 자신의 告白 칸트 자신의 露出로서 칸트의 哲學은 이「칸트다움」을 싼 衣裳이라고도 할 수 있을 것이다.

칸트哲學의 이「칸트다움」을 우리들에게 들어 보이는 것이 다름 아닌 칸트의 人間觀이다. 칸트의 人間觀은 그의 哲學의 한 部門을 構成하는 것이 아니고 그의 全體系를 꿰어 흐르는 줄기찬 線이라고 할 수 있다. 칸트의 哲學속에 그의 人間觀이 있는 것이 아니고 칸트의 人間觀에 의하여 그의 哲學이 이끌린 것으로서 그의 著作의 군데군데에서 그의 人間觀 의 片鱗에 만나게 되는 것이 이 때문이다.

칸트의 人間觀은 칸트哲學의 前提 또는 그 結論같은 것으로서 칸트哲學의 가장 깊은 곳에 어리어있는 칸트의 냄새라고 할 수 있다. 칸트는 칸트 자신의 生活과 思索과 敎養을 통하여 이 人間이란 것을 어떻게 또 어느 정도로 깊게 느끼고 體驗한 것이었을까.

칸트에게 있어서 人間은 理性이 주어진 그리고 理性에 의하여 이 끌려야할 存在였다. 그런데 人間에게는 理性뿐이 주어진 것이 아니고 理性과 함께 感性이 주어졌고 따라서 理性이 感性에 붙잡혀 있기 때문에 人間의 理性은 그 자신 神的인 理性이 되지 못한다.

人間은 理性的이면서 感性的, 感性的이면서 理性的인 2重 存在로서 여기에 人間의 秘密과 矜持와 限界와 그 使命이 놓인다. 그런데 우리 人間에게 있어서 서로 만나게 된 理性과 感性은 본래 같은 場所같은 次元에서 그 根源을 發한 것이 아니다. 理性과 感性은 그 故鄕이 같지 않다.

이렇게 말할 수가 있다. 하나는 神 하나는 世界, 하나는 本體 하나는 現象 하나는 叡知界 하나는 感覺界, 하나는 目的自體 하나는 機械

性, 하나는 理性의 法則 하나는 動物的 衝動으로서 이 서로 같지 않은 世界에서 나온 要素가 서로 만나 有限한 理性者로서의 第3次元을 이루었다고 할 수 있다.

人間에 있어서의 理性的인 것과 感性的인 것의 構造聯關은 단순한 混和나 並在는 아니다. 神과 動物을 섞고 叡知와 衝動을 한데 터놓았다고 하면 그것이 무엇일까. 우리들의 우리들 자신에 대한 素朴한 또 自然스러운 經驗은 분명히 人間의 2世界性, 2傾向性을 가리킨다. 좋은 일이 좋은 일이면서 좋지 않은 일이고, 좋지 않은 일이 좋지 않는 일이면서 좋은 일이고, 하고 싶은 일이 하고 싶으면서 하고 싶지 않고, 하고 싶지 않은 일이 하고 싶지 않으면서 하고 싶고. 어느 것이 진정한 나, 어느 것이 진정한 내 얼굴인 것일까. 이것도 나요, 저 것도 나다. 이것도 내 얼굴이 아니고 저것도 내 얼굴이 아니다. 이렇게 된다고 하면 우리들은 마침내 자기를 찾을 길이 없을 것이다.

부단히 헤매고 부단히 찢기고 부단히 헤어지고. 여기에는 永遠히 어두운 混沌한 狀態가 繼續될 것이다. 그런데 우리들 속에서 들리는 두 갈래의 소리는 단순한 混聲 또는 並聲은 아니다. 눌리일대로 눌리어 있고 가리일대로 가리어 있다고 하더라도, 光明이 어둠을 박차고 달빛이 구름을 헤치듯이 이겨야할 者 마땅히 이기고 나타나야할 者 마침내 나타나야 한다.

理性的=感性的 存在로서의 人間이 단순히 理性的 感性的이기 때문이 아니고 이 理性 및 感性이 人間에게 있어서 어떤 一定한 階序를 이룸으로 해서 人間이 비로소 人間됨을 얻었다고 할 수 있다. 人間에게서 보는 理性 및 感性의 一定한 階序란 무엇일까.

칸트는 人間에 있어서의 理性的인 것과 感性的인 것을 같은 平面 위에 있는 것이 아니고 하나가 위에 있고 하나가 아래 있는 것으로 理解했다. 사람에 따라서는 人間에게는 理性的인 것이란 처음부터 없는 것이고 感性的인 것뿐에 그친다고 主張하는 이들이 있다.

이런 이들에게 있어서는 人間存在의 構造聯關이 問題가 되지 않는다. 그런데 人間에게 理性과 함께 感性, 感性과 함께 理性이 주어졌다고 볼 때 비로소 이들의 聯關이 問題가 되는 것이니 이때에 있어서 우리들은 두 가지 境遇를 생각할 수가 있다.

理性과 感性이 같은 平面 위에 있어 서로 싸우고 있을 境遇가 하나, 感性이 理性 위에 있어 이것을 누르고 이것을 支配할 境遇가 하나. 앞에 境遇에 있어서 人間은 自己分裂에 떨어지고 뒤에 境遇에 있어서 人間은 動物에 逆轉된다. 그리고 이 두 가지 境遇밖에 나중으로 한 가지 境遇가 남았으니 理性이 感性위에 있어 이것을 嚮導하는 境遇다.

칸트는 理性的=感性的存在로서의 人間에게 있어서 언제나 理性이 主導權을 掌握해야 한다고 했다. 人間生活 및 人類歷史의 使命은 칸트에 의하면 理性의, 感性으로부터의 獨立, 그리고 그 領導權의 搜得 및 顯彰에 있다.

感覺的인 것에 사로잡힌 生活, 傾向性에 떨어진 生活이 얼마나 더럽고 唾棄할 만한 生活인 것일까. 유혹하고 威脅하고 앞을 가로막는 重疊된 感性의 障害를 박차고 한결같이 자기를 들어내는 理性의 줄기찬 싸움에서 칸트는 無限大 無限量의 崇高美를 찾으려고 조차 했다.

2

칸트에 의하면 人間은 어디까지든지 두 서로 같지 않은 秩序에 속하는 것으로서 이를테면 2重國籍을 가진다고 할 수 있다. 이 事實때문에 人間에게는 두 가지 性格이 마련되는 것이니 하나가 經驗的 性格하나가 叡知的 性格이다. 人間은 現象界의 一員으로서는 因果律의 아래 있지마는 本體로서는 「自由에 의한 因果性」 즉, 自由를 가진다. 그런데 이 自由란 무엇일까.

우리들은 우리들을 둘러싼 尨大한 自然의 世界가 있음을 안다. 비가
오고 바람이 불고 나무가 자라나고 물이 흐르고, 조그만 어린 싹 하나
에서 莊嚴한 天體의 運行에 이르기까지 모두 이 自然 아님이 없다. 이
自然界에는 한없는 神秘와 헤아리기 어려운 理法이 깃들어 있다.

칸트가 자기의 思索을 흔들어 일으킨 두 哲學者 마크로코스모스의
哲學者와 미크로코스모스의 哲學者가 있다고 하여 뉴톤과 루소의 이
름을 들었거니와 그의 어린 思索을 이 自然界에 이끌어간 것이 아마
뉴톤이었을 것이다. 自然. 그런데 이 自然은 한가지로 한결같이 自然
必然性의 世界, 因果性의 世界다. 비가 올 때 비가 오고 바람이 불
때 바람이 불고, 꽃이 필 때 꽃이 피고, 잎이 질 때 잎이 지고. 自然
科學이란 이 같은 自然의 法則을, 自然現象 하나하나의 「까닭」을 밝
히는 일이다.

이 한없이 버려지고 부단히 움직이는 幽玄 無常한 變轉에 世界. 그
버려지는 수많은 形象 그 움직이는 한없는 모양은 모두 하나의 整然
한 理法에 이끌리고 있으니 그것이 다름 아닌 因果律이다.

自然의 움직임은 그것이 모두 그렇게 되기로 規定된 것이라고 할
수 있다. 規定되어 마친 者의 世界, 이것이 自然의 運命이 아닐까. 그
렇기 때문에 自然의 世界는 그것이 아무리 崇高 優美하다고 하더라
도 依然히 自然必然性의 世界機械性의 世界다. 나트라 나트라타
(Natra Natrata)에 대하여 나트라 나트란스(Natra Natrans)를 구별할 수
있거니와 이 나트라 나트란스(Natra Natrans) 역시 機械的인 生産이요
自由로운 創造가 되지 못한다.

自然은 그 자신 原因結果의 系列이다. 原因이 있고 結果가 생기고
또 原因이 있고 또 結果가 생기고, 原因과 結果의 수많은 고리(環)가
이를테면 쇠사슬이 되어 일정한 조건아래 일정한 事態가 불러 일으
켜지는 것이 自然의 모습 또 그 運命일 것이다. 그렇기 때문에 自然
에는 있는 일뿐이 있고 있어야 할 일이 아직 있지 못하다. 내리는 비

에 대하여 우리들은 그 내리는 까닭, 綠由를 물을 수는 있다. 또 그것
은 그렇게 되지 않으면 안 될 그자신의 條件과 狀況이 있을 것이다.

그러나 이 비에 대하여 우리들이 옳다 옳지 못하다. 거짓이다. 거
짓이 아니다 라고 따질 수는 없는 것이니 이것은 因果律의 世界인
自然에 있어서는 善不善, 義不義가 있을 수 없기 때문이다.

그런데 우리들 人間의 生活의 경우에 있어서는 그렇지가 않다. 人間
이 그 자신 하나의 自然이고, 또 自然의 秩序에 속해있는 限, 人間은 어
쩔 수 없이 自然의 法則아래, 말을 바꾸면 因果律의 아래 서게 된다.

人間의 意志 및 그 行動이 外部 또는 內部의 施設이나 衝動에 의
하여 여러 갈피 여러 모양의 影響을 받기에 이르는 것은 이 때문일
것이다. 自然必然性, 機械性. 이것은 여전히 人間을 누르고 있다. 그
러나 人間을 눌러 마치지는 못한다. 人間에 있어서의 身體性 따라서
一切의 感性的인 것, 感覺, 行衝動, 本能, 營養, 反射運動. 이런 것들
은 모두 自然因果性의 系列에 속해 있을 것이다.

어린애가 어머니 뱃속에서 꼬물거리고, 그것이 나오자마자 젖을 빨
고, 우리들이 먹고 자고 일어나고, 피가 血管에서 돌아가고, 숨쉬고,
心臟이 뛰고, 病으로 자리에 눕고. 이것은 自然으로서의 人間의, 따라
서 풀이 자라나고 가지가 내어 뻗는 것이나 별로 다를 바 없는 일일
것이다.

그런데 여기까지는 自然의 秩序에 連結되는 人間의 機械性의 면이
될 것이다. 그러나 人間生活의 實踐의 全面이 이 機械性으로 덮여서
는 안 된다. 거짓말을 하고 게으르고 친구를 속이고 信義를 지키지
않고. 이때 그에게는 여러 가지 事情과 狀況이 있었을 것이고 거기에
서 벗어나 바른 말을 하고 부지런하고 하기가 좀처럼 어렵기도 했을
것이다.

그러나 어려운 事情, 딱한 形便이라고 하여 또는 자기 性格이나 性
情이 그렇게 생겼다고 해서 우리들은 조그만 外的 原因, 誘惑하는 感

覺的 衝動에 몰려 아무렇게나 그때그때 자기 편할 대로 거짓말도 하고 約束도 깨트리고 심지어는 사람도 죽이고 해서는 안 된다.

『무엇이 그 女子를 그렇게 만들었는가』라는 題目의 小說이 있거니와, 사람이 環境의 制約을 받지 않음이 없다고 해서 人間을 단순한 環境의 産物뿐으로 보아 버려서는 안 될 것이다. 經驗的 性格의 主體로서는 人間은 宛然히 또 完全히 被動的 受動的일 것이다.

그러나 人間의 이 被動的인 면을 打破하는 새로운 性格이 없는 것일까. 自然에 있어서의 機械性. 이것은 그 자신 平面的인 것도 低劣한 것도 아니다. 天體의 運行 季節의 바뀜이 그대로 自然의 機械性의 展開인대로 얼마나 莊嚴 또 幽玄한 것임을 보라.

그런데 이 같은 機械性인 自然으로부터 動物에 옮기어지는데 미쳐 아름다운 機械性으로부터 보기 흉한 機械性에 바꿔지는 것을 볼 수가 있다.

動物은 자기 몸뚱이를 자기 힘으로 움직일 수 있다는 事實 하나를 통하여 大自然의 機械性에 대한 조그만 하나의 反抗을 試驗한 것이라고도 할 수 있다. 動物에 있어서의 機械性 이 自然의 調和를 들어 보일 本來의 境地에서 떨어져 도리어 그 調和를 허는 一面을 가진 動物的 衝動에 顚落된 것은 이 조그만 反抗者에게 내린 어느 意味의 罰이 아닐까.

처음에서 끝까지 自然의 秩序에 속한 動物로서 自然을 一貫하는 機械性에 붙잡혀 衝動에 따라 衝動이 시키는 대로 움직이는 것은 動物로서 마땅한 또 면치 못할 境地일 것이다.

그런데 自然의 秩序 아닌 秩序에 속하기도 한 人間으로서 그 자신 機械性의 系列에뿐 붙잡혀 그 意志와 行動이 動物的 衝動의 奴隷가 되어 버렸다고 하면 우리들은 이것을 가리켜 떳떳하다고는 못할 것이다.

3

사람은 그 자신 自然必然性아래 놓여있다. 이것은 몸을 가진 人間으로서 感性의 刺戟을 받는 人間으로서 말을 바꾸면 現象界에 속하기도 한 人間으로서 어떻게 할 수 없는 일일 것이다.

그런데 우리 人間의 生活, 意志 및 그 行動이 純然히 메카니즘的인 機制에 의해 서뿐 이끌린다고 하면, 마치 물이 아래로 흐르고 무쇠가 磁石을 따라가듯이 안 그렇게 될 수 없어서 그렇게 되었다고 하면, 즉 自由란 것이 도무지 없다고 하면, 우리들은 人間生活에 있어서의 道理, 그 善不善, 義不義를 말할 수 없을 것이다.

自由가 주어지지 않은 아득한 因果律의 世界. 여기에는 아직 自然을 넘어서는 것이, 道德的인 것이 誕生되지 않았다고 할 수 있다.

自然의 世界와 道德의 世界란 어떻게 다른 것일까. 하나는 「있는 일」에 關聯되고, 하나는 「있어야 할 일」에 關聯되고, 하나는 存在, 하나는 當爲, 하나는 自然必然性, 하나는 自由에 關聯되고 自然의 世界에는 있는 事態뿐이 있고, 아직 있어야 할 事態가 있지 못하다.

비가 내리고 바람이 부는 것이 내리지 않을 수 없고 불지 않을 수 없는 狀況밑에서 내리고 또는 부는 것이거니와 이때 우리들은 비나 바람에 대해서 그렇게 된 것이 바르다 바르지 못하다. 마땅하다 마땅하지 못하다를 論議 斷定할 수는 없다. 왜 그런고하니 비나 바람에 있어서는 그것이 그렇게 된 것 밖에 달리 일어날 道理가 없었기 때문이다.

그런데 우리 人間의 境遇에 있어서는 그렇지가 않다. 누가 거짓말을 하고 約束을 지키지 않고 信義를 背反하고 심지어 사람을 죽이고 했을 때 그리고 또 곁에 나타나지 않은 일로 지나가는 女人을 보고 자기 혼자서 언짢은 생각을 품었을 때 물론 그로 하여금 그렇게 하게한 原因 또는 事情은 있었을 것이지마는 그렇다고 해서 그에게는 그렇게 행하고 그렇게 작정하고 그렇게 생각하고 느끼는 것 밖에 다른 길이 없었다고는 못할 것이다.

　만일 우리들의 行動과 決定에 전연 自由가 없다고 하면 그리고, 우리들의 하는 일, 그 가치는 생각이 모두 그때 그 境遇에 있어서 안 그렇게 될 수 없어서 그렇게 되는 것이라고 하면, 이렇게 機械的 必然的으로 規定되는 人間에게 우리들은 道理와 法秩序를 要求할 수는 없다. 그렇게 된다고 하면 誠實, 信義, 맑은 心情, 責任感 같은 것을 要求할 수는 없고 우리들의 生活은 통째로 盲目的인 必然性과 動物的 衝動의 跳梁 하는 마땅히 되어 버려 人格의 體系, 義務의 體系란 것이 顯成될 길이 없을 것이다.

　그런데 그렇지가 않다. 사람에게는 自然必然性밖에 自由란 것이 주어졌다. 自由란 人間의 가장 깊은 곳에서 우러나오는, 人間의 人間자신을 建立하는 우렁찬 소리인 것이다.

　自然의 世界로부터 하나의 새로운 世界 道德의 世界가 갈라져 나오는 씩씩한 進軍譜가 다름 아닌 自由다. 아ー自由는 人間的인 것을 誕生케 하고 또 그것을 守護 救拯하는 人間자신의 福音에 지나지 않는다.

　우리들은 人間에게, 우리들 자신에게 自由가 주어진 것을 어떻게 알 수 있는 것일까. 단순한 自然必然性 機械性 아래 놓여 있는 것이 아니고, 줄기차게 이것을 打破해 마치려는 自由가 우리들에게 주어졌다는 것은 人間으로서의 우리들 자신의 矜持요, 自覺이요, 또 確信이다. 우리들은 이것을 다시 우리들의 日常性에 비추어서 알 수 있다.

　잘못을 저질렀을 때, 자기 및 남에게 이것을 責할 수 있는 것이 그 하나이고, 우리들의 외워야할 倫과 常이 거짓말을 하지 말라 信義를 지키라와 같은 命法에 있어서 나타나는 것이 그 둘이고, 어떤 좋지 못한 일을 보고 그래서는 못 쓴다 그럴 법이 없다 라는 定言的 判斷을 내리는 것이 그 셋이고, 이미 지나가버린 일에 대하여 이것을 아프게 뉘우치는 懺悔라는 內的 事實이 있는 것이 그 넷이고. 칸트는 「네가 할 수 있기 때문에 해야 할 것이라」고 할 것이 아니고 「네가 마땅히 해야 하기 때문에 너는 마침내 할 수 있는 것이라」고 하여 이 「마땅히 해야 할 일」이 우리들에게 주어졌다는 事實로부터 自由의 成立과 保障을 밝히려고 했다.

칸트에 의하면 自由란 자기스스로 자기를 規定할 수 있는 理性能力으로서 이것이 없이는 道理法, 義務, 道德이 모두 空文이 되어 人間에게는 矜持도 自覺도 良心도 努力도 自己鬪爭도 使命感도 人格의 尊嚴도 道德的 實踐도 없는, 한 개 曠漠한 自然의 領野, 그렇지 않으면 動物的 衝動이 跳梁하는 마땅히 展開될 것이다.

우리들에게 자기 스스로를 律할 수 있는, 그리고 자기 스스로를 높은 秩序에 이끌어 올릴 수 있는 自由가 주어졌다는 것은 얼마나 즐거운 소식인지 모른다. 自由와 함께 道德이 生誕되었고, 道德과 함께 論議가 生誕되었고, 義務와 함께 人格과 善意志가 生誕되었고, 이렇게 하여 道德, 義務, 人格, 善意志와 함께 人間이 비로소 生誕된 것이다. 自由와 함께 人間의 生活이란 것이, 人間다운 生活이란 것이 이 세상에 왔다. ─이렇게 말할 수가 있다.

自由란, 本體的인 것이 現象的인 것으로부터 理性이 感性으로부터 「自由의 因果性」이 自然必然性으로부터 말을 바꾸면 道德의 秩序가 自然의 秩序로부터 자기를 解放시키는 運動이요, 鬪爭이요, 努力이요, 實踐이다.

自由란 人間에 있어서의 高位能力이 그 低位能力에 대하여 자기를 顯示, 獨立, 主張, 提高하는 作用에 지나지 않는다. 人間 속에 깊이 깃들어 있고 또 그것이 英勇스럽게 자기를 들어내는, 人間에 있어서의 高次의 事實로서의 「理性의 事實」에 눈뜬 者뿐이 이 自由란 것을 알게 되고, 또 그에게 있어서 自由가 맡겨지는 것이기 때문이다.

自由는 人間에 있어서의 새로운 自己, 본래의 自己의 소리에 지나지 않는다. 自由는 그러면서도 感性에 사로잡힌 人間에게 있어서는 依然히 먼 곳에서 들려오는 稀微한 소리가 될 수밖에 없다.

우리들은 이 稀微한 소리가 들려오는 것으로써, 그리고 그것이다. 다름 아닌 자기 자신의 소리인 줄을 아는 것으로써 다행함을 삼지 않을 수가 없다.

칸트는 善意志, 義務, 道德法에 대한 禮讚을 아름답고 莊嚴하게 敍述했다. 이것은 叡知界的인 것이 感覺界的인 것으로부터 자기를 解放시키기는 英勇스러운 「理性의 事實」에 대한 凱歌라고할 수 있다. 바울이 로마敎會의 사람들에게 보내는 書翰속에서 그리스도 안에 돌아온 者의 確信과 기쁨을 노래했고, 華嚴經十地品入法界品속에 菩薩의 十位와 善財童子의 求道歷程이 莊嚴하게 敍述되어 있거니와, 칸트 實踐哲學의 著作인 『道德形而上學의 基礎』와 『實踐理性批判』은 로마人書와 華嚴經을 彷佛케 하는 면이 적지 않다.

人間에 있어서의 理性的인 것이 感性的인 것으로부터, 理性의 自律이 動物的 衝動으로부터 자기를 解放시키는 能力, 그 作用이 自由였다.

世界에는 본래 永恒한 本體의 世界와 轉滅하는 現象의 世界가 區別되는 것으로써 즉, 神의 秩序에 대하여 世界란 것이 區別되는 것으로서 人間에 있어서의 理性은 永恒한 本體의 世界인 神의 秩序에 속하는 것이고 그 感性은 轉滅하는 現象의 世界인 物體界에 속해있다.

이 같은 理性的인 것이 感性에 붙잡힌 것에게 주는 命令이 道德法이고 여기에 따라가는 것이 義務이고, 義務에서 나온 行爲뿐이 道德性을 가지는 것이고 理性이 感性에서 벗어나 자기 스스로를 建立하는 能力이 自由이고 이 自由 따라서 道德을 實現 保障하는데 依하여 本體의 世界인 神의 秩序에 歸命할 수 있는 人間으로서의 內的 構造 그 品位가 다름 아닌 人格 또는 人格性이다.

人間에 있어서의 理性的인 것은 感性的인 것에 대하여 말을 바꾸면 本來의 自己가 한때의 臨時의 自己에 대하여 마땅히 이겨야 한다. 人間은 무론 理性뿐의 存在는 될 수 없다. 理性뿐의 存在일 때 이 理性은 有限理性이 아니고 無限理性이고 이 無限理性은 絶對者의 理性,

神的 理性으로서 처음부터 有限者로서의 人間에게 許諾되지 않는 것
이거니와 人間에게 만일 感性的인 면이 전혀 주어지지 않았다고 하
면 人間은 어느 意味에 있어서 人間을 넘어선 것이 되지 않을 수 없
을 것이다.

人間은 人間以下에 떨어져도 안 되고, 人間以上을 넘어서도 안 되
는 것이니 하나는 아래에로의 人間의 喪失, 하나는 위에에로의 人間
의 昇化에 마쳐 마침내 人間을 잃어버리기에 이르기 때문이다.

人間에 있어서의 理性的인 것이 感性的인 것에 대하여 끝까지 이
겨 그 主導權을 確立해야 할 것이다. 個人의 生活 및 人類의 歷史에
있어서의 우리들의 根本使命은 理性이 感性을 물리치고 그 主導權을
掌握하는데 있다고 할 수 있다.

그런데 우리들의 理性이 感性을 이겨나가야 하거니와, 이 이겨야
하는 것이 언제나 이겨야할 것으로 남아있어 마침내 이겨 마친 것에
나위지 못하는 것을 우리들의 現實이 우리들에게 가르치고 있다.

이겨야 할 것이면서 마침내 이겨 마친 것이 되지 못한다. 이것은
무엇을 意味하는 것일까. 칸트는 우리들 중에는 자진해서 義務를 행
하는 者는 없다.

「하기 싫은 것을 하기 싫은 대로 안해서는 안 되기 때문에 하는 것이
다」라고 말한 적이 있다. 그럴 것이다. 善을 즐거워서 행하고 義務를
自進해서 遂行하기란 어려울 것이다. 힘든 것을 행함으로 해서 善이 빛
나고 어려운 일을 치름으로 해서 義務가 崇高한 것이 될 것이다.

人間이 理性的이면서 아울러 感性的인데는 깊은 뜻이 있을 것이다.
우리들은 人間이 感性的이기도 하다는 事實로부터 깊이 人間의 有限
性을 읽지 않아서는 안 된다. 人間의 有限性에 깊이 沈潛하여 絶對者
의 恩寵에 자기를 맡기려는 것이 모든 진실한 宗教의 立場일 것이다.

基督教는 人間을 有限한 自然的 秩序에 속하는 것이라고 하여 人
間의 목숨이 有限하고 人間의 知性이 有限하고 그 意志는 惡에 기울

어지기 쉽고, 그 몸에는 病과 苦와 死가 온다고 가르친다.

칸트에게는 줄곧 이 같은 宗敎的 心情이 있었다. 칸트의 哲學에서 푸라톤主義를 읽을 수 있다고 하면 칸트의 信仰에서는 바울의 述懷를 들을 수 있을 것이다. 칸트의 哲學을 敬虔한 精神, 淸廉한 精神이라고 일컬었거니와 이 같은 그의 哲學의 밑바닥을 흐르고 있는 宗敎的 心情때문일 것이다.

人間에 있어서의 理性的인 것이 感性을 박차고 莊嚴한 本體의 世界를 展開시킬 때 우리들은 蒼空높이 不滅의 光芒을 내어뿜는 人間 자신의 英勇스러운 모습에 놀라지 않을 수가 없다.

그런데 이 같은 人間은 한편 徹頭徹尾하게 肉의 支配아래 놓여 寡婦의 財物을 貪내고 친구의 아내를 꼬여내는 人間이기도 하다. 「아 ― 이 死亡의 구렁에서 나를 救援할 者 누구뇨」 라고 한 바울의 歎息은 그대로 感性에 사로잡힌 人間자신의 歎息일 것이다.

4

칸트는 人間의 理性이 어디까지든지 有限한 것으로서 그것이 絕對的인 것이 될 수 없고 또 되어서 안 된다는 것을 여러 번 말했다. 칸트에 있어서의 感性은 그것이 偶然한 것이 아니고 그 자신 깊은 뜻을 가지는 것이었다.

人間에 있어서의 理性이 人間을 人間 以下인 動物로부터 이끌어 올리는 힘이 되거니와 人間에 있어서의 感性은 다시 人間을 人間 以上인 神의 秩序의 아래 두게 하는 限界로서 하나는 動物에 대하여 人間을 人間답게 만드는 原理이고, 하나는 絕對者에 대하여 人間을 人間답게 만드는 境線이라고 할 수 있다.

칸트의 理性批判의 哲學이 헤겔의 絕對精神의 哲學에 비하여 얼마나 謙虛, 또 誠實한 것일까. 칸트는 感性은 理性이 거기로부터 자기를 獨立시키고 理性 자신의 主導權을 掌握하게 하기 위하여 이를테면 理性의 한 刺戟으로 주어진 것이라고 했다.

그 중에서도 愛昻(Affekt)은 말하자면 酩酊, 激情(Leidenschaft)은 漫性病 같은 것이 된다고 했다. 感性은 어떻게 보면 理性의 病일 것이다. 人間의 理性, 즉 感性에 사로잡힌 理性은 그렇기 때문에 病든 理性일 것이다.

우리들은 여기서 푸라톤의 靈肉二元觀佛敎의 解脫說基督敎의 그노시스說 같은 것을 想起할 수 있다. 그러면서도 이 理性과 感性과의 싸움에서 感性과 헤어지지 않은 채 理性이 勝利에 나아가고 또 나아가야 할 것으로 보는데 우리들은 칸트哲學의 實踐性과 無限課題性을 읽을 수가 있다.

칸트에게 있어서 理性은 헤겔에 있어서의 精神과 마찬가지로 實體가 아니고 主體였던 것이다. 그런데 헤겔의 精神이 絶對精神에 이르러 자기를 絶對者로 僭稱한데 反하여 칸트의 理性은 어디까지든지 有限한 理性으로 남아있어, 有限者로서의 人間限界를 깊이 생각한데 驕慢한 희랍精神에 轉身한 헤겔과 謙虛한 基督敎精神에 이끌리는 칸트와의 사이의 人間的, 人格的 差異를 읽을 수가 있다.

「나는 信仰에 자리를 비키기 위하여 知識에 制限을 加했노라」라고 칸트는 그 第1批判의 序文에서 述懷했거니와 칸트의 批判哲學, 그 人格主義의 밑바닥에는 언제나 有限者人間의 觀念이 이것을 이끈 것을 알 수가 있다.

칸트의 저 有名한 「尊敬感情」의 分析도 이 같은 謙虛한 精神을 보이는 것에 지나지 않는다. 칸트에 의하면 尊敬은 오직 하나의 理性的, 感情, 따라서 道德的 感情으로서 자기가 屈服되면서 高揚되고 高揚되면서 屈服되는 事實을 느낄 수 있는 感情이라고 했다.

自然現象, 動植物, 人間의 才能 같은 것은 讚歎, 恐畏의 對象은 될

지언정 尊敬의 對象은 되지 못한다. 尊敬의 對象이 될 수 있는 것이 人格뿐으로서 物件이 價格을 가짐에 反하여 人格이 品位를 가지는 것이 이 때문이다.

尊敬은 이 같은 人格을 對象으로하는, 人間의 特殊한 感情이거니와, 그 것은 한편 人間만이 가질 수 있는 가장 人間다운 感情이라고 할 수 있다.

動物의 世界나 神의 秩序에는 한가지로 尊敬이란 感情이 있을 수 없다. 動物의 世界에는 아직 없고 神의 秩序에는 이미 없고. 이 尊敬의 感情은 道德的 存在인 人間에게뿐 주어졌고, 또 尊敬이라는 感情을 통하여 우리들은 어떻게 할 수 없이, 運命的이다시피 달려 붙은 人間의 理性的, 感性的 2重構造를 뚜렷이 읽을 수가 있다.

人間은 理性에 속한 것도 運命的이고 感性에 속한 것도 運命的이라고 할 수 있다. 그리고 理性이 感性에 대하여 永遠히 그 主導權을 主張하는 것도 運命的이고 感性이 여기에 대하여 끝까지 反抗하는 것도 運命的이고 道德法에의, 意志의 完全한 一致가 無限課題性으로 남아있는 것도 運命的이고 最高善이 實踐理性의 要請으로 남아있는 것도 運命的이다. 理性的이면서 感性的이고 感性的이면서 理性的인데 有限한 理性存在로서의 人間의 모든 秘密과 矜持와 努力과 地位와 限界와 그리고 그 고유한 使命이 있다고 할 것이다.

5

西洋思想史에 나타난 代表的인 人間觀이 둘이 있어 하나가 푸라톤의 人間觀 하나가 바울의 人間觀으로서 이 둘은 한 가지로 靈肉二元觀에 이끌리면서 서로 같지 않은 聯關을 보이고 있다.

그런데 희랍 思想과 基督教가 한가지로 칸트에게 影響을 주었을 事實을 想起하면 우리들은 이 두 靈肉二元觀이 칸트의 人間觀에 어느 程度로 作用했을 것을 생각할 수가 있다.

푸라톤에 의하면 內的人間은 外的人間의 形象에 있어서 나타난다. 머리는 理性의 자리 즉, 主人의 城廓이고, 가슴에는 感情의 자리인 心臟이 누워있고. 그런데 이 가슴은 이를테면 警戒하는 立哨席으로서 勇氣와 憤怒가 자기 主人의 눈짓에 따라 일어서려고 準備를 마치고 있고, 나중으로 橫隔膜아래 動物的 衝動의 諸機關 즉, 榮養과 繁殖을 맡은 機關이 자리를 잡고 있고. 푸라톤에 의하면 머리 즉, 理性과 배 즉, 動物的 衝動과는 서로 그 起源 또는 次元이 같지 않다.

하나는 永恒한 「이데아」의 世界에 속해 있고, 하나는 轉滅하는 物體界에 속해 있고. 머리가 위에 있지 않고 배가 위에 있는 사람, 즉 理性이 領導하지 못하고 動物的 衝動이 得勢한 者는 바른 人間이 아니고 거꾸로 된 人間일 것이다.

이것은 가장 唾棄할 만한 人間의 顚落 形態에 지나지 않는다. 그런데 橫隔膜이 이 兩者의 사이에 있어 두 世界를 劃然히 구별하고 氣槪의 자리로서의 가슴 즉, 心臟이 理性의 자리인 머리의 편을 들어 理性으로 하여금 主人이 되게 하는 튼튼한 態勢를 갖춘데 이르러서는 이것을 다행하다고 아니 할 수 없다.

그런데 푸라톤 역시 이 人間의 理性이 完全한 絶對的인 神的 理性에 連續 歸依하기 위하여서는 靈魂의, 肉體로부터의 解脫이 있어야 한다고 했고, 哲學을 이 解脫에 이르는 究竟 의 길이라고 했다.

푸라톤의 靈肉二元觀은 「이오니아」 사람들의 哲學的 思辨에 「오르페우스」 敎團의 神秘主義를 섞은 것이라고 할 수 있다.

바울의 靈肉二元觀은 푸라톤의 境遇에 비하여 크게 그 趣旨가 같지 않은 것을 볼 수가 있다. 바울에 의하면 人間은 精神(Psyche)과 肉體(Soma)의 두 要素로 이루어졌다.

그런데 이 人間의 精神과 肉體는 한가지로 「肉」의 支配아래 있는 것으로서 罪의 奴隷인 품으로서는 精神이 肉體보다 더 심한 者라고 했다. 人間의 이른바 精神이 어떻게 頑冥하게 神의 聖意를 拒逆하는, 것인지는 肉的 生活에 忠實한 者는 알 것이다. 그리스도가, 女人을 보고 淫欲을 일으키는 者는 이미 姦淫한 者라고 했고, 바울이 로마人書 속에서 자세한 罪表를 든 뒤 이 같은 罪와 死亡의 구렁에서 나를 救援할 者 누구뇨 라고 했고, 루터가, 空中에서 오고 가는 새에게 命令할 수 없는 것과 마찬가지로 우리들 마음속에 邪念, 妄想이 지나가는 것을 막을 者없다고 했거니와, 이것은 모두 우리들의 精神이 罪와 惡에 떨어지기 쉽고 또 종당 떨어지지 않을 수 없다는 事實을 가르친 것에 지나지 않는다. 바울에 의하면 人間 자신의 精神과 肉體는 徹頭徹尾하게 罪의 支配 아래 놓여 있다. 인간이 자기 스스로의 힘으로 이 悲慘한 顚落狀態에서 벗어나겠다는 것은 어리석은 狂想이거나 그렇지 않으면 人間의 限界를 모르는 驕慢이 아닐 수 없다.

이 絶壁에 떨어진 人間에게 神의 秩序로부터 하나의 聖스러운 第3要素가 빌리어진다. 이것이 神자신의 權能이요, 役事인 聖靈(Pneuma)이다. 이 聖靈은 전연 人間의 것 人間의 要素가 아니고 神의 것 神의 營爲다. 聖靈이 人間의 靈魂 또는 精神 같은 것이 아니고 이것과 전연 그 次元을 달리 하는 神의 恩寵인 것이 이 때문이다.

바울에 의하면 人間의 精神 및 肉體는 한가지로 肉의 支配 아래 있고 위로부터 人間에 빌려지는 聖盤이 神의 秩序에 속하여 肉에 사로잡힌 낡은 사람 아담과 靈에 이끌리는 새사람 그리스도가 永遠히 對立되기에 이른다.

첫 번 아담인 아담과 둘째 번 아담인 그리스도는 그대로는 連續되지 못한다. 낡은 사람이 完全히 打倒되고야 새사람이 일어나는 것이니 거듭나지 못하고 하늘나라에 들어가기 어렵다는 것이 이 때문이다. 푸라톤의 靈肉二觀은 人間에 있어서의 精神과 肉體를 對立시킨 것이었다. 그런데 바울에 있어서의 靈肉二元觀은 人間에 있어서의 對立이 아니고 人間과 人間을 넘어서는 것과의 對立으로서 앞에 境遇에 있어서보다

한층 더 根本的인 對立에 나아간 것이라고 할 수 있다.

칸트의 人間觀은 이 푸라톤의 人間觀과 바울의 人間觀의 中間에 오는 것이라고 할 수 있다. 푸라톤에게 있어서 人間의 理性이 그 자신 絶對理性에 連續될 危險이 있었음에 反하여 칸트에게 있어서는 人間의 理性이 어디까지든지 有限한 理性存在의 有限한 理性으로 꽉 줄이 그어졌다.

그런데 칸트의 理性은 이른바 안타까운 理性으로서 神을 實在의 神, 人格과 사랑의 神으로 體驗하지 못하고 實踐理性의 要請이라고 하여 그 無制約性을 겨우 認定하는데 그친, 너무도 약한 理性이었던 것이다.

헤겔이 여기에 不滿을 품고 理性 대신 精神이란 것을 내어 세워 이 理性이 넘지 못하던 限界를 보기 좋게 넘어서게 한 것은 그 자신 驕慢한 思辨에 떨어진 罪는 저질렀을망정 理性속에 따라서 道德속에 머물러 저쪽에 놓인 絶對者의 無量한 恩寵의 世界를 想望치 못하는 칸트의 답답스러움을 打破한 功績이 없다고 못할 것이다.

칸트의 哲學은 결국 理性哲學, 그의 宗敎는 이른바 理性의 限界 內의 宗敎에 머물러 絶對者의 사랑에 자기를 맡기는 信仰의 立場에는 마침내 나위지 못하고 말았다. 칸트의 理性, 특히 實踐理性이 感性的 機制的인 것으로부터 자기를 解放 시키려는 努力은 이것을 큰 것이라고 아니할 수 없다.

그리고 칸트에 의하여 道德, 善意志, 德과 幸福, 自由, 義務, 定言命令, 人格性 같은 것이 바로 思索 또 敍述된 것은 그의 實踐哲學의 빛나는 收穫이라고 해야 할 것이다. 그러나 칸트가 人間의 人間다운 面에 지나치게 忠實하려고 한 나머지 그는 絶對者로부터의 召命, 恩寵을 단순한 他律로 보거나 그렇지 않으면 人間에게 永遠히 또 캄캄하게 닫긴 것이라고 하여 隱然히 이것을 물리치려는 데까지 나아갔다고 할 수 있다. 칸트는 결국 푸라톤에 기울어져 바울에 나오지 못하고 말았다. 그의 神이 善의 神 그의 神學이 道德神學에 머물러 그에게 있어서의 信仰이 新約의 「사랑」에 關聯되는 것 보다는 舊約의 「律法」에 關聯 되는 면을 가지는 것이 이 때문일 것이다.

칸트는 人間을 어디까지든지 人間 자신의 立場에서, 有限한 理性存在의 立場에서 體驗해야 할 것이요, 人間을 넘어서는 者의 立場, 絶對者의 立場에서 敍述할 것이 아니라고 했다. 人間 자신의 功績을 지키는 일은 그 자신 人間의 限界를 지키는 일로서 必要하고 또 高貴한 일일 것이다.

그런데 人間이 人間 자신의 立場에서 人間 자신의 힘으로 자기 스스로를 알고 또 헤아리기란 어려울 것이다. 그리고 人間에게는 人間을 넘어서는 者의 秩序, 營爲 그 빛과 소리가 캄캄하게 닫긴 것은 아닐 것이다.

人間은 人間을 넘어서는 者의 빛, 絶對者의 빛, 그 恩寵의 빛에 비취임을 받아야 한다. 人間 자신의 빛 한 개의 어둡고 약한 自然의 빛에 의하여 비춰질 때 그것은 人間의 바른 또 全體의 모습이 될 수는 없을 것이다.

人間자신의 빛에 의하여 비춰지는 일은 그 자신 本來의 意味의 비춰지는 일이 될 수는 없다. 우리들은 칸트에게서 人間이 有限한 存在임을 배웠다. 그리고 이 有限한 存在가 그 주어진 理性에 의하여 無限課題性으로서 자기를 부단히 實現 또 建立해야 할 것임을 배웠다.

그런데 이 理性에 의하여 부단히 實現되어야 할 것이 자세히는 무엇일까. 그것을 人間生活의 究竟目的으로서의 文化, 또는 道德이라고 하면 人間은 결국 文化에로의 存在, 道德에로의 存在가 될 것이다.

칸트에 의하면 人間은 어디까지든지 有限한 理性存在였다. 이 같은 有限한 人間의 理性에 의하여 實現 建立되는 文化나 道德 역시 有限한 것이 될 수밖에 없다. 이 有限한 文化와 道德이 永遠한 것에 부딪힐 수 있기란 어려운 것이다.

칸트에게 있어서 人間은 어디까지든지 有限者로, 人間의 理性은 有限理性으로 領解되었다. 人間이 理性的이면서 한편 感性的이기도 한데 그리고 그 理性이 感性에 붙잡힌 理性인데 人間의 다름 아닌 人間으로서의 限界狀況이 온다고 할 것이다.

그러나 그렇다고 해서 人間이 단순히 어둠 속에 있고, 어둠에 향해 있는 것은 아니다. 칸트는 人間을 理念에로의 存在로 보려고 했다. 그러면서도 그 理念이 아득한 저쪽에 있어 眞理와 목숨이 無限課題性으로 주어지는데 칸트에 있어서의 人間의 謙虛스러움과 답답스러움이 아울러 깃들인다고 할 수 있다.

칸트의 倫理가 여전히 有限者의 境線을 지키는 조심스러운 定言命令에 始終했고 絶對者의 품에 돌아가는 즐거운 福音에 나가지 못한 것이 이 때문일 것이다.

新世代의 道德

1

現代는 심한 動亂 激情의 時代다. 이렇게 심하게 떠들어대고 이렇게 심하게 흔들리고 이렇게 심하게 아우성치고 숨 막히는 時代란 歷史에 그렇게 많은 것이 아닐 것이다. 우리들은 분명히 歷史의 한 개 重大한 고비에 살고 있다. 우리들은 우리들의 周圍로부터 그리고 우리들 자신 속으로부터 헤아릴 수 없는 여러 가지 騷亂한 소리를 듣거니와 거기에는 대개로 두 갈래의 基本的인 表現이 있다고 보여 진다. 하나는 쓰러져 넘어가는 者의 요란스러운 소리, 하나는 새로 일어나는 者의 英勇스러운 기척. 이 두 소리가 한데 섞이고 어울려 現代의 政治史, 經濟史 그리고 思想史의 여러 모양의 表情과 動態를 짜아나가고 있다.

낡은 것이 지나가고 새로운 것이 온다. 아— 새로운 時代가, —우리들은 이 같은 歷史的 衝動을 아니 느낄 수가 없다. 우리에게 지금 오고 있는 새로운 時代란 19世紀 뒤에 20世紀가 온다거나 資本主義에 바꾸이기를 社會主義가 한다거나와 같은, 性質의 것이 아니고 좀 더 깊은 歷史的인 意味를 가진 것이 되지 않아서는 안 된다.

20世紀는 世紀의 年數로 따져서는 19世紀를 넘어섰거니와 歷史의 內容에 있어서는 여전히 19世紀의 延長 자세히는 18世紀의 延數 내

지 그 終章에 지나지 않는다.

資本主義가 社會主義로 바뀌는 한편 社會主義가 資本主義로도 바뀌는 오늘이거니와 資本主義와 社會主義는 한가지로 낡은 「利」의 體制로서, 자기를 歷史의 새로운 擔當者로 揚言하는 蘇聯이 도리어 歷史의 叛逆者로 顚落되고 있음은 理由없음이 아닌 것이다.

우리들은 西洋의 古代가 西洋中世에 바뀌었고, 西洋의 中世가 西洋近世에 옮아간 事實을 記憶하고 있다. 우리들에게 지금 오고 있는 새로운 時代란 어느 意味에 있어서 이 같은 根本的인 轉廻가 되어야 한다.

古代의 희랍이 中世의 로마로, 中世의 로마가 近世의 歐羅巴로. 古代의 터전인 에게海가 中世의 터전인 地中海로, 中世의 터전인 地中海가 近世의 터전인 大西洋으로. 西洋에 있어서의 새 歷史的인 時期는 이렇게 옮아온 것이었다.

오늘의 現代는 아시다시피 西洋의 現代요 아직 우리들의 現代가 되지 못한다. 우리들은 騷亂한 現代속에서 그 歷史的 內容을 달리하는 두 가지 現代를 구별해야 하나니 하나는 쓰러지는 者로서의 現代요, 하나는 일어나는 者로서의 現代다. 낡은 것이 지나가버리고 새것이 온다고 할 때 이 새로 오는 者가 다름 아닌 일어나는 現代다.

우리들은 오랜 동안의 게으른 잠에서 깨어 나와 자리를 차고 씩씩히 일어나 이 새로운 時代, 일어나는 現代를 맞아야 하고 나아가 일어나는 現代로 하여금 우리들의 英勇스러운 現代로 만들어야 한다.

우리들은 이 같은 새로운 時代를 맞기 위하여 우리들 자신의 새로운 氣風을 세우지 않아서는 안 된다. 낡은 피대에 새 술을 담지 못한다는 말이 있거니와, 우리들의 살아가는 態度, 생각하는 方式이 그대로 있고 이 그대로 있는 우리들이 새로운 時代를 이끌어나갈 수는 없는 것이다.

우리들은 오랜 동안 儒敎의 傳統主義倫理속에서 살아왔다. 우리들이 그 속에서 살아온 것이 아니라, 우리들의 父老가 그 속에서 살아 왔고 우리들은 말하자면 그 남긴 냄새 그 끼친 물결에 쌓여 흔들려 왔다고 할 수 있다.

그런데 儒敎의 實踐倫理는 아시다시피 漢族이 남겨놓은 高貴한 精神遺産으로서 階級的인 性格과 時代的인 制約을 가진 대로 깊이 人倫의 中心에 스며드는, 堅固한 道理로 開展 되어 오늘에 이른 것이다.

仁義의 情과 倫常의 理는 그 根本精神에 있어서 진실로 日月과 함께 빛나는 것으로서 邪心 亂行을 襲伏하는 實踐的 理性의 久遠한 規範이라고 할 수 있다.

이 같은 儒敎, 漢唐의 盛世에 만나 그 敎說이 演義 集成된 것은 좋았거니와 根源에서 멀어지는데 미처 헛된 儀禮와 성가신 形式에 흐르기를 면치 못했으니 漢土에 있어서 이미 그 弊端이 생기기 시작한 대로 그것이 우리에게 傳하여 심한 儀式主義에 떨어지고만 것을 우리들은 認定하지 않을 수가 없었다.

儒敎 우리 民族에게 있어서 그 德義와 良心을 북돋은 바 크거니와, 한편 거기에 따르는 煩文, 縟禮 우리의 生活과 感情을 억누르고 짓밟은 것이 결코 적지 않았다.

君臣사이의 主從的인 낡은 關係는 새삼스럽게 들추어 이야기할 바 아니거니와 父子사이, 夫婦사이, 長幼 사이가 지나치게 嚴格, 冷酷하여 도리어 人情의 따뜻함을 집어치우고 社會의 부드러움을 깨뜨려 없애 인데 이르러서는 個人 良心의 發揚과 民族道德의 顯彰을 阻害하는 結果를 가져왔다고 조차도 할 수 있다.

우리들은 儒敎的인 傳統主義에 대하여 어디까지든지 理性的이 되어야할 것이다. 經書에 그렇게 적혔다고 하여 그 章句 때문에 이것을 崇尙하고 옛 어른의 행한 일이라고 하여 그 典範을 흉내 내려고 거기에 따라갈 바 아닌 것이다.

孝하는 者는 孝가 무엇인지를 알아야 하고 悌하는 자는 悌가 어떤 것인지를 깨달아야 할 것이다. 이웃 소문에 이끌리고 世上 評判이 두려워 孝하는 체, 忠하는 체, 信하는 체 한다고 하면 이것은 도리어 人倫을 안으로 좀 먹는 셈이 되는 것이니 오래지 않아 義아닌 者, 義를 일컫고 烈아닌 者 烈로 꾸며 倫常을 통째로 결단내기에 이를 것이다.

2

우리들의 주위에는 이 儒敎의 傳統主義밖에 또 하나, 낡은 道德이 우리들을 에워싸고 있다. 그것은 다름 아닌 利他主義다. 佛敎에 菩薩이 자기 피와 살까지를 衆生을 위하여 베푼다는 이야기가 있고 聖書에 원수를 사랑하라는 말이 보였거니와 우리겨레는 이 같은 바깥 思想이 들어오기 전부터 타고 난 天性이 寬仁, 淳朴하여 지극히 無抵抗的이라고 할 수 있다. 남이 달라면 주어야 하고 남과 싸우지 말아야 하고 내가 손해가 나더라도 저 편을 좋게 해주어야 하고. 이것은 오늘의 우리 父母만의 가르침이 아니고 4千年 以來 우리들의 父老가 子女들에게 들려주는 連綿한 傳承이라고도 할 수 있다.

우리民族의 精神이 倭에 있어서 같이 영악스럽지 못하고 漢族에게서 보는 것과 같이 엉큼스럽지 못한 것이 이때문인지도 모를 일이다.

우리들은 이 그릇된 利他主義를 버려야 한다. 남을 위하고 利롭게 하는 利他主義란 다음과 같은 두 가지 境遇에 있어서 뿐 成立될 것이다.

첫째, 자기가 남을 도와 줄 수 있는 程度로 넉넉할 때, 둘째, 자기가 남보다 못하다는 事實이 뚜렷이 들어날 때. 그런데 첫째 境遇에 있어서는 그것이 남을 위하는 것이 아니라 자기를 넓히는 것이니 利他主義라고 할 수 없고, 둘째 境遇에 있어서는 자기가 남보다 가난하기 때문에 이것을 튼튼히 세워야 하는 것이니 자기 자신에 대한 責

務가 한층 더 무거워질 따름일 것이다.

利他主義는 어느 意味에 있어서 거꾸로 놓은 侵略主義라고 할 수 있다. 남을 利롭게 해야 한다 利롭게 해야 한다, 하면서 자기스스로 讓步해야 하고, 讓步하는데 의하여 저 쪽으로 하여금 이 쪽을 侵略하게 하는 結果를 가져오는 것이니 侵略하는 者보다 侵略하게 하는 者가 더 언짢다고 하면 利他主義는 侵略主義보다 더 한층 侵略的이라고 할 수 있다. 利己主義를 남을 삼키는데서 시작하여 자기를 삼키는데 끝맺는 主義라고하면 利他主義는 자기를 허는데서 시작하여 남을 허는데 나아가는 主義라고 할 수 있다.

利己主義는 자기에게 붙잡히고 利他主義는 남에게 붙잡히고. 우리들은 자기 또는 남에게 붙잡히는데서 解放되어 자기와 남을 아울러 아름답게 또 씩씩하게 建立해야 할 것이다.

衆生을 위하여 자기를 바치는 菩薩의 願行, 원수조차를 사랑하라는 사랑의 誡命. —이것은 우리들의 生活의 久遠한 理念은 될 것이다.

그러나 우리들의 生活의 現實의 모습은 되기 어려운 것이니 진실로 남을 돕고 남을 위하고 남을 일으키기 위하여는 나 자신 먼저 남을 도울 수 있는 정도로 튼튼히 서야 하기 때문이다.

변변치 못한 利他主義란 것이 첩경 병신이 병신을 이끌고 소경이 소경을 인도하는 일이 되기 쉽거니와 경우에 따라서는 어린 양이 이리를 이끌고 조그만 병아리가 살기를 인도하는 結果조차 되는 것이 드문 것이 아니다.

그렇다고 해서 우리들은 남을 함부로 할퀴고 물고 뜯자는 것이 아니다. 남을 해하고 남을 헐고 남을 누르고 남을 상처내고. 이런 면이 自然이나 社會에 없는바 아니다. 그러나 이것은 自然 및 社會의 그릇된 면 또는 피치 못할 한때의 形勢일 뿐 어디까지든지 그 本然한 姿態는 아닌 것이다.

자기 자신이 튼튼히 서고 남으로 하여금 튼튼히 서게 하고, 자기 자신이 내어뻗고 남으로 하여금 내어뻗게 하고, 자기 자신이 빛나고 무성하고 남으로 하여금 빛나고 무성하게 하고. 이것이 自然및 社會의 一貫한 理法인 것이다.

　나무의 나무됨을 보라. 줄기에서 자기가 내어뻗고 가지에서 잎이 내어달은. 그런데 이 생생한 한그루 나무에 있어서 한 가지가 다른 가지를 상처 내고 한 잎이 다른 잎을 삼키는 일은 지금까지는 없었다. 본래 나란 것이 있기 위하여 나 아닌 너란 것이 있고 이 나와 네가 서로 마주섬으로 해서 나는 나대로 너는 너대로의 限界가 없을 수 없거니와 이 나와 너는 둘 가운데 하나가 다른 하나를 삼키기 위해서가 아니라, 나와 네가 함께 더불어 서로 이끌고 일으켜서 全體의 生命을 드러내기 위해서 나와 네가 실상은 나 및 너로 그리고 다시 나이자 너로 주어진 것에 지나지 않는다.

3

　우리들은 儒敎의, 形式에 떨어진 傳統主義와 함께 우리겨레 자신의 지나치게 寬仁한 利他主義를 물리치지 않아서는 안 된다. 하나는 생생한 感情을 꺾어버리려는 無謀한 倫理라고 할 수 있고 하나는 理性的 省察을 缺한 盲目的인 道德이라고 할 수 있다.

　그런데 이 오랜 東洋의 倫理와 이 점잖은 民族의 氣風 대신 우리들을 誘惑하는 한 개 새로운 道德이 있으니 그것이 다름 아닌 功利主義다.

　人生의 究竟의 目的은 幸福이다. 幸福, 얼마나 아름다운 音響이냐. 幸福아닌 苦痛이 무슨 德이요, 무슨 善이람. 幸福한 家庭, 幸福한 社會, 個人의 幸福한 生活, 이것이 最高 究竟의 目的이요, 指標인 것이다.

　나 한 사람 뿐의 幸福, 너 한 사람 뿐의 幸福이 아니라, 나와 너의 幸福, 그리고 나아가 萬人의 幸福, 아- 最大多數의 最大幸福, 이것이 모든 사람과 모든 時代를 이끄는 最高의 善, 最高의 正義다.

이렇게 功利主義는 우리들의 귀에 속삭이기를 그치지 않는다. 하기는 이 幸福을 싫어할 者는 없을 것이다. 칸트 같은 哲學者도 義로운 사람이 이 現世에서 도리어 不幸속에 쓰러지고 義롭지 못한 者 現世에 있어서 繁盛하는 것을 애달파한 나머지 이 같은 現實을 그릇된 現實이라고 斷定하는데 까지 나아갔거니와 이것은 幸福될 者 幸福되지 못한데 대한 堅決한 抗議라고도 할 수 있다.

西洋中世의 두려운 敎權과 메마른 儀式밑에 눌릴대로 눌린 人間性이 文藝復興期에 만나 상처받은 感性을 回復하기 위하여 感情, 本能, 情緖, 意慾, 衝動, 感覺, 快樂의 면으로 말을 바꾸면 간지러운 氣分의 면으로 달린 나머지 幸福 主義, 功利主義에 있어서 그 자신의 새로운 倫理를 發見한 것은 事勢의 當然한 일이 아닐 수 없다.

歐美의 새로운 文物과 思潮, 우리나라에 밀려들어올 때, 儒敎의 傳統主義에 눌리었던 當時의 士女, 民衆의 앞에 나서 소매를 부러 걷고 목소리를 높여 이 새로운 道德, 幸福主義, 功利主義를 외치기에 이른 것은 우리로서 그 心情을 모를 바 아니다.

封建主義, 階級道德을 廢棄하라. 形式的인 家族制度를 打破하래 父兄中心의 政略結婚을 反對하라. ―이 씩씩한 標語 밑에 新道德의 많은 先驅者, 開拓者가 나타났고, 都城과 村家를 통하여 自由戀愛, 離婚, 바람이 暴風 같이 洞里와 洞里 골짜기와 골짜기를 휩쓸었던 것이다. 아― 이 때 아닌 회오리바람 때문에 얼마나 불행한 아내들이 눈물을 흘렸고 얼마나 많은 父老들이 그 子女로해서 슬퍼했고, 얼마나 많은 새로운 男女들이 자기들의 저지른 일 때문에 괴로워했는지 모른다.

新道德 功利主義, 너는 우리 겨레에게 너무도 조그만 幸福을 가져왔고 너무도 커다란 不幸을 남겼고나.

오늘 우리들은 지나간 일을 回顧하여 이렇게 述懷하지 않을 수가 없다.

功利主義가 個人의 幸福이 아니라, 全體의 幸福을, 幸福된 個人에 앞서 幸福된 社會를 내어 세우는 것은 좋은 일이다. 모두가 豊盛하게 모두가 福되고 즐겁게 살자는데 反對할 者는 없을 것이다.

그런데 이 이른바 幸福이란 것이 결국 快樂을 意味하는 것이고, 快樂이 다시 個人의 快樂 특히 그 感覺的인 快樂, 말을 바꾸면 享樂에 連結되는 것이기 때문에 幸福主義는 그 性質上 個人主義, 快樂主義가 되지 않을 수가 없는 것이다.

個人主義, 快樂主義로서의 幸福主義, —이것은 벌써 利己主義의 문지방에 이른 위태로운 幸福主義인 것이다. 功利主義는 이 위태로운 幸福主義를 그 두려운 顚落의 구렁에서 救援하기 위하여 全體의 幸福이란 標幟를 내어 걸었거니와 이 아름다운 標幟가 한 개 가냘픈 理想이요, 생생한 現實이 되지 못하는데 現實主義, 實利主義로서의 功利主義의 苦悶이 있는 것이다.

最大多數의 最大幸福. 이 功利主義의 빛나는 깃발은 오늘에 이르러 個人 黨派 또는 階級이 多大數의 民衆을 欺瞞하고 弄絡하고 抑壓하기 위한 허울 좋은 方便에 지나지 않는다.

幸福스러움이 問題가 아니고 幸福스러워야 할 것임이 問題라는 말이 있거니와 우리들은 단순히 幸福된 生活을 目標로 할 것이 아니고 幸福되어야 할 生活, 幸福 받을 보람 있는 生活을 目標로 해야 할 것이다.

幸福스럽지 못할 者로서 幸福스러운 것 보다는 幸福스러워야 할 者로서 幸福스럽지 못함을 選擇해야 될 것이다. 이 幸福스러워야 함이란 무엇일까. 幸福스러움을 利라고 하면 幸福스러워야 함이란 利아닌 義니 진정한 幸福이 단순한 幸福스러움을 넘어서서 幸福스러워야 함을 그 자신의 地盤으로 할 것이라고 하면 우리들은 여기에서 人生의 究竟 目的이 단순한 利, 단순한 快가 아님을 알 수 있다.

功利主義가 어디까지든지 利와 快를 第1目標로 내어 세우는 限 그것은 變裝한 利己主義에 지나지 않는 것이니 利己主義, 快樂主義의

廢가 그대로 功利主義의 廢인 것은 이 때문이다.

利己主義나 快樂主義는 아시다시피 自殺的인 主義다. 利己主義가 자기만을 배부르게 하고 자기만을 살찌게 하여 자기 주위에 사람 하나 풀 한대 남기지 않고 모조리 삼켜버렸다고 하면 이 심한 貪慾者 獨善主義者는 자기의 相對者 및 자기의 環境을 자기 배속에 집어넣음으로 해서 더불어 마주 설 者 자기 스스로 설 자리조차 남기지 않고 말았으니 自己膨脹의 極限이 곧 自己解體 自己絞殺의 時間이 되는 것이다.

여기 지금 여러 가지 과일이 있다고 하라. 배가 먹고 싶어 배, 능금이 먹고 싶어 능금을 먹고, 포도나 대추가 먹고 싶어 포도 대추를 먹고. 먹고 싶은 대로 자꾸만 새것을 먹어가는 것이 快樂主義의 本色이다.

그런데 이 과일을 맛보아 가는 것 같이 옷이나 집을 갖거나 異性에서 異性으로 옮아가는 이가 우리들 속에 없는 것이 아닐 것이다.

먹는 것은 본래 배가 부르기 위한 것이 그 目的이거니와, 먹으면 먹을수록 배가 주린 것이 快樂主義의 特徵이다. 돈이나 權力이나 名譽 같은 것도 그것을 貪내는 사람에게 있어서는 快樂 또는 快感의 對象인 것이니 거기에 붙잡히고, 거기에 醉하는 것도 一種의 快樂主義라고 할 수 있다.

快樂主義 그리고 이것과 그 態度를 같이 하는 功利主義, ―이것은 좋게 보아 우리들을 한때 激勵, 緊張, 奮起시키는 刺戟은 될지언정 우리들의 生活이 거기에 依據하고 거기에 돌아갈 새로운 倫理는 되지 못하는 것이다.

個人은 個人의 利를 위해서가 아니고 民族의 義를 위하여 살고 또 죽어야 하고 民族은 民族의 利를 위해서가 아니고, 歷史에 있어서의 義를 위하여 그 맡은 使命을 遂行해야 하는 것이다.

儒敎의 지나친 傳統主義, 우리겨레의 까닭모를 利他主義, 그리고 現代의 위태로운 功利主義, ―이것들은 아직도 그 낡은 勢力을 우리들의 生活 및 觀念속에 隱然히 또 뿌리깊이 펴고 있다.

이 그릇된 倫理로부터 英勇히 벗어져 나와 새로운 道德을 새로운 基礎 위에 세우는 일은 歷史를 짓는 世代의 시급한 責務가 아닐 수 없다.

4

새 世代의 道德은 이 같은 그릇된 道德에서 벗어나야 한다. 새 世代의 道德에 있어서는 人格이 尊重되고 理想이 尊重되고 創造와 建設이 尊重되어야 한다.

「너 자신의 人格에 있어서나 남의 人格에 있어서나 이것을 단순히 手段으로 뿐이 아니고 同時에 目的으로 하도록 행동하라」라고 한, 칸트의 人格主義는 새로운 道德의 指標를 밝힌 것이라고 할 수 있다. 人格의 世界가 그대로 道德의 世界다. 人格이 따로 있고, 道德이 따로 있는 것이 아니라, 人格에 있어서 道德이 建立되고 道德에 있어서 人格이 保障된다. 人格의 世界란 나와 너의 世界다. 내가 있고 나와 마주서는 네가 있고, 나는 나면서 너를 헤아릴 수 있고 너는 나면서 내게 呼訴할수 있고, 내가 물을 때 네가 대답하고 네가 일어설 때 내가 따라서고. 아, 반갑게 마주 대하고, 정답게 이야기 하는 나와 너, ─이 나와 너로 더불어 이 地上에 人格이란 것이 왔고 道德이란 것이 생겼다. 우리들이 살아가는 일이란 아시다시피 세 가지 基本關係 속에 있음을 이름이니 사람을 대하는 對人關係物件에 接하는 對物關係, 神의 앞에 나아가는 對神關係가 그것일 것이다.

사람을 대하여 對人關係가 다름 아닌 나와 너의 世界다. 物件에 接할 때는 나와 너의 사이가 아니고, 나와 너의 사이인 것이니 달빛을 쳐다보고 목소리를 듣고 나무아래 섰고 풀 위에 누웠을 때는 달빛이니, 목소리니 하는 自然과 그것을 바라보는 외로운 내가 있을 따름이요, 서로 웃고 이야기 하고 하는 나와 네가 아직 없는 것이니 이 나와 自然과의 사이가 아무리 부드럽고 아름답고 해도 依然히 人格의 世界, 道德의 世界가 되지 못하는 것이 이 때문이다.

나만이 있고 내게 마주 서는 네가 없을 때 이 외로운 危殆로운 나는 아직 진정한 내가 아닌 것이니, 네게 마주 서는 나는 依然히 다른 하나의 것이요, 자기를 나로 自覺한 것이 되지 못한다.

나와 함께 너를 認定하는 일, 나와 함께 너를 尊重하는 일, 네게서 나 자신의 소중한 모습을 發見하는 일, 나와 더불어 너를 바로 세우고 일으키기에 힘쓰는 일, ─이것이 道德의 初章이요, 終章인 것이다.

새 世代의 道德은 이 人格과 함께 理性을 尊重해야 한다. 感情에 붙잡히고 氣分에 붙잡히고 本能과 衝動에 붙잡힐 때 거기에는 한 개 機械性, 自然必然性은 있을지언정 자기 스스로를 律하는 人格性은 오지 못하고 만다.

感性으로부터의 理性의 獨立, 生活에 있어서의 理性의 指導權의 掌握, ─여기에 人格이란 것이 마련된다고 할 수 있다. 人格을 尊重하는 일은 그렇기 때문에 理性을 尊重하는 일이다.

그런데 理性이란 단순한 較計 商量의 能力이 아니고 是非, 正不正, 義不義를 判斷하는 高次의 認識能力, 行動能力인 것이다. 理性은 본래 實踐理性이고 나아가 生産理性인 것이다. 단순한 享樂, 단순한 消費, 단순한 無結實처럼 理性에서 떠난 것은 없을 것이다.

理性을 尊重하는 일은 나아가 創造와 建設을 尊重하는 일이다. 創造와 建設은 아시다시피 에로스의 精神에 의하여 이끌리는 不斷한 生産의 體系다.

새 世代의 道德은 이 같은 生産性의 道德이 되지 않아서는 안 된다. 새로운 生活을 生産하고 새로운 理念을 生産하고, 새로운 氣風을 生産하고, 새로운 文化를 生産하고, 새로운 態度, 새로운 方式을 생산하고. 새 世代의 道德이 모든 形式 主義, 享樂 主義를 一掃하고 生命

과 眞理와 熱情에 찬 우렁찬 創造建設의 系譜가 되어야 하는 것이
이 때문이다.

새 世代의 道德에 있어서는 人格이 尊重되고 理性이 尊重되어야
하거니와 그렇기 때문에 그것은 理想主義에 의하여 이끌리지 않아서
는 안 된다.

現實에 滿足하고 現實에 머물러있고 現實속에서 졸고 있을 때, 거
기에는 高揚과 鬪爭과 努力과 前進이 있을 수 없고, 이것이 없는 곳
에 道德이 生誕될 수 없기 때문이다.

위대한 푸라톤, 永遠한 칸트라는 말이 있거니와 이것은 한 가지로
그들의 高貴한 精神 때문이고, 그들의 高貴한 精神은 그들의 理想主
義 때문일 것이다.

푸라톤이 內面人間의 모습이 外面人間의 形象에 보였다고 하여 理
性의 자리인 「머리」가 위에 있고 氣慨의 자리인 「가슴」이 그 다음에,
그리고 欲情의 자리인 「배」가 그 밑에 있어 「가슴」으로 하여금 「배」
의 편이 되지 않게 하기 위하여 橫隔膜으로 이것을 가로 막았다는
이야기는 有名한 말이거니와 사람은 그 몸 생김부터가 이상하다면
이상하다고 할 수 있다.

사람은 나면서부터 아름다운 理想主義者로 태어난 것이라 고 할
수 있다. 부단히 자라나려고 하고 부단히 솟아오르려고 하고 부단히
豊盛하려고 하고 부단히 내어벗으려고 하고……

高貴한 個人의 生涯 빼어난 民族의 歷史는 진실로 이 같은 登揚,
維新을 위한 눈물겨운 努力의 歷史에 지나지 않는다. 아─우리들 안
에 얼마나 많은 神秘스러운 生命의 싹 헤아릴 길 없는 生命의 봉오
리가 그 多彩 幽玄한 꿈틀거림을 보이고 있는 것일까.

사람에게는 結局 感性的인 本能과 衝動 밖에 없다는 분들이 있거
니와, 아, 글쎄 高貴하긴 무에 高貴해, 옷을 벗기고 그 생긴 몸을 보라, 밥
을 굶기고 그 먹는 모양을 보라. 이렇게 대어 드는 분들이 있거니와, 이

같은 見解는 역시 輕薄한, 一面的인 見解라고 아니할 수가 없다.

人間에게는 本能과 衝動 밖에 다른 것은 없는 것일까. 약하고 어둡고 더러운 것은 事實일 것이다. 그런데 人間이 이 같은 자기 자신의 모습과 限界를 바로 안다고 하면 이것은 人間을 넘어서는 어떤 高次의 秩序에서 보내지는 빛이 人間에게 傳해짐으로 해서 그것을 알게 되는 것이 아닐까.

사람은 자기가 貴하고 높은 줄을 알아야 한다. 보잘것없는 자기 속에 高貴한 빛이 깃들인 줄을 아는 것이 人間다운 生活을 營爲하는 처음이요, 또 그 나중이다.

자기의 높음을 안다고 해서 人類를 萬有의 主人으로 안다거나 자기를 萬人의 上典으로 안다는 말이 아닐 것이다. 자기 속에서 높은 빛을 보고 肅嚴한 소리를 듣는 것은 다름 아닌 人間性의 尊嚴에 눈뜨는 일인 것이니 人間이 자기 자신의 尊嚴에 돌아갈 때 자세히는 人間이 자기를 넘어서는 尊嚴에 돌아갈 때 백가지 德行이 여기에서 그 久遠한 根源을 發하기에 이른다.

無量壽經에는 菩薩의 莊嚴한 發願이 아름답게 敍述되었다. 우리들은 자기 스스로 각각 높고 슬픈 願을 품어야 한다. 내가 이 民族을 일으키리라. 내가 이 國土를 일으키리라. 온 世上이 잠들었건만 나 혼자 깨어 있고 온 누리가 흐리었건만 나 혼자 맑게 남아……. 이 같은 높고 슬픈 願을 우리들은 품어야 한다.

눈앞에 目標, 눈앞에 利益만을 위하여 꾸역꾸역 하다가 죽어 쓰러져 그 몸이 개천에 뒹굴고 그 地位와 財産이 바람에 날려가는 사람이 우리들 중에 얼마든지 있는 것이다.

歷史는 義로운 사람의 뿌린 피에 의하여 자라난다고 하거니와 義로운 사람이란 高貴한 願을 품고 또 이 願을 위하여 싸우다가 쓰러진 사람을 일컫는 것이 될 것이다. 우리들 하나하나가 이제 일어나 가슴속에 높고 슬픈 願을 품고 이 願을 위하여 싸울 때 東方의 빛나는 땅 韓土로부터 照耀한 빛이 맑고 따뜻하게 이 地上을 비치기에 이를 것이다.

觀念辨證法과 唯物辨證法

1

現代는 자세히는 西洋의 現代로서 西洋史는 오늘에 이르러 자기를 世界史로 일컫기까지 되었다. 오늘의 西洋이 어떻게 東洋을 壓倒하고 있는가를 보라. 現代의 體制, 思想, 文物, 生活方式이 모두 西洋의 것 아님이 없으니 現代 및 그 思想을 밝히는 것은 그대로 西洋 및 思想을 밝히는 일이 되는 것이다.

西洋에는 아는바와 같이 3가지 西洋이 있어 古代의 그리스, 中世의 로마, 近世의 歐羅巴가 이것을 代表하여 오늘에 이른 것이다. 그리스 思想史와 中世思想史와 近世思想史. ─이것이 連綿 三千 年 줄기차게 흘러내린 西洋史의 內容으로서 그 하나하나가 각각 자신의 理念 또는 立場을 가진다. 人間과 神과 自然─이것이 西洋思想史의 세 主要한 立場이니 그리스思想이 人間中心主義 中世思想이 神中心主義 近世思想이 自然中心主義로 불리어지는 것은 이 때문이다.

西洋近世는 그 中世에 대한 反抗이었다. 고요하고 잠잠한, 위로부터 내려덮인 커다란 「하나」에 대한, 어린 「여럿」의 부산스러운 反抗이었다.

고요한 눈 내린 겨울에 대한, 얼음이 풀리고 물이 흐르고 싹이 트고 벌레가 기어 나오는 봄의 反抗. ─이것이 오랜 잠에서 깨어 일어나는 英勇한 近世의 모습이 아닐까. 近世思想의 모든 領野를 통하여

辨證法과 進化論이 그 主導的인 勢力이 되어있는 것은 近世자신의
性格으로 보아 當然한 일이라고 아니할 수 없다.

꿈틀거리는 近世와 꿈틀거리는 思想. 이 「動의 論理」로서의 辨證法
이 위로 大學敎授로부터 아래로 부엌에서 일하는 심부름애에 이르기
까지 한 개 새로운 態度로 받아들여져 이것이 思想과 生活에 있어서
놀라운 影響을 끼치면서 있는 것은 그 자신 現代의 한 개 심상치 않
은 徵候라고 조차도 할 수 있다.

모두를 運動에 있어서 모두를 過程에 있어서 그리고 모두를 對立
과 矛盾에 있어서 보아야 한다고 現代의 論理인 辨證法은 가르친다.
永遠한 眞理란 없는 것이다. 모두를 時間 속에서 變하고 움직이는 그
대로 붙잡아야 한다.

이리하여 文藝復興以後로 許多한 發生史와 進步觀과 鬪爭說이 敍
述되었다. 헤겔의 辨證法과 다윈의 進化說, 그리고 이것을 받은 唯物
史觀과 階級鬪爭說. —이것들은 가장 光輝있는 또 堅固한 體系로 받
아들여지면서 現代에 있어서의 한 개 새로운 敎義를 構成하고 있다.

사람들은 中世에 있어서 높고 아득한 權威 앞에 조그맣게 꿇어앉
았던 일이 그리운 양 現代의 새로운 敎義에 앞을 다투어 따라가는
것이니 여기에 現代思想의 그리고 現代 자체의 根本危機가 오는 것
이다.

現代의 體制와 生活이 어떻게 심하게 機械主義에 흘렀고 現代의
思想과 信仰이 어떻게 심하게 形式主義에 떨어졌는가를 보라. 씩씩한
動의 態勢를 자랑하던 西洋近世가 도리어 이 動의 態勢때문에 굴러
떨어진 데는 깊은 歷史的인 緣由가 있을 것이다.

現代의 危機는 어느 意味에 있어서 辨證法의 危機인 것이니 헤겔
의 辨證法과 맑스의 辨證法을 批判하는데 의해서 現代가 나아가야할
새로운 論理 새로운 理念의 方向을 밝히기에 힘써야 할 것이다.

헤겔(Hegel)은 1770年 8月 27日 슈투가르트에서 會計官의 아들로

낳다. 大學에서 「老人」이라는 別名을 들었고 튜빈겐大學에서 神學을 硏究했다. 그 뒤 희랍정신 佛蘭西革命汎神論에 대한 感激이 그를 神學으로부터 떠나게 했는데 이 傾向은 그가 그의 친구 옐링 힐더린과 함께 가진 것이었다. 칸트의 著作속에서는 특히 『判斷力批判』이 그의 注意를 끌었고 쉴러의 『美學的 書翰』도 그에게 影響을 주었다.

그는 오랜 동안 家庭教師로 있었는데 1795年에 처음으로 그의 處女作 『예수의 生涯』를 發表했다.

1800年 겨울에 그는 獨立的인 體系의 敍述을 시작했는데 거기에 이미 그의 哲學의 싹이 보였다. 그에 의하면 絶對的인 것은 精神이었다. 그리고 그것은 辨證法的 方法에 있어서 즉, 不斷한 發展에 있어서 把握된다.

1801年에 그는 예나大學 講師가 되었는데 거기서 그는 쉘링과 알게 되었다. 이 쉘링의 精神속에서 그는 칸트 및 피히테의 哲學을 批判했다. 그런데 이 쉘링의 立場 역시 그에게 맞지 않았다. 그는 그의 最初의 獨立的인 著作인 그리고 그 자신의 體系의 序論인 『精神現象學』을 1807年에 나폴레옹 軍隊가 예나에 들어오기 前夜에 마쳤다.

그는 그 뒤 얼마동안 뉴른베르크 高等學校 校長으로 있었는데 그는 이 期間에 『論理學』을 썼다. 뒤에 그는 하이델베르크 大學의 招請을 받고 거기에 가 있으면서 그의 體系의 最初의, 그리고 唯一한 全體的 敍述인 엔찌클로페디를 썼다. 뒤에 그는 푸로시아 政府의 命에 의하여 伯林大學으로 옮겨가 여기서 그는 最後에 이르기까지 30年 동안을 보냈다.

1818年으로부터 31年에 이르는 동안이 그의 全盛時代였다. 政府의 後援 밑에 無數한 門弟들에게 둘러싸여 떨치는 名聲속에 있으면서 그는 말하자면 獨逸의 哲學界를 主宰했다. 그의 哲學은 널리 傳播되었고 그의 體系는 프러시아 保守主義 精神의 學的 支柱였다.

이 같은 活動속에 있으면서 그의 名聲의 絶頂 수많은 弟子들의 尊

敬의 中心에 있으면서 1831年 그는 伯林을 휩쓴 「콜레라」에 걸려 라이프니쓰의 죽은 날인 11月 14日 61歲로 세상을 마쳤다.

헤겔에 의하면 全體的인 現實은 理性의 實現이었다. 理性은 자기를 나타내기 위하여 어떤 對象을 요한다. 만일 그렇지 않으면 이미 피히테가 指摘한대로 理性은 단순한 原理 잠자는 可能性으로 남아있을 것이리라.

高次的 自然(理性)은 低次的 自然(世界 物質) 속에 자기를 開展시키고 또 그것을 組織한다. 世界에 있는 모든 것은 조그만 풀 한대로부터 太陽系에 이르기까지 되는 것(Werden)이요, 發展이다.

어디나 存在(Sein)의 옆에는 「이미 없고」(nicht mehr) 「아직 없고」(noch nicht) 「아주 없는」(nicht ganz) 것이 있다.

왜 그럴까. 오직 되는 것(werden)뿐이 眞實한 存在 즉 生命이고, 오직 發展途上에 있어서 뿐 어떤 것이 現實的인 것으로 될 수 있기 때문이다. 現存한 모든 것은 創世 以來로 조그만 싹에 있어서 있어온 것이었다.

모든 發展段階는 남김없이 經過되지 않아서는 안 된다. 그렇기 때문에 發展에 있어서는 한때의 一面性(Einseitigkeit)은 피하기 어려운 것이다.

一面性은 세차면 세찰수록 그것은 倒裏되기에 이른다. 그러나 그것이 도리어 좋은 結果를 가져오는 것이니 그것이 어떤 一定한 그리고 必然的인 發展契機를 가져올 뿐만 아니라, 그것이 앞으로 前進시키는, 이를테면 戰爭을 平和로 恣意를 法則으로 無主權을 主權으로 前進시키는 拍車가 되기 때문이다. 人間은 兩極端 사이의 動搖가 거치고 理性의 要請이 達成되기를 바라고 힘써야 할 것이다.

왜 그런고하니 理性에 있어서도 生命있는 生成이 進行되기 때문이다. 그런데 理性은 자기 스스로 反對物을 만들고 또, 이것을 超克해 나아간다. 이것이 다름 아닌 辨證法의 秘義로서 칸트·피히테·쉘링을 거쳐 헤겔에게 이르러 비로소 完成된 것이었다.

精神의 本質속에는 자기 스스로를 둘로 나누는 作用이 들어있고
또 이 갈린 것으로부터 그 자신의 根源的인 하나에 돌아오는 作用이
들어있다. 概念은 그 자신 限定되어 있는 것이기 때문에 자기 자신의
止揚에 나가지 않으면 안 된다. 즉 자기와 反對되는 것에 옮아가지
않으면 안 된다.

이렇게 하여 하나의 새로운 概念이 생기는데 이것과 첫 번 것과의
結合으로부터 하나의 높은 하나(Einheit)가 생긴다. 이렇게 하여 限이
없다. 이 前進하는 辨證法은 同時에 存在의 自己實現의 表現이기도
하다. 그런데 이 같은 發展의 頂點에는 언제나 解體(Ausloesung)가 準
備되어 있는 것이다.

本質的인 것, 이를테면 植物에 있어서의 種子라든가 人間에 있어서
의 그 原始的인 性格이라든가 같은 것은 變하지 않고 持續되기는 하
지마는, 헤겔의 辨證法의 圖式, 肯定－否定－否定의 否定은 그 當時
모든 講堂에서 들리는 音響이었다.

그런데 이 같은 辨證法的 發展은 思想의 특성일 뿐만 아니라, 事物
자신의 特性이기도 하다. 우리들이 事物을 생각할 때 실상 事物 자신
이 우리들 속에서 생각하고 있다고 할 수 있다.

모든, 現實은 자기 자신을 限定하는데 의해서 자기 스스로를 넘어
서기 때문에 오직 하나만 모멘트가 事物의 偉大한 聯關속에, 그 發展
行程속에, 헤겔의 말을 빌면 絶對精神의 自己 顯現속에 있을 따름인
것이다.

피히테 以後 獨逸哲學은 하나의 廣汎한, 모든 것을 자기 속에 包攝
한 體系를 이루려고 힘썼다. 이 努力이 헤겔에게 이르러 그 絶頂에
達했다. 스피노자나 피히테나 쉘링과 마찬가지로 헤겔 역시 絶對的인
것에서 出發했다.

그런데 이 絶對的인 것은 그에게 있어서는 쉘링에 있어서와 같은, 하

나의 잠자는 하나(Einheit) 하나의 죽은 存在(Sein) 모든 암소가 검게 뵈는 밤(Nacht) 같은 것이 아니고, 生命이요, 發展이요, 精神이었다.

絶對的인 것, 世界의 根據는 理性으로서 그것은 어떤 具體的인 形態의 것이 아니고 오직 原理로 그리고 時空을 넘어서는 永遠에서부터 있어온 이데(Idee)로 생각되지 않아서는 안 된다.

이 같은 理性뿐이 언제나 또 참으로 있는 것이고 모든 非理性的인 것 沒槪念的인 것은 이와 反對로 지나가버리는 것이고, 따라서 理性의 自己實現의 한 모멘트일 따름이다.

이렇게 하여 헤겔의 哲學은 觀念論이기는 하지마는 칸트와는 反對로 思辨的 絶對的 觀念論이었다. 絶對的 理性은 自然(Natur)에 있어서 자기를 疏外하고 精神(Geist)에 있어서 다 자기에 돌아온다. 그렇기 때문에 哲學의 體系는 다음과 같이 갈린다.

A. 이데(Idee)에 관한 學 즉, 論理學

B. 他在態에 있어서의 이데(Idee)에 관한 學 즉, 自然哲學

C. 他在態로부터 자기 자신에 돌아온 이데(Idee)에 관한 學 즉, 精神哲學

이 세 主要部分은 辨證法의 原理에 따라 다시 셋에 갈리고 그것이 또 셋에 갈린다. 全體는 이 같은 論理의 힘에 의하여 全存在世界를 槪念의 本質로부터 이끌어내는 大膽한 構成의 試圖에 지나지 않는다.

헤겔의 哲學을 汎論理主義라고 부르는 것은 이 때문이다. 이리하여 헤겔의 哲學體系는 위에서 본대로 論理學, 自然哲學 및 精神哲學에 갈린다.

A. 論理學 즉, 이데(Idee)에 관한 學은 다시 存在論, 本質論 및 槪念論에 갈리고 다시 그것이 자세히 또 精彩있게 갈려 들어간다.

B. 自然哲學은 機械性을 다루는 메카닉(Mechanik)과 物理性을 다루는 피직(Physik)과 有機性을 다루는 오르가닉(Organik)에 갈린다. 有機性은 地球有機性으로부터 植物을 거쳐 動物에 이르는데 動

物에 있어서 이데(Idee)는 地面에 固定되어 있는 狀態로부터 벗어나 精神에 있어서 자기 자신에 돌아오기에 이른다. 이리하여 自然哲學은 精神哲學에 옮아온다.

C. 精神哲學

헤겔에 의하면 精神은 自然으로부터 벗어져 나와 ① 主觀的 精神 ② 客觀的 精神 ③ 絶對的 精神으로 開展된다.

主觀的 精神에 관한 敍述은 그것이 다시 人類學과 現象學과 心理學에 갈린다. 客觀的 精神은 1法 2道德 3人倫에 갈리는데 人倫이 다시 家族社會 및 國家에 갈린다.

人倫의 完成이 다름 아닌 國家로서 이 國家가 헤겔에게는 實踐的 이데 또는 自由의 實現으로 그 자신 理性的인 것으로 絶對的인 自己 目的으로 그리고 精神一般의 最高의 現象形態로 생각되었다.

國家에 있어서의 生活이 絶對的인 人倫性 그리고 同時에 絶對的인 眞理 教養 非利己性 最高의 義 및 自由 다시 나아가 絶對的인 現實的인 實存的인 存在하는 神的인 것」이었다. 人間이 가지는 모든 價値를 精神的인 現實性을 人間은 오직 國家를 통해서 뿐 가진다.

그렇기 때문에 人間은 國家를 地上의 神的인 것으로 尊尙하지 않아서는 안 된다. 國家는 물론 個人의 運命에 對하여는 極히 冷淡하다. 國家는 그 자신의 絶對的인 權威를 主張하고 自己 領域안에 있어서는 어디까지나 敎會에 대해서조차도 獨立的이다. 이렇게 하여 헤겔에게 있어서 國家는 神의 創造속의 冠冕과 같은 뜻을 가지는 것이었다.

「理性的인 것은 現實的, 現實的인 것은 理性的」이라고 헤겔은 「法哲學」 序文에서 말했거니와 이 有名한 말은 헤겔哲學의 根本性格을 보이는 말이면서 당시의 프러시아를 讚揚 辯護한 말이었다.

그런데 客觀的 精神의 完全한 實現은 이것을 世界史에 있어서 期待할 수 있다. 法哲學은 그렇기 때문에 歷史哲學에 옮아간다. 歷史哲學은 헤겔의 體系의 가장 빛나는 部分에 속한다.

헤겔에 의하면 理性이 世界를 따라서 世界史를 支配한다. 그렇기 때문에 世界史는 理性的인 것이 아닐 수 없다. 理性은 칸트 또는 쉴러의 단순한 「Sollen」이나 「理想」 같은 것이 아니고 그 자신 있는 것, 즉 現實自體다.

이데(Idee)는 世界 속에서 자기 스스로를 啓示하는 참된 것이고 永遠한 것이고 힘 있는 것이다. 世界精神이 하나하나의 民族 및 國家의 運命과 行動 속에 자기 스스로를 나타내어 世界審判으로서의 世界史에 있어서 그들을 審判하기에 이른다.

하나하나의 民族精神 또는 빼어난 人物은 世界史의 손에 쥐어있는 道具에 지나지 않는다. 世界史의 王座周圍에 그들은 世界史 實現의 使者로서 또 世界史의 光榮의 證人으로 서둘러 섰을 따름이다.

물론 그들은 자기들이 그런 줄을 알지 못한다. ―이것이 이른바 「理性의 狡計」로서 理性은 人間의 淸熱을 理性 자신을 위하여 일으키게 만든다.

헤겔은 물론 個人의 특별한 관심과 獨自的인 意圖를 認定하지 않은바 아니었다. 歷史를 解明하는 일이란, 헤겔에게 있어서는 絶對的인 理性的인 世界의 究竟目的을 實現하기 위하여 神이 미리 豫定한 사람들의 情熱 그들의 天才 그들의 힘을 밝히는 일에 지나지 않는다.

「世界에 있어서의 偉大한 것은 아무 것이나 情熱없이 成就되는 법이 없다」. 이데(Idee)는 우리 앞에 펴놓은 世界史라고 부르는 커다란 毛氈의 날(經)이요, 情熱은 그 씨(緯)다.

具體的인 媒介 卽 둘은 結合하는 것이 國家에 있어서의 道義的인 自由다. 歷史의 하나하나의 時期에 있어서 한 民族이 精神的 嚮導를 擔當하여 世界史의 한 개 뚜렷한 段階를 꾸미고 그 자신의 使命을 다 하자 새로운 民族에게 그 자리를 내어 주기에 이른다.

이리하여 歷史에는 네 가지 커다란 時期가 있어 東洋的 그리스的 로마的 및 게르만的 世界가 그것으로서 이것이 다시 적은 區節에 갈린다.

이 큰 네 時期는 人類의 少年期 靑年期 成年期 및 老年期에 該當
한다. 精神의 老年期는 完成된 成熟期로서 그 속에서 人間은 자신의
人生行路를 完全히 마치고 자기 자신에 돌아오기에 이른다. 東洋은
오직 한사람의 自由를 알았고 古代는 몇 사람의 自由를 알았고 게르
만世界는 萬人의 自由를 알았다. 世界史는 헤겔에게 있어서는 그 자
신 保守的인 國家感情을 가졌음에 不拘하고 「自由의 槪念의 發展에
지나지 않는 것」이었다.

絶對的 精神은 헤겔에 의하면 藝術과 宗敎와 哲學에 갈리는바 藝
術은 다시 象徵的 古典的 및 浪漫的에, 宗敎는 自然宗敎自由로운 主
體性의 宗敎 및 絶對宗敎에 갈린다.

絶對宗敎는 다름 아닌 基督敎로서 헤겔은 1826年 3月 當時의 文敎
長官에게 보내는 陳情書속에서 자기를 루터派의 信者라고 告白한 일
이 있었다. 哲學은 古代그리스의 抽象性의 哲學으로부터 플라톤, 아
리스토텔레스, 데카르트, 스피노자, 칸트, 피히테를 거쳐 쉘링 헤겔에
이르렀는데 헤겔 자신의 體系가 哲學 全發展의 빛나는 冠冕이었다.

2

포이에르바하(Feuerbach)는 1804年 란트슈트에서 有名한 刑法學者
의 아들로 태어났다. 1836年 잠간 동안에 에어란겐 大學에서 講師의
職에 있다가 시골로 돌아가 孤獨과 貧困속에서 1872年에 죽었다.

그는 자기의 哲學思想의 發展徑路를 다음과 같이 줄여서 말했다.
내 첫 번 思想은 神, 내 둘째 번 思想은 理性, 그리고 내 셋째 번 또
最終의 思想은 人間이었다.

그가 1821年에 발표한 그의 就職論文은 헤겔精神의 깊은 影響을
보인 것이었다.

1830年에 이르러 그의 思想은 自然主義 傾向을 보였고 1833年에 나타난 그의 『近代世哲學史』에 있어서 神學에 대하여 決定的으로 反對하는 態度를 보였는데 1841年에 나타난 그의 主著 『基督敎의 本質』에 있어서 그는 그 자신의 立場을 詳細히 敍述했다.

그에 의하면 思想의 産物인 哲學과 感情의 産物인 宗敎는 一致될 수 없는 것이었다. 宗敎는 人間學에 分解되지 않아서는 안 된다.

人間이 人間 자신의 心情의 欲求로부터 神의 槪念을 만든 것인데 이 心情은 理性의 限界를 넘어서는 것이었다.

人間은 그 자신의 本質을 無限한 것으로 擴大시켜 그것을 神的인 것으로 만들어 자기 앞에 세우고 이것을 崇拜하기에 이른다. 그렇기 때문에 基督敎에 있어서의 神의 사랑이란 실상 人間 자신의 無限한 사랑에 지나지 않는다. 人間 자신의 完全한 人格性과 叡知와 尊嚴과 能力이 다름 아닌 神의 것으로 생각되기에 이른다.

이 같은 人間이 만든 神性의 完全性과 比較할 때 個個의 人間은 물론 가난하고 困窮하다. 人間은 人間 자신의 特性과 希望이 자기 스스로 無限化한 것임은 아지 못하고 있다.

포이에르바하는 이렇게 하여 모든 宗敎를 否定하려고 한 것이 아니고 도리어 그것을 그자신의 眞實한 本質에 이끌려고 했다.

그는 이리하여 마침내 한 개의 特色있는 感覺主義에 나아갔다. 그는 1843年에 쓴 「未來의 哲學의 特徵」이라는 글 속에서 다음과 같이 말했다.

「오직 感性的인 것뿐이 確實하다. 感性이 일어나면 모든 疑問과 論爭이 그친다. 直接的인 知의 秘密은 感性이다」. 그에 의하면 哲學의 오직 하나의 對象은 人間이고 또 人間의 地盤인 自然이다.

그렇기 때문에 가장 普遍的인 學은 人間學일 따름이다. 그는 「人間의 本質은 바로 人間이 먹는 것(Der Mensch ist was er est)」이라고 말했는데 이 말 바로 앞에는 다음과 같은 句節이 씌어있었다.

「榮養에 관한 敎說이 重大한 倫理的 및 政治的 意義를 가진다. 우리들의 먹는 것이 피가 되고 피가 心臟과 頭腦가 되고 이리하여 思想 및 感情의 材料가 된다.

사람의 먹는 것이 사람의 敎養 및 禮節의 基礎다. 人民을 改善하기를 願하면 그들에게 罪에 對한 判決을 내리는 대신 좋은 먹을 것을 주라」.

이 같은 그의 感覺主義는 그의 幸福主義倫理를 支持했다. 意慾 따라서 倫理의 眞實한 그리고 根源的인 根據는 幸福에 대한 欲求다.

幸福 없는 道德은 뜻 없는 말과 같은 것이다. 물론 이 경우의 幸福은 단순한 나 한 사람 뿐의 幸福이 아니고 나와 아울러 너의 幸福인 것이다. 그렇기 때문에 첫 번째의 定言命令은 感情의 소리가 아닐 수 없다.

義務는 禁慾을 命令할 것이 아니고 享樂을 命令해야 한다. 「언제나 말없이 네 자신의 傾向性과 衝動에 따라가라. 그리고 모든 사람의 그렇게 하면 너는 누구 한 사람의 犧牲도 되지 않을 것이다.」 이 같은 에피쿠로스主義의 享樂에로의 길은 포이에르바하 자신이 經驗한대로 오직 스토아主義의 克己와 禁慾에 의해서 뿐 걸어 갈수 있는 것이었다.

그의 이 같은 思想은 1840年代의 始初에 急進的인 靑年들에게 많은 影響을 주었다. 「우리들의 받은 感激은 廣汎한 것이었다. 우리들은 모두 한때는 포이에르바하 主義者였다」 라고 엥겔스는 말했다. 그러나 革命의 해인 1848年은 이 隱遁者의 周圍에 모인 젊은 사람들의 集團을 흐트러버리고 말았다.

3

맑스(Marx)는 처음에 어린 헤겔主義 특히 포이에르바하에서 出發했는데 오래지 않아 거기를 넘어섰다. 그에 의하면 天上, 宗敎, 神學에 대한 批判은 地上, 法律 및 政治에 대한 批判이 될 수밖에 없었다.

그렇기 때문에 헤겔의 哲學, 世界를 거꾸로 서게 한 헤겔의 哲學─
그런데 이것은 물론 哲學者의 머리로부터 나온 것인데─이 헤겔의
哲學을 轉倒 시키는 것이 必要했다.

말을 바꾸면 辨證的 方法을 歷史的 現實에 適用시키는 것이 必要
했다. 여기에 의하여 歷史的으로 行動하는 人間의 活動根據 뒤에는
固有한 힘이 發見 되어야 하기 때문이었다.

그런데 이 같은 힘은 結局 經濟的인 것이요, 觀念的인 것이 아니
다. 이렇게 하여 唯物史觀의 根本見解가 表明되기에 이르렀다. 이 새
로운 見解는 이미 『哲學의 貧困』속에 보여 『共産黨宣言』에 있어서
한층 더 뚜렷이 나타났고 『經濟學批判』 序文에 있어서 典型的인 定
式에 到達했다.

社會의 經濟的인 地盤─사람들은 여기에 그들의 意思와 관계없
이 나아 떨어지게 되는 것인데─이것이 그 위에 政治的 法律的 그리
고 宗敎的 藝術的 및 哲學的 말을 바꾸면 모든 觀念形態가 놓이는
現實的 地盤인 것이다.

「人間의 意識이 그 存在를 規定하는 것이 아니고 人間의 社會的인
存在가 그 意識을 規定한다」. 그런데 이 같은 社會的인 存在는 固定
된 것이 아니고 이미 헤겔이 指摘한대로 不斷한 流動에 있어서 把握
되어야 한다.

社會的 存在의 發展法則은 自然科學의 方法에 의하여 硏究되어야
한다. 그렇기 때문에 人間의 歷史는 科學的으로 把握되어야 한다. 社
會發展의 一定한 段階에 있어서 저 經濟的 基礎는 그 자신의 特質을
本質的으로 改變시키자 마자 從來의 法律的 觀念的 上部構造와의 矛
盾에 들어서게 된다.

이렇게 되면서 社會革命의 새로운 時期가 到來한다. 이 時期는 어
느 期間 동안 繼續되고, 이리하여 從來의 낡아빠진 生産方式의 改變
을 가져온다.

여기에 있어서 歷史가 經過됨에 따라 亞細亞的인 生産方式, 古代的인 生産方式, 封建的인 生産方式, 그리고 近代市民的인 生産方式이란 것이 제각기 일어나게 된다.

하나하나의 앞선 社會秩序는 자기 뒤에 오는 社會秩序의 조그만 싹을 가슴속에 안고 있고, 이 싹이 커져서 앞에 있는 社會秩序를 마치고 나오기에 이른다.

이 같은 社會發展에 관한 理論위에 맑스는 그의 社會主義를 쌓아 올렸다. 우리들의 時代 역시 이 같은 衝突 속에서 자기를 發見한다. 즉 자기를 不斷히 넓혀가는 改變시키는 社會化해가는 生産方式과 私有財産制度를 存續시키려는 낡아 빠진 法秩序와의 사이에. 이 같은 衝突은 낡은 것이 새로운 것에게, 낡은 形式이 새로운 內容에게 자리를 비키는데 의해서 뿐 終局的으로 解決될 것이다.

「資本主義獨占」은 맑스가 그의 著『資本論』에서 말하는 대로 「이 獨占과 더불어 또 이 獨占밑에서 꽃이 피었던 그 자신의 生産方式이 桎梏이 된다. ……資本主義的 껍질이 터져야 한다.

資本主義的 私有財産制度의 運命的인 瞬間이 마침내 오고야 만다. 搾取者는 搾取되어야 한다」. 오늘의 無計劃한 生産의 無秩序는 하나의 計劃的 組織的인 中心을 가진 協同活動에 바뀌지 않아서는 안 된다.

이 같은 協同活動의 最初의 前提는 生産手段의 社會化다. 個人的인 私有財産制度는 이 같은 否定의 否定에 의하여 바꾸어져야 한다. 이 改變은 물론 自由로운 勞動者의 協同과 生産手段에 관한 그들의 共有制度를 그 基礎로 하지 않아서는 안 된다.

그렇기 때문에 近代社會主義者의 任務는 만들어져야 할 未來國家의 組織 計劃을 案出하는 일이 아니고 자기 및 자기의 同志로 하여금 이 오고야 말 革命을 위하여 準備케 하는 일 즉 革命의 産婆가 되게 하는 일인 것이다.

맑스는 1818年 5月 5日 트리엘에서 낳다. 아버지는 辯護士로 猶太

教信者, 1824年에 맑스의 父母는 基督教에 改宗했다. 맑스는 故鄉의 高等學校를 거쳐 본 大學 및 베를린大學에서 배웠는데 1841年 學位를 얻기 위하여 예나大學에 옮겨왔다.

그는 본 大學에서 講師가 되려고 했는데 그렇게 되기 어려운 것을 알고 自由로운 著述人이 되어 라인新聞의 編輯者가 되었는데 이 新聞은 맑스의 論說 때문에 곧 廢刊되었다.

1843年 그는 編輯者의 자리에서 물러나 자기의 約婚者 제니(Jenny)와 結婚해 가지고 1843年 늦은 가을에 파리로 旅行을 떠났다.

파리에서 그는 社會主義를 研究하는 한편 어린 헤겔主義의 出版業者요, 政治學徒인 루게(A. Ruge)와 함께 『獨佛年誌』를 刊行하기로 했다.

이 刊行物속에서 맑스主義의 端初가 『헤겔의 法哲學批判』이라는 論文에 있어서 보여 졌다. 우리들은 앞에서 맑스가 社會主義와 싸우는 프로레타리아트와 社會의 發展과를 한데 가져왔고 또 이 要素들을 하나인 統一的인 體系에 가져온 것을 보았다.

그는 어떻게 하여 이 같은 思想에 到達한 것일까. 맑스가 1843年에 파리에 왔을 때 그는 자기 자신의 哲學的 敎養과 自由에 對한 憧憬과 그리고 社會主義를 研究하려는 希望을 가지고 왔다. 그는 파리에서 여러 모양의 社會主義思想과 그 計劃과 見解를 보았고 또 거기에서 그는 1842年 高潮에 達한 英國 챠티즘(Chartism · 1836~1848年까지에 일어난 英國 民權主義運動)을 알게 되었다.

이 같은 여러 모양의 事態를 그는 헤겔의 辨證法에 의하여 붙잡았는데 이 헤겔의 辨證法은 그에게 歷史發展의 根本法則을 보여준 것이었다. 헤겔에 의하면 모든 우리들의 槪念은 그 자신의 反對 卽 矛盾을 가진다.

말을 바꾸면 모든 肯定은 그 자신의 否定을 가진다. 이렇게 보는 것은 世界가 數많은 事物로 채워져 있다고 보는 것이 되는데 어떤 하나가 있으면 거기에는 반드시 그 反對의 것이 나타나는 법이다.

存在와 無, 찬 것과 더운 것, 光明과 暗黑, 부드러운 것과 거센 것,
快樂과 苦痛, 富와 貧, 資本과 勞動, 生과 死, 德과 惡, 唯心論과 唯物
論, 古典主義와 浪漫主義－이 같은 反對 사이의 衝突이, 그 서로 대
어드는 싸움이 最後까지 싸워진 다음에야 비로소 하나의 높은 것이
나타난다.

헤겔이 생각한 矛盾이란 것은 단순한 混合에서 나오는 것은 아니
었다. 法律과 秩序가 낡아버리고 그것이 社會의 생생한 관심과 새로
운 理念과 더불어 矛盾에 떨어질 때. 그리고 法과 秩序를 새로운 관
심 및 理念으로 더불어 一致하게 하고 또 하나의 높은 社會的 段階
를 이루게 하기 위하여 社會的 鬪爭이 展開될 때에 있어서 뿐 새로
운 것은 나타난다.

헤겔은 이 같은 높은 段階를 「否定의 否定」 이라고 불렀다. 시험
삼아 달걀을 보아보라. －그것은 于先 하나의 肯定的인 것이다. 그런
데 그것은 자기 속에 노란 자위를 가진다.

이 노란 자위가 生命있는 것으로 깨어 일으켜질 때는 달걀의 內容을
차츰차츰 먹어 들어간다. 이 같은 否定은 단순한 破壞나 消滅은 아니다.
노란 자위는 마침내 하나의 生命있는 것으로 자기를 發展시킨다.

이 否定이 完成될 때 새로 생겨난 예쁜 병아리는 달걀의 껍질을
뚫고 나오기에 이른다. 이것이 바로 「否定의 否定」으로서 여기에 의
하여 하나의 보다 높은 것이 생겨나는 것이다. 헤겔에 의하면 生命過
程의 가장 重要한 모멘트는 이 같은 否定的인 힘의 覺醒 즉 서로 矛
盾되고 서로 反對되는 要素의 出現인 것이다. 矛盾이 모든 運動과 生
命性의 根源이다.

오직 어떤 하나가 그 자신 속에 矛盾을 가질 때에 있어서 뿐 그것
은 움직인다. 즉 그 자신의 衝動과 活動을 가진다. 이리하여 肯定的
인 것과 否定的인 것과의 사이의 桔抗에 의해서 뿐 새로운 發展過程
이 可能하고 또 보다 높은 段階에 올라가게 된다.

그렇기 때문에 矛盾을 열어젖히고 또 矛盾을 激化시키는 힘이 없을 때는 모든 思想과 事物과 存在는 矛盾속에서 그대로 沒落되고 만다.

우리들이 世界에 대한 이 같은 辨證法的 考察을 바로 理解한다고 하면 우리들은 이미 마르키즘의 核心을 바로 붙잡은 것이라고 할 수 있다.

헤겔은 물론 觀念論者다. 이데(Idee), 精神的인 것이, 絕對的인 것 및 神的인 것이 그에게 있어서는 가장 根源的인 그리고 자기 스스로 움직이는 힘이었다.

이 같은 힘은 자기 자신 및 世界를 한 階段 한 階段 높은 데로 이끌어 마침내 神的인 것에까지 이르게 한다. 헤겔에 의하면 世界의 歷史 및 人類의 歷史의 모든 形成은 世界精神의 단순한 理念의 階段으로부터 神的인 것에 이르는 開展의 過程에 지나지 않는다. 이렇게 하여 헤겔은 獨逸 神秘主義의 絕頂에 올라섰다고 할 수 있다.

1830年代 以後로 獨逸의 思想傾向은 精神主義에서 떠나 차츰차츰 唯物論 으로 옮아갔다.

맑스 역시 1840年으로부터 1841年 사이에 있어서 完全히 唯物論에 옮아왔다. 精神的인 것이 根源的인 것 따라서 남을 움직이는 것이 아니고, 物質的인 것이 그리고 그 속에 들어 있는 힘이 根源的인 것 또 자기 자신을 開展이키는 것이 된다. 그런데 이 같은 開展은 反對的인 相衝에 의해서 나타난다. ―이 같은 생각을 가지고 맑스는 파리에 간 것이었다.

그는 거기서 全力을 다하여 佛蘭西 社會主義 및 佛蘭西의 勞動運動을 硏究했다. 辨證法의 힘에 의하여 그는 프로레타리아트에 있어서 現存한 秩序의 否定을 보았고 또 社會主義를 위하여 싸우는 싸움 속에서 보다 높은 綜合을 보았다. 肯定的인 것은 分明히 私有財産制度와 自由競爭을 基礎로 하는 經濟秩序다. 여기에 抗하여 싸움이, 反對가, 그리고 矛盾이 일어난다.

이 싸움이 싸워져야 한다는 것과 이 싸움으로부터 그것이 尖銳化하여 終局에까지 나아가기만 하면 社會生活의 하나의 높은 階段이 거기로부터 나오지 않으면 안 된다는 것을 맑스는 辨證法으로부터 배웠다.

맑스에 의하면 낡은 秩序에 속하는 사람들과 새로운 秩序에 속하는 사람들과의 사이에는, 따라서 私有財産制度와 社會主義와의 사이에는 到底히 그대로 넘어설 수 없는 根本的인 對立이 있다. 그런데 새로운 秩序에 속하는 사람들이란 어떤 것일까.

그들은 단순한 觀念的인 根據로부터 그 자신의 見解를 받아가지는, 빼어난 個人 또는 集團 같은 것이 아니고 一定한 經濟的 關心을 가진 階級인 것이다.

그들은 낡은 秩序에 속하는 사람들에게 決定的으로 對立하게 되는데 이 對立은 그대로 꺾어버릴 수 없는 것이어서 종당 最後까지 싸워나가지 않으면 안 되는 것이다.

우리들이 만일, 사람들이 이미 1837年에 佛蘭西에 있어서 어떻게 생각했다는 것을 想起한다고 하면, 佛蘭西에 있어서 어떤 모양으로 이미 經濟主義가 이데올로기를 밀어젖히려고 한 것을 想起한다고 하면, 그리고 이미 그 當時에 있어서 어떤 모양으로 브루죠아지와 프로레타리아트와의 사이의 對立이 즉 資本과 勞動과의 사이의 對立이 드러났다는 것을 想起한다고 하면, 그리고 나중으로 이미 그 當時에 있어서 어떤 모양으로 資本의 集中과 中産階級의 沒落에 관한 現象이 社會主義者들에게 익히 알려졌다는 것을 한다고 하면, 맑스가 辨證法의 힘을 빌려 이 같은 混亂한 現象을 하나의 튼튼한 社會哲學的인 聯關속에 가져왔고 이리하여 그 자신의 體系의 基礎를 만들기에 이른 緣由를 容易히 理解할 수 있을 것이다.

그 뿐만 아니라 이 같은 硏究는 그에게 다음과 같은 確實한 進路를 열어 주었다. 經濟學의 硏究, 資本主義 經濟秩序의 分析, 그리고 프로레타리아트 및 그 가진 힘에 대한 究明. 그런데 이 프로레타리아트의 힘이란 이미 낡은 社會의 품안에서 準備되었고 또 스스로를 높은 段階로 이끄는 힘인 것이다.

맑스의 初期의 論文과 『獨佛年誌』 속에서 이 같은 그의 思想의 特徵이 이미 보여 졌다. 그는 이 생각을 一年 後 『神聖家族』 속에서 그리고 아주 明瞭하게 『哲學의 貧困』 속에서 그리고 1848年에 發表한 『共産黨宣言』 속에서 자세히 敍述했다.

4

맑스는 날이 갈수록 經濟에 대한 硏究와 資本의 發生 및 그 發展에 관한 硏究에 힘을 기울였다. 그는 다음과 같은 確信 즉 經濟가 市民社會의 基礎라는 것과 따라서 精神的 運動은 經濟的 運動의 表現에 지나지 않는다는 確信을 가지게 되었다.

人間의 歷史를 잠깐 보기만 하면 우리들은 곧 다음과 같은 事實을 發見하게 된다. 사람들이 時代에 따라 法律·道德·宗敎·國家·哲學·農耕·商業·工業에 대한 여러 모양의 見解를 가지고 있다는 것과, 또 그들이 여러 모양의 經濟的인 秩序와 여러 모양의 社會 및 國家의 形態를 가져왔다는 것과, 또 그들이 無數한 系列의 鬪爭과 變革을 거쳐 오늘에 이르렀다는 事實을. 그런데 人間의 思惟 및 行動의 이 같은 混亂스러운 多數性은 어디로부터 오는 것일까.

맑스는 이렇게 스스로 물어보았다. 그런데 그에게는 思惟와 法律과 宗敎와 商業과 그 밖에 많은 것들이 어떻게 생겨나는가를 밝히는 것이 必要한 일이 아니었다.

그는 이것들을 歷史에 있어서 주어지는 것이라고 하였다. 그에게는 人間의 精神的 및 社會的 現象의 內容 및 形式에 있어서의 改變과 變革을 일으키는, 말을 바꾸면 그 같은 傾向을 낳아놓은 原因과 原動

力과 또는 그 動機를 發見하는 것이 必要한 일이었다.

한마디로 하면 맑스는 여기에 있어서 事物의 發生이 아니라, 그 辨證法, 즉 歷史의 革命的인 要素에 關心을 가진 것이었다.

맑스는 다음과 같이 대답했다. 一人間社會를 이끌어 나가는 原動力, 感情과 思惟와 人間의 意識과의 바뀌는 內容을 불러일으키는 즉, 여러 모양의 社會的인 制度와 衝突을 나타나게 만드는 原動力은 결코 思惟나 理念이나 世界理性이나 또는 世界精神 같은 것으로부터 나오는 것이 아니고 物質的인 生活關係로부터 나오는 것이다.

人類歷史의 基礎는 그렇기 때문에 物質的인 것이다. 物質的인 生活關係는 다음과 같은 것이다.

社會的 存在로서의 人間이 자기를 에워싼 自然의 힘을 빌고 또 자기 자신 속에 깃들인 身體的 및 精神的 能力의 힘을 빌려 자기 자신의 物質的 生活을 쌓아나가고 그 生活材料를 만들고 자기 자신의 必要를 滿足시키기 위한 모든 種類의 必要한 物質을 만들어 내고 나누어 가지고 또 서로 바꾸고 하는 方式이 곧 그것이다.

物質的 生活의 全般的인 카테고리 속에서 生産이란 것이, 生活手段의 製作이란 것이 가장 重要하다. 그런데 이 生産은 生産力에 의하여 規定된다. 生産力은 다시 두 가지에 갈린다. 一物的인 것과 人的인 것.

物的인 生産力은 다음과 같은 것들이다. 土地 물 氣候 原料 道具 및 機械

人的인 生産力은 다음과 같다. 勞動者 自然科學研究者, 技術者, 全般的인 生産力속에서 勞動者가 第一位를 차지한다.

勞動者는 資本主義社會에 있어서 價値를 만들어 내는 오직 하나의 힘인 것이다. 그 다음에 重要한 것이 近代的인 技術이다. 技術은 社會에 있어서의 變化를 가져오는 빼어난 힘인 것이다.

生産力은 不斷히 自己를 擴充시킨다. 勞動者들의 늘어가는 熟練에 의해서, 새로운 原料와 鑛物資源과 販賣市場의 發見에 의해서, 새로운 方法과 道具와 機械의 發明에 의해서, 自然科學을 生産에 應用하는데 의해서, 좀 더 改善된 組織과 商業 및 交易의 發達에 의해서……. 이리하여 社會의 物質的인 基礎 또는 그 經濟的인 地盤이 改變되면서 生産에 대한 새로운 關心을 滿足시키기 위하여 從來의 낡은 生産關係를 집어치우기에 이른다.

낡은 生産關係 즉, 낡은 社會의 層 낡은 法律 낡은 國家制度 및 精神的인 體系는 이미 滅消되고 있는, 그 자신 이미 存在하는 것이 아닌 生産力의 하나의 固定된 狀態에 자기를 適應시킨다. 그렇기 때문에 이 같은 固定된 社會的 및 精神的인 上部構造는 經濟的인 下部構造에 到底히 들어맞지 않는다.

生産力과 生産關係는 이리하여 하나의 對立된 狀態에 들어선다.

새로운 內容과 낡은 形式과의 사이의 이 같은 對立 즉, 새로운 原因과 사라진 原因의 낡아빠진 結果와의 사이의 衝突은 차츰차츰 人間의 思惟에 影響하기 시작한다.

사람들은 자기들이 하나의 새로운 外部世界앞에 섰다는 것과, 하나의 새로운 地域이 열렸다는 것을 느끼기 시작한다. 社會의 層도 바뀐다. 前에 賤待받던 處地와 階級이 經濟的 및 社會的 權力을 掌握하게 되고 前에 尊重되던 處地가 도리어 沒落된다.

이 같은 社會의 下部構造의 變革이 일어나는 한편 從來의 낡은 宗敎的, 法律的, 哲學的 및 政治的 모든 體系는 자기의 지녀 내려온 地位에 대하여 걱정하고 또 이것을 한층 더 오래 持續시키려고 힘쓴다. 물론 그것이 낡아버려 그 자신의 精神的인 必要를 滿足시킬 수 없는 것은 더 말할 것 없다.

人間의 思惟는 本來 保守的인 것이다. 우리들은 헤겔의 저 아름다운 敍述을 想起한다. 「미네르바의 올빼미는 어두워오는 黃昏이 되어서야 비로소 떠돌기 시작한다.」 이렇게 늦기는 늦었지마는 그는 역시 날기 시작한다. 하나 둘 새로운 地位를 밝히는, 새로운 地位에 들어

맞는, 새로운 槪念과 思想行程을 만들어 내는 偉大한 思想家가 나타나기에 이른다. ―이렇게 하여 처음에는 人間의 意識에 걱정스러운 疑心과 疑問이 오고 그 다음에는 새로운 眞理가 오고 이렇게 하여 여러 모양의 意見의 差異가 오고 排擊이 오고 分裂이 오고 階級鬪爭이 오고 마침내 革命이 오는 것이다.

　歷史進展에 關한 認識에 있어서의 맑스의 重要한 見解의 하나는 그의 社會階級에 關한 思想 및 階級鬪爭에 관한 思想일 것이다. 共通된 經濟的 目標를 向하고 나가는 一定한 社會的인 人間集團이 階級을 形成한다.

　그들의 重要한 生活源泉이 勞賃이 되는 集團이 勞動者階級을 形成한다. 그리고 이와 反對로 그들의 重要한 生活源泉이 利潤 小作料 및 地代로 되어 있는 集團이 資本階級을 形成한다.

　이 같은 두 階級사이에는 經濟的 性質을 띤 하나의 깊은 그리고 그대로 꺾어버릴 수 없는 對立이 있다. 賃金과 勞動時間에 緣由하는 根本的인 對立으로부터 時間이 가는데 따라 그리고 프로레타리아트의 知性이 늘어 가는데 따라 經濟秩序를 위하여 싸우는 이 두 階級의 사나운 激鬪가 거기에서 버려져 나오기 때문이다.

　즉, 資本階級은 現存한 秩序의 維持를 위하여 싸우고 프로레타리아트는 社會主義의 意味에 있어서의 經濟生活의 完全한 變革을 위하여 싸우고, 그런데 이 같은 巨大하 社會的 階級鬪爭은 어쩔 수 없이 政治鬪爭에 나간다.

　直接的인 鬪爭目標는 다름 아닌 國家權力의 掌握이다. 이 國家權力에 의하여 資本家階級은 그들의 地位를 主張하려는 것이고 프로레타리아트는 그들 자신의 廣範한 目的을 實現시키기 위해서 國家權力을 掌握하려고 힘쓴다. 맑스에 의하면 이 같은 階級鬪爭은 早晚間 勞動者階級의 勝利로 끝날 것이었다.

　勞動者階級은 私有財產制度로부터 社會主義的인 秩序에 옮겨가는

過渡期에 있어서는 하나의 獨裁的인 政府를 構成하고 그리고 階段的으로 社會를 變革시켜 갈 것이었다.

맑스는 「푸로레타리아 獨裁」라는 表現을 쓴 最初의 사람이었다. 이태 뒤에 그는 階級鬪爭은 「푸로레타리아 獨裁」에 나아가야 한다는 思想을 처음으로 發表했다.

나중으로 그는 『고타 綱領批判』에 있어서 「푸로레타리아 獨裁」를 過渡期 또는 本來의 革命期의 國家權力이 되어야 할 것이라고 했다.

5

그런데 맑스의 이 階級鬪爭說은 다윈의 進化論으로부터 影響된바 큰 것이니 그것을 그대로 社會의 發展에 옮겨놓은데 지나지 않는다. 生物에 있어서의 生存을 위한 競爭이란 本來 세 가지가 있어, 生物 자신의 環境에 대한 鬪爭 生物의 種과 種 사이의 鬪爭 그리고 같은 種에 있어서의 個體와 個體 사이의 鬪爭, ─이것이 生存을 위한 競爭의 內容인 것이다.

그런데 라마르크(Lamark)는 첫째 것을, 헉슬리(Huxley)는 셋째 것을, 다윈은 세 가지를 섞어서 생각한 모양인데 맑스는 헉슬리의 見解를 歷史에 있어서 主張한 것이라고 할 수 있다.

바쿠닌(Bakunin)의 思想을 繼承한 크로포트킨(Kropotkin)은 다윈의 見解에 反對하여 生物界의 相互扶助의 事實을 科學的으로 例證한 『相互扶助論』을 썼는데 이것은 다윈의 이른바 生存競爭說과 아울러 이것의 한 개 應用에 지나지 않는 맑스의 階級鬪爭說에 대한 有力한 反駁인 것이다. 國際勞動者協會안에 맑스派와 바쿠닌派가 서로 對立되어 있던 歷史的 事實을 想起한다고 하면 맑스의 階級鬪爭說에 대한 크로포트킨의 相互扶助說은 偶然이면서 偶然 아닌 思想史的 意義

를 가지는 것이라고 할 수 있을 것이다.

맑스에게 있어서는 헤겔에 있어서와 마찬가지로 혁명과 진화 사이에 아무런 差異도 없는 것이었다. 『共産黨宣言』은 『資本論』이나 『經濟學批判』과 같은 程度로 進化的이고 『資本論』은 『共産黨宣言』과 같은 程度로 革命的이었다.

헤겔의 辨證法은 思辨理性이 일으키는 鬪爭 및 矛盾의 尖銳化에 의한 進化다. 그것은 自動的인 또 平和롭고 고요한 生成이나 成長이나 適應이 아니고 肯定的인 것을 破壞하면서 바꾸어놓은 否定의 한 개 構成作用인 것이다.

否定의 全體的인 作用은 하나의 革命的인 그리고 否定의 否定에 나오는 作用이다. 이것이 헤겔論理의 核心으로서 宇宙的 및 社會的 生成에 있어서의 矛盾의 發見이요, 또 거기에 있어서 낡은 肯定이 자기를 解消시키는 矛盾自體의 싸움인 것이다. 그렇기 때문에 헤겔의 辨證法은 革命的인 手段에 의하는 進化에 지나지 않는다.

맑스의 社會主義 辨證法도 마찬가지다. 맑스의 著作을 읽는 이는 맑스가 언제나 그의 著作 속에서 하나의 客觀的인 經過 즉, 經濟的 發展을, 따라서 資本主義的 生産 및 流通에 관한 分析을, 그리고 프로레타리아트의 活動을, 主題로 하고 있는 것을 알 수 있다.

經濟過程은 말하자면 進化的인 材料고 프로레타리아트 및 그 指導者의 活動은 革命的인 變革이다. 『共産黨宣言』 또는 共産主義者同盟에 보내는 말에 있어서는 프로레타리아트가 그 論述의 對象이었다. 그렇기 때문에 거기에 있어서는 革命的인 모멘트가 날카롭게 露出되었다.

맑스는 여기서는 革命의 思想家로 나타난 것이었다. 『資本論』에 있어서는 資本主義 經濟가 그 論述의 對象이었다. 그렇기 때문에 거기에 있어서는 進化的인 모멘트가 前景에 나타났다.

맑스는 여기에서는 經濟發展의 分析者였던 것이다.

헤겔이 그의 論理學에 있어서 思辨理性에 돌려보냈던 役割 즉, 矛

盾의 尖銳化의 役割을 맑스는 階級意識에 눈뜬 그리고 자기 스스로
를 내어 바치는 前衛에게 委託했다.

이 前衛가 生産의 制約으로부터 나오는 프로레타리아트의 階級鬪
爭을 그 尖極에까지 推進시키지 않아서는 안 된다.

맑스에 있어서와 마찬가지로 헤겔에 있어서도 矛盾의 衝突 그리고
反對의 尖銳化가 生命의 開展을 위한 그리고 宇宙의 모든 생생한 힘
을 열어젖히는 가장 씩씩한 手段이었다.

革命手段에 의하여 이끌려지는 進化 말을 바꾸면 社會經濟的인 認
識과 社會革命的인 行動－이것이 다름 아닌 맑스의 聖書인 것이다.

1845年 以後로 맑스와 엥겔스는 그들의 새로 얻은 主張을 正義同
盟의 會員들 사이에 傳播했다. 그들의 새로운 主張이란 다음과 같다.
－共産主義는 有力한 몇 사람의 同志의 힘에 의하여 또는 새로운 理
想鄕建設에 의하여 세워지는 하나의 새로운 社會秩序를 위한 計劃이
아니고 그 자신 獨立的인 政黨에 나아가는 勞動者階級의 組織이 되
어야 하는 것이다. 이 같은 自主的인 政黨은 革命的인 手段에 의하여
國家權力을 掌握하고 이 權力에 의하여 資本主義 經濟秩序를 顚覆
즉, 共産主義 意味에 있어서 改變시켜야 한다.

이 같은 思想이 챠티즘運動者들이 民主政治에 의하여 社會改革을
企圖하기에 앞서서 런던에 옮겨진 것이다.

1847年 1月末에 正義同盟中央局이 맑스와 엥겔스를 이 同盟에 加
入케 하고 또 그들과 現在의 狀況에 대해서 協議케 하기 위해서 조
세프·몰(Josef Moll)을 브뤼셀에 보냈다. 正義同盟은 1847年 6月 1日
런던에서 會議를 召集했는데 여기에는 엥겔스와 맑스의 代理로서 울
프(W, Wolf)가 參加했다. 그 해 9月에 同盟中央局은 칼·샤페르스
(Karl Schappers)의 編輯밑에 『共産主義時報』 第1號를 내었는데 그 모
토는 「萬國의 勞動者여 團結하라」였다.

正義同盟은 共産主義義同盟으로 바뀌어 1847年 11月 30日로부터

同年 12月 8日사이에 大會를 열었다. 맑스는 여기에 出席했는데 그는 엥겔스와 함께 『共産黨宣言』의 起草를 委託 받았다. 그때에 草案되었고 또 採擇된 規約의 가장 重要한 點은 아래와 같다.

第1條 本 同盟은 브루조아지의 顚覆, 프로레타리아트의 支配, 낡은 階級支配의 위에 선 市民社會의 廢棄, 그리고 無階級 無私有財産制度의 새로운 社會의 建設을 目的으로 한다.

第2條 同盟員의 義務는 다음과 같다.

㉮ 이 目的에 맞는 生活 및 活動. ㉯ 革命的인 精力과 宣傳에 있어서의 熱誠. ㉰ 共産主義 信仰告白. ㉱ 모든 反共産主義的 政治的 또는 民族的 結社에의 加入禁止. ㉲ 同盟의 決定에 대한 絶對服從. ㉳ 同盟의 모든 事態에 대한 秘密嚴守. ㉴ 入會에 있어서의 全員一致.

第3條 모든 會員은 平等하고 또 兄弟다. 그러므로 모든 境遇에 있어서 서로 도와야 하는 義務를 가지는 것이다.

맑스는 브뤼셀에 돌아와 『共産黨宣言』을 起草하여 그 原稿를 런던에 보냈는데 거기서 그것이 印刷되었다. 이 宣言이 印刷되자마자 파리에는 革命이 勃發했는데 이 革命은 곧 全 獨逸에 놀라운 反響을 불러일으킨 것이다.

6

辨證法은 그리스에 있어서 모든 事物을 부단한 生成에 있어서 보는 베르덴(werden)의 論理였다. 「萬物은 흘러 變한다」. 「어떤 것이나 있는 것이라고는 없다. 모든 것은 될 따름이다」. ─이 같은 根源的 理解에 있어서 辨證法은 자기를 哲學의 한 개 根本立場 또는 態度로 主張했다. 그리스에 있어서 哲學이, 生滅하는 現象의 뒤에 있는 永恒한 究竟者를 찾는 데로부터 出發하여 이것이 파르메니데스의 「一者」,

플라톤의 이데아(Idea)같은 것에 있어서 그 絶頂에 올라 莊嚴 또 幽玄한 形而上學의 傳統을 構成했거니와 처음부터 이 超越的인 普遍者를 물리치고 오직 變하고 바뀌는 現實 그 自體속에 沈潛하여 이 久遠한 生成 밖에 달리 있는 絶對的인 것이 없다고 하여 具體的인 現實의 論理를 展開시킨데 辨證法의 哲學史的 意義가 있는 것이다.

辨證法의 創唱者라고 할 수 있는 에페소스의 哲學者 헤라크레이도스(Herakleitos)가 辨證法을 世界의 現實自體의 理法이라고 하여 모든 것을 生成에 있어서 對立에 있어서 鬪爭에 있어서 그리고 나중으로 調和와 로고스에 있어서 볼 것을 가르쳤거니와 아리스토텔레스가 이 精神과 態度를 그의 엔테레케이아說에 있어서 繼承했을 때 여기에 의하여 그리스 哲學은 첩경 떨어지기 쉬운, 단순한 觀想의 論理 심한 觀念論이나 形而上學에서 救援된 것이었다.

形而上學은 말하자면 너무도 고요한 哲學이고 辨證法은 이와 反對로 한 개 씩씩한 立場이라고 할 수 있다.

辨證法이 超越的인 따라서 靜的인 普遍者를 물리치고 世界를 한 개 움직이는 體系로 따라서 具體的인 것의 부단한 開顯過程으로 붙잡으려고 하는 것은 분명히 한 개 빼어난 또 根源的인 피로소피렌(Philosophieren)이라고 할 수 있을 것이다. 저 엘레아學派가 超越的인 「靜」과 「一」을 主張하는 나머지 現實의 「動」과 「多」를 否定하여 感官이 가져오는 단순한 假像이라고 했고 플라톤 역시 여기에 따라서 現實과 이데아를 갈라놓고 現實을 이데아의 影像 같은 것으로 생각했거니와 우리들이 우리들을 에워싼 事物의 하나하나 그리고 우리들 자신을 자세히 들여다본다고 하면 그것이 모두 그 자신의 理法을 보이는 튼튼한 알맹이고 또 그것들이 서로 어울리고 연달아 한 개 아득한 世界를 이루고 있음을 알게 될 것이다.

辨證法은 이리하여 이 世界가 한 개 虛妄이 아니라는 것을 가르치는 가장 現實的인 哲學인 것이다.

辨證法이 그리스에 있어서 자기를 한 개 씩씩한 現實의 論理로 세우는 동안에 東洋에 있어서는 大乘佛敎의 華嚴哲學이 자기를 精彩있게 展開시켰으니, 萬法顯成 諸願轉入의 眞理를 가르치는 華嚴經 十地品 入法界品의 莊嚴한 敍述과 龍樹의 中論思想의 雄渾한 體系는 진실로 辨證法的 思辨의 最高主峰이라고 할 수 있다.

佛陀敎說의 根幹인 原始佛敎의 立場 諸行無常, 諸法無我, 一切階苦의 저 久遠한 眞理가 다름 아닌 辨證法의 根本趣旨로서 辨證法은 西洋哲學에 있어서가 아니라, 도리어 佛敎思想에 있어서 그 이지러지지 않은 開展을 期待할 수 있을 것이다.

辨證法이 모두를 부단한 運動에 있어서 그리고 한없이 어울리는 聯關에 있어서 붙잡아야 한다고 가르치는 것은 분명히 現實自體에 의하여 깨어 일으켜진 根源的인 理解다. 그렇기 때문에 우리들은 生成의 論理로서의 辨證法을 다시 나아가 運動의 論理 聯關의 論理로 規定해서 좋을 것이다. 아―어떻게 많은 것들이 부단히 움직이고 있고 또 한없는 聯關속에 얽매여 있음을 보라. ―흔들리지 않는 永遠한 것 자기 혼자만 서있는 떨어져 있는 것, 이런 것은 우리들이 생각하는 理想이나 觀念은 될지언정 現實의 世界 속에는 주어지지 않는다.

哲學은 現實의 위를 飛翔할 것이 아니고 現實을 통하여 現實의 사이를 飛翔해야 하는 것이니 모든 것을 運動과 聯關속에서 밝혀 들어가 그 本來의 生命에 접하고 그 本然한 얼굴에 만나는 일은 진실로 哲學의 久遠한 課題가 아닐 수 없다.

그리스哲學의 빼어난 傳統에서 길러진, 哲學의 한 개 빛나는 立場인 辨證法이 中世哲學을 거쳐 近世에 이르는 동안에 두 이상한 思想家 슈투트가르트의 哲學者와 트리엘의 反抗者에 의하여 뜻하지 않은 갈림길에 떨어지고 말았다. 헤겔은 그 자신의 辨證法的인 思惟를 아마 헤라크레이토스의 哲學에서 배웠을 것이다.

그런데 이 哲學者 아닌 哲學者에게 影響한 다른 두 가지가 基督敎

와 獨逸神秘主義인 것이니 헤겔 辨證法秘密은 다름 아닌 헤라크레이토스哲學과 基督教와 獨逸神秘主義의 混在 轉成인 것이다.

그의 辨證法이 모든 立場과 見解를 자기 속에 이끌어 들였다고 자랑하는 대로 神學 같으면서 哲學 같고 哲學 같으면서 神學 같은 것이 이 때문이니 여기에 다시 自然科學이 오고 汎神論이 오고 進化思想이 오고, 이리하여 가장 誠實한 現實의 論理가 되어야 할 辨證法이 이 이상한 哲學者에 만나 도리어 한 개 驕慢한 發展觀 目的論組織에 떨어지고만 것이다.

헤겔哲學이 어떻게 모든 것을, 헤겔 자신의 말을 빌면 理念과 自然과 精神을, 發展으로 우기고, 뒤에 나타난 것의 勝利現存한 것의 勝利를 高唱하는가를 보라. ─「理性的인 것은 現實的, 現實的인 것은 理性的」이라고 하여 프러시아의 保守主義體制를 辯護한 것이 그 하나고, 國家를 人倫的인 것의 發展의 最高頂點이라고 하고 그중에서도 立憲君主制가 가장 높다고 한 것이 그 둘이고, 歷史를 自由의 意識에 있어서의 進步라고 하여 歷史에 있어서의 段階를 東洋的인 것과 그리스的인 것과 로마的인 것과 게르만的인 것에 나눈 것이 그 셋이고, 藝術을 象徵的과 古典的과 浪漫的에 나누고 宗教를 自然宗教와 自由로운 主體性의 宗教와 絶對宗教에 나누고 哲學 역시 古代의 抽象的인 立場으로부터 플라톤, 아리스토텔레스, 데카르트, 스피노자, 칸트, 피히테, 쉘링, 헤겔에 이르는 것으로 나누어 모두 자기에게 가까운 것 또 자기 자신의 立場을 最高의 發展形態도 본 것이 그 넷이고.

그런데 헤겔 자신 西洋 近世精神의 아들임을 종당 免하지 못했으니 分裂의 精神 反抗의 精神으로서 近世精神의 態度를 그대로 받아드리고 거기에 다시 歐羅巴의 運命的인 性格인 功利主義에 붙잡히어 사나운 鬪爭 거친 殺伐을 自然 및 歷史에 있어서의 本來의 場面으로 가르치는 重大한 迷妄에 떨어진 것이다.

헤겔의 이 그릇된 辨證法을 다시 「鬪爭의 論理」로 줄여 새로운 歷

史社會＝理論이라고 하여 唯物史觀과 階級鬪爭說을 組織한 것이 맑스였으니 이 偏狹한 經濟學者인 맑스에 의하여 辨證法은 크게 두 번째 굴러 떨어진 것이라고 할 수 있다.

맑스에 의하면 가장 根源的인 것은 理性이나 精神 같은 것이 아니고 物質이었다. 헤겔 자신 絶對的인 것은 實體가 아니고 主體라고 하여 辨證法의 根本趣旨를 바로 闡明한 일이 있거니와, 헤겔이 이 바로 본 主體란 것을, 말을 바꾸면 作用이란 것을 좀 더 깊이 파고 들어가지 못하고 다시 實體的인 것에로 逆轉시켜 精神을 가장 根源的인 것으로 내세우고 이것이 理念 自然 및 精神을 이끄는 것이라고 主張할 때 그는 辨證法의 한 발걸음 앞에서 아깝게도 形而上學에 굴러 떨어지고 말았다.

맑스는 이 헤겔의 精神이란 것 대신에 物質이란 다른 하나의 實體를 슬그머니 옮겨다 놓고 헤겔이 머리로 서게 한 世界를 자기는 발로 서게 바로 잡았다고 豪語하거니와 나쁘게 말하면 맑스는 이 헤겔의 병신된 辨證法을 그 렛텔만 바꾸어 도둑질한 것이라고도 할 수 있다.

맑스의 이른바 唯物辨證法이 그리고 그 중에서도 唯物史觀 이 許多한 理論的 缺陷 現實的 虛僞를 가지고 있는 것은 이 때문이다.

도대체 이 精神이니 物質이니 하는 그 自體가 極히 曖昧한 槪念이고 또 이 같은 抽象的 槪念을 내세우는 것부터가 哲學의 잘못된 出發이거니와 哲學은 어디까지든지 그 주어지는 하나하나의 個物을 깊이 생각할 것이요, 이것을 부질없는 抽象的인 또 平面的인 精神이니 物質이니하는 形而上學的인 實體에 還元시킬 것이 아닌 것이다.

哲學은 산이나 바다를 같은 精神덩어리로 생각할 것도, 같은 物質덩어리로 가르칠 것도 아니고 산이나 바다를 각각 그 具體的인 性格에 있어서 밝혀 들어가 산이 바다 아닌 산이고 바다가 산 아닌 바다인 그 根本緣由를 解明해야 할 것이다.

自然과 人間과 歷史에 있어서도 마찬가지니, 이것을 하나인 精神의

表現 또는 하나인 物質의 集塊로 볼 것이 아니라, 自然 人間 및 歷史 의 각각 自然 人間 및 歷史인 所以를 밝히 고 이리하여 自然의 理法, 人間의 道理, 歷史의 使命을 바로 가르쳐서 自然 人間 및 歷史를 바 로 헤아리고 바로 나타내는데 나아가게 하지 않아서는 안 된다.

맑스는 그의 唯物史觀에 있어서 社會의 下部構造라는 것을 구별하 고 위의 것에 대한 아래 것의 決定的인 制約을 말하거니와, 이 唯物 史觀 自體 역시 한 개 觀念形態로서 그 자신의 歷史的인 地盤을 가지 고 거기에 따라 흔들리고 變하는 것이 아닐까. 맑스 자신이 唯物史觀 을 그대로 經濟라고 우길 수는 없는 것이고 思想이면서 이것만은 永 久히 變하지 않는 思想이라고 하면 맑스는 자기 자신의 敎說만을 永 遠히 變하지 않는 眞理라고 固執하는 迷妄에 떨어지는 것이 아닐까.

社會發展史에 있어서 原始共産社會로부터 階級社會를 거쳐 다시 無階級社會에 돌아간다느니 資本主義社會로부터 共産主義社會에 넘 어갈 때 뿐은 根本的인 轉移 즉, 革命이 있고 일단 共産主義社會에 옮아간 뒤부터는 다시는 새로운 社會에로의 轉移 革命이 없고 오직 人類 最後의 社會로서의 共産主義社會自體內의 自由로운 發展이 있 을 따름이라 거니, 이따위 이야기는 모두 헤겔에게서 배워 온 辨證法 의 秘密주머니 속에서 끌어내놓은 수수께끼인 것이니 이 輕薄한 論 理가 오늘의 한 개 새로운 敎義로 받아들여져 이것을 金科玉條로 廣 汎 多彩 幽玄 深遠한 現實을 여기에 形式的으로 뜯어 맞추려는데 다 름 아닌 現代思想의 根本危機가 있는 것이다.

헤겔에게서 첫 번 떨어졌고 맑스에게서 둘째 번 떨어진 辨證法이 한편 헉슬리이 一派의 그릇된 進化論과 合勢하면서 거친 紛爭의 論 理 사나운 謀略의 論理가 되어 獨逸社會民主黨의 理論으로 採用되고 그것이 다시 레닌이 이끄는 볼세비키의 理論으로 利用되는데 미처 겉잡을 수 없는 顚落의 一路에 굴러 떨어지고 말았으니, 唯物辨證法 에 있어서의 레닌的 段階니 스탈린的 段階니 하고 성가시게 떠들어

대면서 이 奇嶇한 運命을 가진 辨證法은 오늘에 이르러 프로레타리
아 獨裁, 케·페·우 組織이라고 부르는 한 개 무서운 機械 메카니즘
(mechanism)이 되고 말았다.

現實을 바로 理解하고 바로 體驗하고 바로 가르쳐야 할 使命을 가
진 辨證法이 오늘에 이르러 어떻게 심하게 現實을 謀陷하고 現實을
歪曲하고 現實을 破壞하는가를 보라.

北韓의 수많은 아들딸을 자기들의 侵略을 위한 祭物로 쓰면서도
이것을 革命의 前進이라고 일컫고 民主陣營의 平和한 都市와 農村을
強占하면서도 이것을 人民의 解放이라고 僭稱하는 唯物辨證法인 것
을 잊지 말아야 할 것이다.

● 저자 ●

김기석(金基錫) · 1905년 평북 용천(龍川)에서 출생
· 오산중학교 졸업
· 일본 부稻田(와세다)대 고등사범학부 영문학과 졸업
· 일본 동북대 철학과 졸업
· 정주중학교 교장
· 서울대 사대학장
· 한국교육학회 초대회장
· 학술원 회원
· 단국대 총장
· 경남대 총장
· 동방아카데미 원장

現代精神史
- 現代精神과 倫理意識 -

● 초판 발행 | 2005년 8월 31일
● 초판 인쇄 | 2005년 8월 31일

● 지 은 이 | 김기석
● 펴 낸 이 | 채종준
● 펴 낸 곳 | 한국학술정보㈜
경기도 파주시 교하읍 문발리
파주출판문화정보산업단지 538-2
전화 031) 908-3181(대표) · 팩스 031) 908-3189
홈페이지 http://www.kstudy.com
e-mail(e-Book사업부) ebook@kstudy.com

● 등   록 | 제일산-115호(2000. 6. 19)
● 가   격 | 15,000원

ISBN   89-534-2586-7 93150 (Paper Book)
        89-534-2587-5 98150 (e-Book)